浙江省高职院校"十四五"重点立项建设教材

高等职业教育
数智化财经
— 系列教材 —

业财一体信息化应用

章惠敏 主 编
石建平 副主编

清华大学出版社
北京

内 容 简 介

本书是浙江省高职院校"十四五"重点立项建设教材，浙江省职业教育一流核心课程和浙江省职业教育在线精品课程配套教材。本书以最新的企业会计准则和税法等法规为依据，基于用友 ERP-U8 V15.0 系统平台，以企业供应链和财务一体化业务活动贯穿始终，遵循"业财一体化"思路，按项目化课程开发原理编写，对工作过程进行工作情景设计，融入职业岗位分工。全书包括 13 个项目，细分为 55 个典型学习任务，项目的"数智价值导航"充分挖掘思政元素，"拓展阅读"融入大量软件应用经验，有利于培养学生规范操作意识和动手操作能力。

本书配套提供教学课件、备份账套等教学资源。本书配套建设的浙江省职业教育在线精品课程"会计信息系统应用"在智慧职教和浙江省高等学校在线开放课程共享平台双平台运行，为师生在线互动学习提供支撑。

本书既可作为高等职业教育财经类专业教学用书，也可作为企业培训用书。

本书封面贴有清华大学出版社防伪标签，无标签者不得销售。
版权所有，侵权必究。举报：010-62782989，beiqinquan@tup.tsinghua.edu.cn。

图书在版编目（CIP）数据

业财一体信息化应用 / 章惠敏主编． -- 北京：清华大学出版社，2024.8．--（高等职业教育数智化财经系列教材）． -- ISBN 978-7-302-66828-2

Ⅰ．F232

中国国家版本馆 CIP 数据核字第 2024JR7632 号

责任编辑：左卫霞
封面设计：傅瑞学
责任校对：袁　芳
责任印制：宋　林

出版发行：清华大学出版社
网　　址：https://www.tup.com.cn，https://www.wqxuetang.com
地　　址：北京清华大学学研大厦 A 座
邮　　编：100084
社 总 机：010-83470000
邮　　购：010-62786544
投稿与读者服务：010-62776969，c-service@tup.tsinghua.edu.cn
质量反馈：010-62772015，zhiliang@tup.tsinghua.edu.cn
课件下载：https://www.tup.com.cn，010-83470410

印 装 者：北京鑫海金澳胶印有限公司
经　　销：全国新华书店
开　　本：185mm×260mm　　　印　张：21.25　　　字　数：543 千字
版　　次：2024 年 9 月第 1 版　　　印　次：2024 年 9 月第 1 次印刷
定　　价：59.80 元

产品编号：093367-01

前言

党的二十大报告指出,"加快发展数字经济,促进数字经济和实体经济深度融合",财政部制定的《会计改革与发展"十四五"规划纲要》提出了"以数字化技术为支撑,以推动会计审计工作数字化转型为抓手,健全完善各种数据标准和安全使用规范",对会计信息化工作提出了更高要求,相关文件为高校教材开发指明了具体方法与路径。由此结合教育部颁布的《职业教育专业简介(2022年修订)》大数据与会计专业中的"会计信息系统应用"课程教学要求编写了本书。

本书以最新的企业会计准则和税法等法规为依据,以会计信息化工作过程为导向,对企业典型的工作任务进行梳理,以企业供应链和财务一体化业务活动贯穿始终,明确了信息化环境下业务财务一体化处理过程,充分展现了信息化各个岗位的工作内容,体现了典型的会计职业需求。本书模拟现代企业经营与管理,对工作过程进行工作情景设计,融入职业岗位分工,重点讲解企业典型业务的信息化处理方法和流程,内容涉及总账、薪资、固定资产、报表、采购、应收、应付、库存、存货等模块。

本书主要特色如下。

1. 立德树人,融入思政

本书每个项目充分挖掘课程思政元素,将我国会计信息化40多年的改革发展历程、信息化相关政策规范、典型业务应用案例等进行收集和整理,并作为思政资源融入教材,培育社会主义核心价值观,增强爱岗敬业、诚实守信、奉献社会等职业道德教育。

2. 虚实结合,实用性强

本书注重理论与实践相结合,书中案例均来自企业真实业务,在工作情景设计的基础上,进行按岗位和任务的操作讲解,以使学生更好地理解业务,书中的"知识点拓展"可以帮助学生更深入理解和掌握知识点。

3. 业财融合,突破难点

本书注重讲解业务流程和财务流程的相关知识,引导学生理解业务流程与财务流程之间的关系,在帮助学生掌握软件操作技能的同时,理解信息系统业务处理逻辑和数据处理方向。本书在关注重点、突破难点、解答疑点等方面进行了科学安排,在"拓展阅读"等内容中融入了软件应用经验,有利于培养学生规范操作意识和动手操作能力。

4. 教材资源丰富

本书配套提供教学课件、备份账套等教学资源,与本书相匹配的浙江省职业教育在线精品课程在智慧职教和浙江省高等学校在线开放课程共享平台同时上线,扫描本页下方二维码即可在线学习该课程,在线课程提供微课、操作视频、作业、测试、讨论、拓展阅读等资源,方便学生进行线上线下教学资源的有机衔接,使学生既可以获得系统全面的理论知识体系,又可以借助互联网技术获取便捷的学习渠道和学习资源。

本书由宁波职业技术学院章惠敏担任主编,宁波职业技术学院赵莺燕担任主审,宁波职业技术学院石建平担任副主编,新道科技股份有限公司浙江分公司屠明达参与编写案例,宁波职业技术学院史冬元、冯强参与了全书的文字校对工作。

由于水平有限,本书尚需不断改进,敬请广大读者批评、指正。

编　者

2024 年 3 月

浙江省职业教育在线
精品课程会计信息
系统应用(智慧职教)

浙江省职业教育在线
精品课程会计信息
系统应用(浙江平台)

目　　录

项目一　认知业财一体信息化系统及软件 ················· 1
　　任务一　回顾我国会计信息化40多年改革开放历程 ········· 1
　　任务二　认识业财一体信息化系统 ····················· 3
　　任务三　选择财务软件 ····························· 7
　　任务四　安装用友U8 V15.0 ·························· 9

项目二　搭建业财一体信息化体系 ······················ 15
　　任务一　核算体系的建立 ··························· 18
　　任务二　分配权限 ································ 22
　　任务三　管理账套库 ······························ 24
　　任务四　维护系统安全 ····························· 25

项目三　设置基础信息 ······························ 29
　　任务一　基础信息设置的内容 ························ 39
　　任务二　基础档案设置 ····························· 41

项目四　账务处理系统应用 ··························· 55
　　任务一　认识账务处理系统 ·························· 62
　　任务二　账务处理系统初始设置 ······················· 64
　　任务三　日常账务处理 ····························· 66
　　任务四　总账期末业务处理 ·························· 91
　　任务五　总账结账 ································ 101

项目五　薪资业财一体化应用 ························· 105
　　任务一　认识薪资管理系统 ·························· 107
　　任务二　建立薪资账套 ····························· 109
　　任务三　薪资账套初始设置 ·························· 111
　　任务四　薪资业务处理 ····························· 115
　　任务五　薪资业务期末处理 ·························· 122

项目六　固定资产业财一体化应用 ······················ 127
　　任务一　认识固定资产管理系统 ······················· 130
　　任务二　建立固定资产账套 ·························· 132
　　任务三　固定资产账套初始设置 ······················· 135
　　任务四　固定资产业务处理 ·························· 138

　　　　任务五　固定资产业务期末处理 …………………………………………… 147

项目七　报表管理系统应用 ……………………………………………………… 150
　　　　任务一　认识报表管理系统 ………………………………………………… 151
　　　　任务二　编制自定义报表 …………………………………………………… 154
　　　　任务三　报表模板的应用 …………………………………………………… 163

项目八　供应链初始设置 ………………………………………………………… 170
　　　　任务一　认识供应链系统 …………………………………………………… 171
　　　　任务二　采购管理系统初始化 ……………………………………………… 173
　　　　任务三　销售管理系统初始化 ……………………………………………… 176
　　　　任务四　库存管理系统初始化 ……………………………………………… 178
　　　　任务五　存货核算系统初始化 ……………………………………………… 180

项目九　采购业财一体化应用 …………………………………………………… 184
　　　　任务一　认识采购管理系统 ………………………………………………… 185
　　　　任务二　采购业务流程与主要环节 ………………………………………… 186
　　　　任务三　普通采购业务操作 ………………………………………………… 188
　　　　任务四　溢余短缺业务操作 ………………………………………………… 202
　　　　任务五　采购退货业务操作 ………………………………………………… 206
　　　　任务六　特殊采购业务操作 ………………………………………………… 215

项目十　销售业财一体化应用 …………………………………………………… 226
　　　　任务一　认识销售管理系统 ………………………………………………… 228
　　　　任务二　销售业务流程与主要环节 ………………………………………… 229
　　　　任务三　普通销售业务操作 ………………………………………………… 231
　　　　任务四　销售退货业务操作 ………………………………………………… 244
　　　　任务五　特殊销售业务操作 ………………………………………………… 247

项目十一　应收应付管理系统应用 ……………………………………………… 271
　　　　任务一　认识应收应付管理系统 …………………………………………… 272
　　　　任务二　应收款业务处理 …………………………………………………… 273
　　　　任务三　应付款业务处理 …………………………………………………… 289

项目十二　库存与存货管理系统的应用 ………………………………………… 297
　　　　任务一　认识库存与存货管理系统 ………………………………………… 297
　　　　任务二　库存管理业务处理 ………………………………………………… 299
　　　　任务三　存货核算业务处理 ………………………………………………… 303

项目十三　特殊经济业务信息化应用 …………………………………………… 308
　　　　任务一　债务重组业务应用 ………………………………………………… 308
　　　　任务二　非货币性资产交换业务（存货换存货）应用 ……………………… 310
　　　　任务三　以旧换新业务应用 ………………………………………………… 317
　　　　任务四　非货币性福利业务应用 …………………………………………… 324
　　　　任务五　售后回购业务应用 ………………………………………………… 328

参考文献 …………………………………………………………………………… 334

认知业财一体信息化系统及软件

项目一

知识目标

1. 知道会计信息系统的概念。
2. 了解我国会计信息化的发展历程。
3. 分析会计信息系统与手工会计信息的区别与联系。
4. 描述业财一体化的信息系统的基本构成。

能力目标

1. 能够为企业配置合适的财务软件。
2. 能完成财务软件环境配置和安装。

素养目标

1. 树立制度自信、行业自信。
2. 树立规则意识。

工作情景描述

小李大学毕业后和几名同学共同开办一家信息技术公司,在税务登记时,遇到一项规定,《中华人民共和国税收征收管理法实施细则》第二十四条:"从事生产、经营的纳税人应当自领取税务登记证件之日起15日内,将其财务、会计制度或者财务、会计处理办法报送主管税务机关备案。纳税人使用计算机记账的,应当在使用前将会计电算化系统的会计核算软件、使用说明书及有关资料报送主管税务机关备案。"小李该如何选择记账软件呢?

任务一 回顾我国会计信息化40多年改革开放历程

我国的会计信息化之路始于改革开放初期,会计信息化已经经历了40多年的发展历程,这40多年也恰逢中国改革开放大潮,从会计电算化到会计信息化,再到方兴未艾的会计智能化,现代技术不断助推会计向高质量方向发展,反映了我国会计行业不断向转变思想、创新管理、再造组织、培养人才、探索新技术应用的努力。

一、会计电算化起步阶段(1983年以前)

我国会计信息化的发展历程可以追溯到20世纪80年代,我国已有一些企业在会计工作中应用电子计算机。1979年财政部拨款给长春第一汽车制造厂进行会计电算化试点,这一举措标志着我国进入会计信息化的起步阶段,同时,在全国企事业单位逐步推行会计工作中应用电子计算机。在这个起步阶段,由于技术限制和人才短缺,计算机应用会计领域的范围十分狭窄,主要是工资核算,也就是单项数据处理阶段。1981年,中国人民大学和长春第一汽车制造厂联合主办"财务、会计和成本应用计算机"学术研讨会,王景新教授指出了关于会计电算化的概念,会计电算化是"用电子计算机代替手工记账、算账、报账以及部分代替人脑来完成对会计信息的分析、预测、决策"的总称,这是我国首次确立"会计电算化"的概念,此次研讨会的召开标志着我国会计电算化已经起步,并逐步跨入应用阶段。

微课:会计信息化的前世今生

二、自发发展阶段(1983—1987年)

自1983年开始,全国范围内掀起了一个应用计算机的热潮,广州、上海、北京等地的企业开始定点化开发会计软件产品,但因计算机的开发经验不足,理论准备以及人才培训也不太够,管理水平也跟不上,造成在会计电算化过程中出现许多盲目的、低水平重复开发现象。1987年11月,中国会计学会正式成立会计电算化研究小组,中国会计电算化高等教育在缓慢摸索中渐入正轨。

三、有序快速发展阶段(1988—1998年)

在20世纪80年代后期至90年代初,我国一些本土的会计软件开发公司,如用友、金算盘、金蝶等,迅速崭露头角,它们开始开发和提供各种会计软件产品,以满足企业和机构的不同会计需求。这些公司在国内市场获得了广泛的认可和市场份额,会计软件的开发向通用化、规范化、专业化和商品化方向发展。

与此同时,财政部颁布了一系列法规和规范,其中,1989年颁布了《会计核算软件管理的几项规定(试行)》,明确了商品化会计软件的基本要求。1994年印发《会计电算化管理办法》《会计核算软件基本功能规范》等文件,这些文件是我国会计电算化事业发展的指南。1996年发布了行业标准《会计电算化工作规范》。我国财务软件行业自1999年4月起开始研讨和采用"会计信息化"这一新概念。

这些规范文件的发布对我国基层单位的会计电算化工作产生了积极影响,有助于提高会计数据的准确性和管理效率。同时,它也是我国财政部在推动会计信息化方面的一项早期尝试,为后续的会计信息化标准和规范的制定奠定了基础。

四、会计信息化发展阶段(1998—2010年)

自20世纪80年代以来,高科技浪潮席卷全球,在IT环境下,传统的会计信息系统已经不适应现代信息管理发展的要求,在会计电算化的基础上,逐步进入会计信息化。2000年,我国相关财务软件公司分别推出自己的网络会计软件服务,我国也开始进入网络财务阶段。用友、金蝶、浪潮通软、金算盘、新中大、北京南北、江苏久久、上海博科、广州科思、任我行等软件公司,相继开发出ERP产品,有力地推动了我国会计信息化进程。2005年,财政部先后颁布《会计从业资格管理办法》《初级会计电算化考试大纲》，明确了会计信息化的地位和从业人员所需达到的具体要求。2005年开始，以中兴通讯为代表的大型集团企业开始建立财务共享服务中心。2008年，我国开始迈入会计信息化标准建设阶段。2009年，财政部颁布《企业会计信息化工作规范》，在这一规范中明确定义了会计信息化概念：会计信息化是指企业利用计算机、网络通信等现代信息技术手段开展会计核算，以及利用上述技术手段将会计核算与其他经营管理活动有机结合的过程。我国会计行业的信息化由此开始。

五、会计智能化发展阶段（2010年至今）

自2010年起，会计领域受益于云计算和大数据技术的快速发展，这些技术对会计信息系统和会计工作产生了显著影响，促使会计进入云计算和大数据时代。云计算技术已经广泛用于会计信息系统。云计算提供了灵活的数据存储和处理解决方案，允许会计人员随时随地访问和处理财务数据，这增加了协作和远程工作的便捷性。大数据技术使企业能够处理和分析大规模的财务数据，以获取更深入的洞察。大数据分析在财务决策支持和风险管理方面发挥了关键作用，企业可以从大数据中识别趋势、机会和风险。

2017年，德勤会计师事务所推出财务机器人，用友、金蝶、元年等软件厂商都推出了自己的财务机器人，这标志着我国进入会计智能化发展阶段。

自2020年起，会计领域继续经历数字化转型，智能会计成为一个显著的趋势。人工智能（artificial intelligence，AI）和机器学习技术的应用在会计领域进一步扩展。智能会计工具能够自动执行数据分类、会计分录、财务报告和风险分析等任务，从而减少了手动工作，提高了工作效率。智能会计系统不仅能够处理大量数据，还能提供决策支持。这意味着会计人员可以更好地分析数据，了解业务趋势，并作出更明智的决策。数字支付方式的普及以及电子发票的使用在会计数字化转型中起着关键作用。

会计数字化转型和智能会计的目标是提高财务管理的效率和质量。数字化转型将传统的手工会计流程转化为电子化，而智能会计则通过智能工具和自动化技术进一步提高了会计工作的智能化水平。这些趋势为企业提供了更多机会来实现更精确的财务数据、更好的决策支持以及更高的工作效率。

任务二　认识业财一体信息化系统

一、会计信息系统与ERP的关系

会计信息系统（accounting information system，AIS）和企业资源计划（enterprise resource planning，ERP）系统是两个不同但紧密相关的概念，它们在企业的信息技术架构中扮演不同的角色，但通常会相互关联。

1. 会计信息系统的内容

会计信息系统是一种专门用于会计业务处理的应用软件，它是属于管理信息系统中的财务管理子系统。会计信息系统是专注于财务和会计功能的信息系统，其主要任务是记录、存储和处理企业的财务交易和数据。AIS包括财务会计、成本会计、管理会计等子系统。AIS主要功能包括账务记账、财务报告、财务分析、税务报告、账龄分析等，它们旨在满足企业的财务报告、税务合规性和管理决策的需求。这些功能可以帮助企业管理者更好地了解企业财务现状、进行企业决策、管理企业财务活动。AIS通常专注于企业内部的财务和会计活动,与外部供应链、客户关系和生产管理等业务领域的信息系统分开。

2. ERP的内容

企业资源计划系统是一个更全面的企业信息系统,是针对物资资源管理(物流)、人力资源管理(人流)、财务资源管理(财流)、信息资源管理(信息流)集成一体化的企业管理软件。涵盖了多个业务领域,包括财务、采购、库存、生产、销售、人力资源等。它的目标是将不同业务流程整合到一个统一的平台上,以提高协同和数据共享。对应于管理界、信息界、企业界不同的表述要求,ERP分别有着特定的内涵和外延。一个功能完善的ERP系统一般包括采购管理、生产制造管理、销售管理、财务管理(账务处理、应收应付、存货管理、资产管理、成本管理、预算管理、资金管理、绩效评价等)、人力资源管理等子系统。这些功能可以完全覆盖企业管理的各个领域,帮助企业实现信息化、网络化、智能化和决策化管理。ERP系统超越了财务和会计,覆盖了企业的多个业务领域,通过数据整合和流程优化实现更高级别的业务管理和决策支持。

3. 两者关系

ERP和会计信息系统是企业管理中非常常用的两个系统。ERP系统作为企业信息化建设的核心,负责整个企业的管理活动,而会计信息系统则是记录和分析企业财务活动的系统,会计信息系统是整个ERP的中枢,处于不可替代的地位,在企业的经营管理中有着显著作用。

从功能上看,会计信息系统的主要功能都集成到ERP系统中,会计信息系统是ERP系统的重要组成部分。目前企业普遍采用的任何一个ERP软件都包括会计信息子系统。

从信息集成角度看,在EPR系统中强调会计信息与业务信息的集成,实现物流、资金流和信息流的集成,并从价值反映和管理的角度实现会计管理的职能。

从技术角度看,ERP系统采用了先进的软件技术,如数据库管理系统、网络技术和云计算等,使得会计信息系统能够更加高效地处理和分析大量的财务数据。

从管理角度看,ERP系统强调的是整体性和协同性,它不仅是一个工具,更是一种管理理念和方法。在ERP系统中,会计信息系统与其他子系统紧密集成,实现了数据的共享和信息的流通,从而提高了企业的决策效率和管理效果。

总之,会计信息系统是ERP系统的重要组成部分,它们之间的关系密切而复杂,它们在企业的信息技术架构中通常是互补的,以满足企业的财务管理需求。

二、会计信息系统与传统手工会计的区别与联系

会计信息系统与传统手工会计是两种不同的会计处理方式,它们各自有其独特的特点和应用场景。

(一) 会计信息系统与传统手工会计的共同之处

1. 目标一致

会计信息系统与传统手工会计的最终目标都是加强企业经营管理,为管理者及投资者提供准确及时的会计信息,共同参与经营决策,提高企业经济效益。

2. 遵循基本的会计理论和会计方法

计算机会计信息系统会引起会计理论和会计方法上的变化,但这种变化是渐进型的,而不是突变型的。目前的计算机会计信息系统必须遵循基本的会计理论和会计方法。

3. 遵守会计法规与会计法则

会计信息系统的应用应当更严格地维护财经纪律与财经制度,从技术上避免违法违纪事件的发生。

4. 基本工作要求相同

基本工作包括信息的收集与记录、存储、加工处理、传输、输出。

5. 保存会计档案

会计档案是会计的重要历史资料,必须按规定妥善保管。

(二) 会计信息系统与传统手工会计的主要区别

1. 初始化设置工作不同

在手工会计中,初始化工作包括建立会计科目、开设总账、登录余额等过程。而在会计信息系统中,初始化设置工作较为复杂且带有一定的难度,其内容主要有会计系统的安装、账套的设置、网络用户的权限设置等。

2. 运算工具不同

手工会计运算工具是算盘或电子计算器等,计算过程每运算一次要重复一次,由于不能存储运算结果,会计人员要边算边记录,工作量大,速度慢。信息化会计的运算工具是电子计算机,数据处理由计算机完成,能自动及时地存储运算结果,会计人员只要输入原始数据便能得到所需要的信息。

3. 信息载体不同

手工会计所有信息都以纸张为载体,占用空间大,不易保管,查找困难。信息化会计除必要的会计凭证之外,均可用磁盘、磁带作信息载体,它占用空间小,保管容易,查找方便。

4. 账簿规则不同

在手工会计中,要设置总分类账和不同的明细分类账。而在会计信息系统中,设置账户是指为了将来取得某种信息,预先设置好塑造该种信息的模型。会计信息系统对所有的账户都设置了一个科目号,这样就可以很方便地进行总账、明细账、日记账等各种处理,它完全打破了手工会计下各种账簿的不同处理方式和核对方法,它已实现了数出一门、数据共享,使会计工作更加高效、便捷。

5. 账务的处理程序不同

传统手工会计账务的处理程序有四种,但每一种都避免不了重复转抄与计算的根本弱点,伴之而来的是人员与环节的增多和差错的增多。成熟的信息化会计的账务处理程序用同一模式来处理不同企业的会计业务,在一个计算机会计系统中,通常只采用其中一种核算形式,对数据进行集中收集、统一处理、数据共享的操作方法。

6. 内部控制不同

传统手工会计对会计凭证的正确性,一般从摘要内容、数量、单价、金额、会计科目等项目来审核;对账户的正确性一般从三套账的相互核对来验证;还通过账证相符、账账相符、账实相符等内部控制方式来保证数据的正确,堵塞漏洞。信息化会计由于账务处理程序和会计工作组体制的变化,除原始数据的收集、审核、编码由会计人员进行外,其余的处理都由计算机部门负责。内部控制方式部分被计算机技术替代,由手工控制转为人机控制。

三、业财一体信息化系统构成

业财一体信息化系统是一种将业务流程与财务管理紧密结合的系统,目的是提高企业运营效率和管理决策的准确性。这种综合的信息系统旨在整合企业的业务和财务方面,以提高效率、降低成本,并支持更好的管理决策。

ERP 是业财一体信息化系统的最佳应用之一。ERP 是一种集成的业务管理软件,旨在将企业的各个部门和业务流程集成到一个统一的信息系统中,从而提高企业的运营效率和决策准确性。ERP 整合了企业的不同部门和业务流程,包括财务管理、供应链管理、人力资源管理、生产管理、客户关系管理等,这些模块相互关联,通过数据共享和业务流程集成,使得企业各部门能够协同工作,实现业务的高效运转。

ERP 是将企业所有资源进行整合集成管理,简单地说是将企业的三大流——物流、资金流、信息流进行全面一体化管理的管理信息系统。在企业中,一般的管理主要包括生产控制(计划、制造)、物流管理(分销、采购、库存管理)和财务管理(会计核算、财务管理)三方面的内容。这三个方面本身就是集成体,它们互相之间有接口,能够很好地整合在一起来对企业进行管理。

(一) ERP 系统的结构和功能

ERP 系统划分为若干个功能模块,这些模块既能独立运行,又能集成运行,提高系统运行效率,降低企业信息化成本。

从功能上看,在一般情况下,ERP 系统都有生产管理、供应链管理、财务管理和人力资源管理等系统。这些系统模块各自具有一些子系统模块。作为 ERP 系统的一部分,这些系统模块应该是相互联系的统一整体,各系统模块之间的数据是完全共享和集成的。同时,ERP 系统也可以根据企业的不同需要对各个系统模块进行组合,以符合企业的实际情况。ERP 系统的整体架构如图 1-2-1 所示。

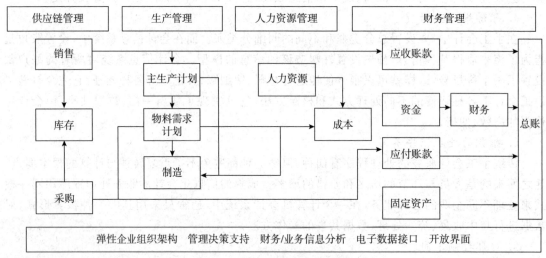

图 1-2-1　ERP 系统的整体架构

1. 基础数据管理功能

基础数据管理是 ERP 系统的核心功能之一,它包括组织架构管理、人员管理、物料管理、客商管理等。通过基础数据管理功能,企业可以对组织结构进行维护、管理企业人员信息、管理物料信息以及与客商进行信息交互,确保数据的准确性和一致性,为其他功能模块提供基础数据支持。

2. 供应链管理功能

供应链管理以库存核算和管理为核心,包括存货核算、库存管理、采购计划、采购管理和销售管理子系统,通过提高供应链效率,降低物流成本,提高采购效益,降低存货成本,从而降低企业总体成本,并对应收账款进行严格的管理,尽可能避免坏账的产生。

3. 生产管理功能

生产管理功能是 ERP 系统中用于管理企业生产过程的功能模块,它包括生产计划管理、生产订单管理、物料需求计划等。通过生产管理功能,企业可以进行生产计划安排、管理生产订单、执行物料需求计划,提高生产效率和资源利用率。

4. 财务管理功能

企业中,财务管理的清晰分明是极其重要的,它在 ERP 系统中是不可或缺的一部分。一般 ERP 系统包括会计核算与成本管理。会计核算主要是记录、核算、反映和分析资金在企业经济活动中的变动过程及结果,它由总账、应收账、应付账、固定资产等部分构成。

5. 人力资源管理功能

人力资源管理功能是 ERP 系统中用于管理企业人力资源的功能模块,它包括招聘管理、培训管理、绩效管理等。通过人力资源管理功能,企业可以进行招聘管理、培训管理、绩效管理,提高人力资源的管理效率和员工的工作积极性。

6. 报表分析功能

报表分析功能是 ERP 系统中用于提供决策支持的功能模块,它包括各种报表和分析工具。通过报表分析功能,企业可以生成各种管理报表,进行数据分析和决策支持,提升企业的管理水平和决策能力。

(二) ERP 系统的主要优势

(1) 数据整合。ERP 系统将财务模块与其他业务模块(例如采购、销售、库存等)紧密整合,使不同部门之间的数据共享更加容易。这有助于确保所有相关数据都能够在不同业务领域之间自动传递,减少了数据冗余和不一致性。

(2) 流程协同。ERP 系统通过整合不同的业务流程,使它们能够更有效地协同工作。例如,订单的生成可以自动触发库存更新和会计分录,从而提高了效率,减少了错误。

(3) 财务报告。ERP 系统具有强大的财务管理模块,可以生成各种财务报告,如资产负债表、利润表、现金流量表等。这些报告通常是基于实时数据,因此更准确和可靠。

(4) 决策支持。ERP 系统提供了数据分析和可视化工具,帮助企业管理层更好地理解业务趋势,制定决策并计划未来。

(5) 合规性和审计。ERP 系统有助于确保企业的财务活动合规,并提供审计轨迹和报告,以满足法规和合规性要求。

(6) 实时性。ERP 系统通常能够提供实时数据,这有助于企业更快地做出决策,及时应对市场变化。

任务三　选择财务软件

一、财务软件服务模式

1. 本地部署模式

本地部署模式是指将软件安装在本地计算机上进行使用,数据也存储在本地。这种模式的优点是可以更好地保障数据的隐私及安全性，同时较为稳定可靠。而不足之处在于软件需要安装在每台计算机上，而且需要具备一定的 IT 专业知识才能进行搭建和维护。

2. 云端部署模式

云端部署模式是将软件及数据存储在云端服务器上进行使用，用户通过网络连接进行使用。这种模式的好处是使用者无须考虑软件的安装和维护，用户也可以随时随地通过网络连接进行访问。而云端部署模式也存在一些缺点，例如，受限于网络情况，使用速度受到网络质量的限制。另外，数据存储在云端服务器上，需要保障好数据的隐私和安全。

3. 软件即服务(software as a service，SaaS)模式

SaaS 模式是指财务软件以服务的模式向用户提供，用户通过订阅的方式购买软件的使用权。这种模式的好处在于用户可以随时调整自己的订阅方案，也能够在使用过程中享受厂商对软件的更新和升级服务。对于企业而言，如果长期使用，购买成本则偏高。

二、常用财务软件介绍

财务是 ERP 软件不可或缺的一部分，企业要实行全面信息化管理，一般都选择 ERP 软件。

1. 浪潮云 ERP

浪潮集团是以服务器、软件为核心产品的国有企业，浪潮云 ERP 拥有大型企业云服务平台 GS Cloud、中小企业云服务平台 PS Cloud、小微企业云服务平台"易云在线"，以及财务云、大数据分析云、智能制造云、电子采购云、司库与资金云、人力云等云产品。浪潮云服务器可以出租，企业可以根据自身需求灵活调整云服务器的配置和规模，实现弹性扩展。

2. 用友云 ERP

用友软件有面向大型企业、集团企业管理软件——用友 NC，用友 U9 是面向快速发展与成长的中大型制造企业，用友 T+系列是面向成长型企业的一款企业级管理软件。

本教材所用的软件是用友 ERP-U8 V15.0，用友 ERP-U8 是一套企业级的解决方案，可满足不同的制造、商务模式及不同运营模式下的企业经营管理，U8 全面集成了财务、生产制造及供应链的成熟应用。

3. 金蝶云 ERP

金蝶 ERP 有面向大型集团企业的金蝶 EAS，面向中型企业的金蝶 K/3，面向小型企业的金蝶 KIS。金蝶云 ERP 是可以租用的 ERP，金蝶云 ERP 最吸引人的特性是 ERP 云服务开通即使用、开通即连接。

4. SAP ERP

SAP ERP 是最早的 ERP 软件之一，被广泛应用于各个行业。SAP S/4HANA Cloud 是一款基于云的现代企业 ERP 管理系统，是一款基于 SaaS 服务，且依靠人工智能和分析技术的模块化 ERP 管理系统软件。

5. Oracle ERP Cloud

Oracle ERP Cloud 是一款基于云计算的 ERP 软件，它具有灵活的部署方式和易于使用的界面。Oracle ERP Cloud 的优势在于其强大的数据分析和预测能力，能够帮助企业做出更准确的决策。

三、财务软件的选择

选择适合企业的财务软件是每一个企业必须面对的重要问题，企业在选择财务软件时，要

清楚企业的业务需求,了解企业业务的性质和规模,明确所需软件的功能和特点。

1. 满足企业自身的需求

每个企业的规模、管理模式、业务流程都不相同,对软件的需求也不一样,所以在选择前,要根据所处的企业行业、企业规模、制度、流程、成本预算等情况,确定企业想要解决什么问题、满足什么功能,然后去挑选合适的平台软件。

2. 满足现行会计准则和税法的要求,并能满足企业发展的需要

一般市面上通用的财务软件(例如用友、金蝶、浪潮等)都要符合国家财政部会计司颁布的会计准则,根据企业不同类型采用适合的会计准则是符合税务局要求的基础。选择会计软件时,企业还需要考虑软件的可扩展性和互操作性。随着企业的发展,业务规模和复杂程度可能会增加,因此软件要能够满足未来的发展需求。

3. 数据安全性

保护数据安全是每一个企业必须重点关注的问题。良好的财务软件应提供足够的数据保护措施,包括数据备份、加密和权限控制等。在选择云端财务软件时,必须确保软件提供了足够的安全性能,以防止数据被黑客攻击或泄露。

4. 技术支持

购买财务软件要特别注意它的技术支持,主要考虑软件厂商提供的售后服务及客户支持机制,以及技术更新、维护费用问题。

任务四 安装用友 U8 V15.0

一、安装数据库

由于 Windows 系统的不断更新,已不再支持一些低版本的数据库,其次低版本数据库容量也有限,所以,为了用友软件更稳定的运行,建议安装 SQL 2008、SQL 2012、SQL 2016 等版本。

(1)打开 SQL 2016 文件夹,找到安装程序中的"setup.exe"文件,双击安装,打开"SQL Server 安装中心",选择"全新 SQL Server 独立安装或向现有安装添加功能"选项,"安装选择"窗口如图 1-4-1 所示。

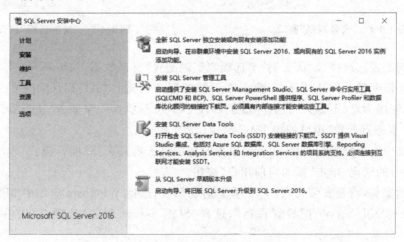

图 1-4-1 "安装选择"窗口

（2）许可条款。选择"我接受许可条款"复选框，"许可条款"窗口如图1-4-2所示。

（3）全局规则。若系统适应，会自动进入"Microsoft更新"窗口，选择"使用Microsoft Update检查更新"复选框，"Microsoft更新"窗口如图1-4-3所示。

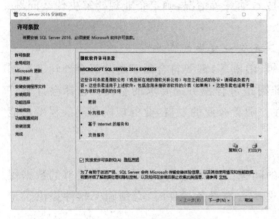

图1-4-2　"许可条款"窗口　　　　　　图1-4-3　"Microsoft更新"窗口

（4）安装规则。必须更正所有失败，安装程序才能继续。"安装规则"窗口如图1-4-4所示。

（5）功能选择。单击"全选"按钮，"功能选择"窗口如图1-4-5所示。

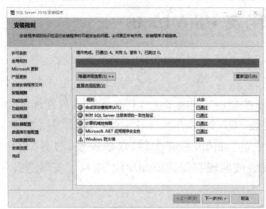 

图1-4-4　"安装规则"窗口　　　　　　图1-4-5　"功能选择"窗口

（6）实例配置。选择"默认实例"单选项，"实例配置"窗口如图1-4-6所示。

（7）服务器配置。SQL Server数据库引擎的账户名选择"AUTHORITY\NETWORK SERVICE"，密码为空（不输入），选择"授予SQL Server数据库引擎服务'执行卷维护任务'特权"复选框，"服务器配置"窗口如图1-4-7所示。

（8）数据库引擎配置。SQL Server服务的身份验证模式选择"混合模式"选项，并设置管理员"SA"账号的密码，单击"添加当前用户"按钮。

（9）继续安装，直至安装完成，然后重新启动系统，选择Windows应用中Microsoft SQL Server 2016→"SQL Server配置管理器"，选择"SQL Server服务"选项，可以看到该服务已运行。

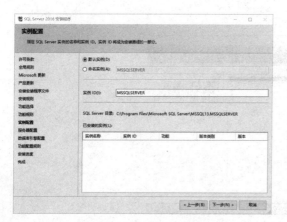 

图 1-4-6 "实例配置"窗口　　　　　图 1-4-7 "服务器配置"窗口

二、安装 U8 V15.0

（1）安装环境检测。进入"Seentao U8＋V15"目录，选择"Setup.exe"文件安装程序，使用鼠标右键单击，选择"以管理员身份运行"选项，然后单击"下一步"按钮，在"许可证协议"窗口选择接受协议，然后单击"下一步"按钮进入客户信息设置窗口，输入公司名称，选择安装路径，默认选择系统盘的"U8SOFT"，并控制不允许安装在根目录下，"选择目的地位置"窗口如图 1-4-8 所示。

（2）单击"下一步"按钮，在"安装类型"窗口选择"经典应用模式"选项，"安装类型"窗口（1）如图 1-4-9 所示。

图 1-4-8 "选择目的地位置"窗口　　　　　图 1-4-9 "安装类型"窗口（1）

（3）单击"下一步"按钮，选择"全产品"选项，安装全部客户端产品、服务器产品和组件。单击"下一步"按钮进入环境检测环节，"安装类型"窗口（2）如图 1-4-10 所示。

（4）进入"系统环境检查"窗口，单击"检测"按钮，根据上一步所选择的安装类型及其子项检测环境的适配性，在"基础环境"和"缺省组件"都满足要求后，单击"确定"按钮进入下一步；检测报告以记事本自动打开并显示检测结果，可以保存（"基础环境"需要手动安装；"缺省组件"可以单击"安装缺省组件"按钮自动安装，也可以选择手动安装；"可选组件"可选择安装，也可以不安装）。"系统环境检查"窗口如图 1-4-11 所示。

（5）安装软件，系统环境检查通过后，单击"确定"按钮，选择"安装"进行具体的安装，"安装软件"窗口如图 1-4-12 所示。

图 1-4-10 "安装类型"窗口(2)

图 1-4-11 "系统环境检查"窗口

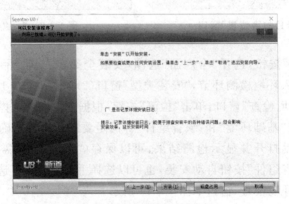

图 1-4-12 "安装软件"窗口

(6) 单击"安装"按钮开始进行 U8+ 的安装。安装完毕,需要重新启动计算机。重新启动后,系统提示进行数据源配置,在"数据库"位置填入数据库的机器名或 IP 地址。在"密码"位置填入数据库管理员"SA"的口令。单击"测试连接"按钮,应显示"测试成功",否则说明数据库没有连接上,注意检查数据库名和密码,之后还会提示是否初始化数据库,这里不选择初始化,留待在系统管理环节完成。

思 考 题

谈谈新技术对企业财务工作的影响?财务人员应如何提升自己?

数智价值导航

信息化相关规范政策文件

2009 年 4 月 12 日,财政部印发《财政部关于全面推进我国会计信息化工作的指导意见》。

2013 年 12 月 6 日,财政部印发《企业会计信息化工作规范》。

2013 年 6 月 27 日,国家税务总局北京市税务局发布公告,决定在北京市开展电子发票应用试点,当日试点企业开具了第一张电子发票,我国的电子发票试点就此启动。

2014 年 2 月 13 日,财政部政策解读《从规范走向引导——企业会计信息化工作规范解读之三》。

2015 年 5 月,国务院印发《中国制造 2025》。

2016 年 12 月 27 日,国家互联网信息办公室发布《国家网络空间安全战略》。

2020 年 8 月 21 日,国务院国资委正式印发了《关于加快推进国有企业数字化转型工作的通知》。

2021 年 11 月 29 日,财政部制定《会计改革与发展"十四五"规划纲要》。

2021 年 12 月 30 日,财政部印发《会计信息化发展规划(2021—2025 年)》。

2021 年 11 月 30 日,上海市、广东省、内蒙古自治区三地税务局分别发布了《关于开展全面数字化的电子发票试点工作的公告》。

2022 年 4 月 7 日,国家档案局发布《电子会计档案管理规范》。

2023 年 6 月,财政部、工业和信息化部联合发布《关于开展中小企业数字化转型城市试点工作的通知》。

2023 年 4 月 25 日,财政部、税务总局等 9 部委联合发布了《关于联合开展电子凭证会计数据标准深化试点工作的通知》。

2023 年 5 月 15 日,财政部发布《关于公布电子凭证会计数据标准(试行版)的通知》。

拓展阅读

影响我国会计行业的十大热门信息技术

影响我国会计从业人员的十大信息技术评选首次活动是在 2002 年,由上海国家会计学院发起并组织。这在以互联网为代表的 IT 业快速发展、社会经济发展对会计人员要求显著提高的时代背景下,评选发挥了积极的引导作用,2017年恢复举行,到2023年进行到第八届,活动已经成为我国会计行业非常有影响力的品牌活动。十大信息技术希望通过开展评选活动让更多人了解、关注、使用、分享会计技术,推动中国会计科技的进步,进而推动整个中国社会的进步。

近三年影响我国会计行业的十大热门信息技术排名见下表。

近三年影响我国会计行业的十大热门信息技术排名

排名	2022年	2023年	2024年
1	财务云	数电发票（包括电子发票/区块链电子发票）	会计大数据分析与处理技术
2	会计大数据分析与处理技术	会计大数据分析与处理技术	数电票
3	流程自动化(RPA和IPA)	财务云	流程自动化(RPA和IPA)
4	中台技术(数据中台、业务中台、财务中台等)	流程自动化(RPA和IPA)	财务云
5	电子会计档案	电子会计档案	中台技术(数据中台、业务中台、财务中台等)
6	电子发票	中台技术	电子会计档案
7	在线审计与远程审计	新一代ERP	数据治理技术
8	新一代ERP	数据治理技术	新一代ERP
9	在线与远程办公	商业智能(BI)	数据挖掘
10	商业智能(BI)	数据挖掘	商业智能(BI)

搭建业财一体信息化体系

项目二

知识目标

1. 知道系统管理的基本工作原理。
2. 知道账套及账套库管理、操作员及权限设置方法等。
3. 分析手工环境下与信息化环境下企业建账、权限管理、数据安全管理等诸多方面存在的差异。
4. 描述账套管理中初始环境参数在整个系统工作过程中所起的作用。

能力目标

1. 能够根据国家财税政策和企业管理目标,正确搭建业财一体信息化平台。
2. 能完成账套的引入、输出、备份和删除。
3. 能进行年度账引入、输出、清空和结转。
4. 能够根据企业实际需求设置操作员,进行功能级和数据级权限分配,并启用模块。

素养目标

1. 初步具备会计信息化的观念和思维方式。
2. 具备岗位责任意识和会计内部控制意识。
3. 具备数据安全意识。

工作情景描述

宁波海德日用电器有限公司(简称海德电器)为了企业上市,规划企业全面实行信息化管理,于2024年1月1日启用U8 V15.0系统,为了顺利实施ERP系统,公司于2023年12月开始搭建信息化平台。

本项目案例企业资料如下。

海德电器情况简介

一、公司简介

宁波海德日用电器有限公司是一家专门从事家用电器零售及批发的制造企业,位于浙江省宁波市北仑区。

公司法人代表:王跃如。

公司开户银行:中国工商银行宁波北仑支行。

基本存款账户:39011000098978324。
证券资金专户:39011000002598759。
外币开户银行:中国银行宁波北仑支行。
人民币存款账户:370189589542。
外币存款账户:324789514527。
一般存款账户:宁波银行北仑支行40010122000129635。
统一社会信用代码:91330206679360412X。
公司地址:浙江省宁波市北仑区甬江路2088号。
电话:0574-8862××××。
邮箱:haide@163.com。

二、组织架构

公司注册的类型为有限责任公司,王跃如出任公司董事长兼总经理,是公司的法人代表,总经理下设部门主管,林峰任财务主管,廖海胜任销售主管,郑乐贵任采购主管,陈国军任仓储主管,王亚丽任人事主管,王启年任生产主管。

三、企业会计核算方法及财务管理制度

(1) 公司采用企业会计准则进行核算,以人民币为记账本位币(核算中金额计算保留至分位),记账文字为中文。

(2) 公司为增值税一般纳税人,销售商品增值税税率为13%;公司当期取得的增值税专用发票,按照现行增值税制度规定当期准予抵扣的,均已认证且于当期一次性抵扣。

公司地处宁波市区,公司适用的城市维护建设税税率为7%,教育费附加征收率为3%,地方教育费附加征收率为2%。

公司按规定代扣代缴个人所得税。

企业所得税税率为25%。

(3) 科目设置。应付账款科目下设暂估应付账款、一般应付账款二级科目。

(4) 辅助核算要求如下。

日记账:库存现金、银行存款。

银行账:银行存款。

客户往来:应收账款、预收账款、应收票据。

供应商往来:应付票据、应付账款、预付账款。

个人往来:其他应收款/个人往来。

(5) 会计凭证的基本规定。录入或生成"记账凭证"均由指定的会计人员操作,含有库存现金和银行存款科目的记账凭证均需出纳签字。对已记账凭证的修改,只采用红字冲销法。为保证财务与业务数据的一致性,能在业务系统生成的记账凭证不得在总账系统直接录入。根据原始单据生成记账凭证时,除特殊规定外,不采用合并制单。出库单与入库单原始凭证以软件系统生成的为准;除指定业务外,在业务发生当日,收到发票同时支付款项的业务使用现付功能处理,开出发票同时收到款项的业务使用现结功能处理。

(6) 货币资金业务的处理。公司采用的结算方式包括现金、支票、网银等。收、付款业务由财务部门根据有关凭证进行处理。

(7) 存货业务的处理。发出存货成本采用"先进先出法"按仓库进行核算,采购入库存货对方科目全部使用"在途物资"科目,委托代销成本核算方式按发出商品核算。同一批出、入库

业务生成一张记账凭证;采购、销售必有订单。

存货核算制单时,普通业务不允许勾选"已结算采购入库单自动选择全部结算单上单据,包括入库单、发票、付款单,非本月采购入库按蓝字报销单制单"复选框。

(8) 公司固定资产折旧、无形资产摊销采用年限平均法。

(9) 公司按有关规定计算缴纳社会保险费和住房公积金。基本社会保险及住房公积金以上一年职工月平均工资为计提基数。计提比例如下:基本养老保险为22%,其中企业承担14%,个人承担8%;医疗保险(含生育保险)为11.7%,其中企业承担9.7%,个人承担2%;失业保险为1%,其中企业承担0.5%,个人承担0.5%;工伤保险为0.2%,全部由企业承担。住房公积金为14%,其中企业承担7%,个人承担7%。

公司由个人承担的社会保险费、住房公积金通过"其他应付款"账户进行核算。个人所得税由公司代扣代缴,通过"应交税费"账户进行核算。

公司职工福利费和职工教育经费不预提,按实际发生金额列支;工会经费按应付工资总额的2%比例计提,工会经费按月划拨给工会专户。

(10) 财产清查的处理。公司每年年末对银行存款、存货及固定资产进行清查,根据盘点结果编制"盘点表",并与账面数据进行比较,由相关负责人审核后进行处理。

(11) 坏账损失的处理。除应收账款外,其他的应收款项不计提坏账准备。每年年末,按应收账款余额百分比法计提坏账准备,提取比例为3%(月末视同年末)。

(12) 利润分配。根据公司章程,公司税后利润按以下顺序及规定分配:①弥补亏损;②按10%提取法定盈余公积;③按30%向投资者分配利润。

(13) 损益类账户的结转。每月月末将各损益类账户余额转入本年利润账户,结转时按收入和支出分别生成记账凭证。

四、搭建信息化体系的资料

经过整理,搭建信息化体系的资料如下。

账套号:001。

账套名称:宁波海德日用电器有限公司。

企业类型:工业。

经营范围:日用家电。

行业性质:2007新会计准则科目。

账套主管:林峰。

基础信息:存货分类、客户分类、供应商分类、有外币核算。

编码方案:科目编码4222;部门编码232;客户分类22;供应商分类22;收发类别22;存货分类222;其他采用系统默认。

数据精度:系统默认。

系统启用:总账、薪资管理、固定资产、应收款管理、应付款管理、采购管理、销售管理、库存管理、存货核算。

软件操作人员资料见表2-0-1。

表2-0-1 软件操作人员资料

编码	姓名	权限
0102	林峰	账套主管

续表

编码	姓名	权限
0103	刘敏	总账、固定资产、薪资管理
0104	李红	凭证处理、出纳、出纳签字
0105	马超	凭证处理、应收款管理、应付款管理
0106	李明	凭证处理、存货核算
0201	廖海胜	销售管理
0202	胡阳雪	销售管理
0301	郑乐贵	采购管理、基本信息(公共单据:请购)
0302	楚琪峰	采购管理、基本信息(公共单据:请购)
0401	陈国军	基本信息(公共单据:入库单、出库单、入库单列表、出库单列表)、库存管理
0402	陈福林	基本信息(公共单据:入库单、出库单、入库单列表、出库单列表)、库存管理

任务一 核算体系的建立

用友 U8 软件产品由多个模块组成,各个模块之间相互联系、数据共享,完全实现财务业务一体化的管理。系统管理包括新建账套、新建账套库、账套修改和删除、账套备份、根据企业经营管理中的不同岗位职能建立不同角色、新建操作员和权限的分配等功能。系统管理的使用者为企业的信息管理人员:系统管理员 admin、安全管理员 sadmin、管理员用户和账套主管。

在初次使用系统时,需要建立核算账套,账套建立流程如图 2-1-1 所示。

一、系统管理注册

第一次登录系统管理,以系统管理员 admin 的身份进行注册,密码为空(没有密码),系统管理的"登录"窗口如图 2-1-2 所示。

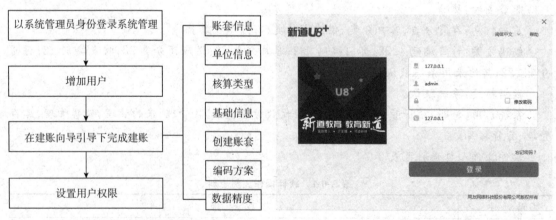

图 2-1-1 账套建立流程   图 2-1-2 "登录"窗口

操作步骤如下。

选择服务器：在客户端登录，选择服务端的服务器名称；服务端或单机用户则选择本地服务器(127.0.0.1)。

输入本次需要登录的操作员名称(或代码)和密码。如要修改密码，单击"修改密码"按钮。

选择账套和语言区域，系统会根据当前操作员的权限显示该操作员可以登录的账套号，管理员 admin 和 sadmin 是按数据源登录，可以对该数据源中所有账套进行相关操作。

> **知识点拓展**
>
> 在实训中，为了教学方便，管理员密码都保持为空，即不设密码。而在实际工作中，为了系统的安全，应该在第一次注册的时候设置管理员密码。

二、建立企业账

在用友 U8 系统，有账套和账套库两层结构，账套是账套库的上一级，账套是由一个或多个账套库组成，一个账套库含有一年或多年使用数据。一个账套对应一个经营实体或核算单位，账套中的某个账套库对应这个经营实体的某年度区间内的业务数据。企业第一次使用用友 U8 系统，均需建立企业账套，必须以系统管理员 admin 的身份新建账套，账套建立流程如下。

微课：建账三步曲

(一) 增加用户

业务举例：详见本项目"工作情景描述"中案例企业资料。

操作步骤如下。

(1) 以系统管理员 admin 的身份注册登录系统管理后，在"系统管理"窗口，选择"权限"菜单中的"用户"选项，单击进入"用户管理"窗口。

(2) 在"用户管理"窗口中单击"增加"按钮，显示"增加用户"窗口。录入编号、姓名、用户类型、认证方式、口令、所属部门、E-mail 地址、手机号、默认语言等内容。然后单击"增加"按钮，保存新增用户信息，"操作员详细情况"窗口如图 2-1-3 所示。

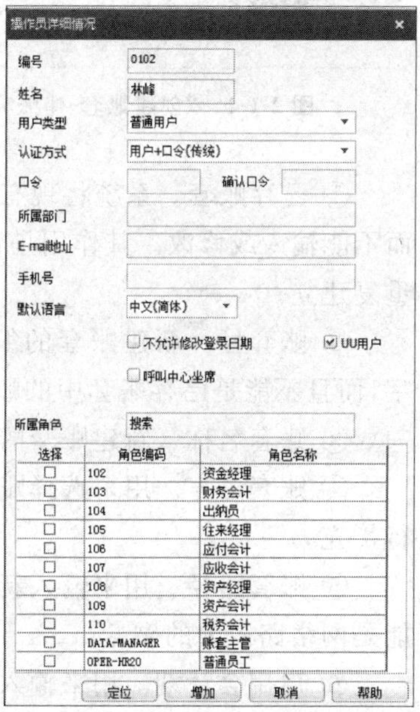

图 2-1-3 "操作员详细情况"窗口

> **知识点拓展**
>
> "用户管理"功能主要完成本账套用户的增加、删除、修改等维护工作。设置用户后，系统对登录操作，要进行相关的合法性检查，其作用类似于 Windows 的用户账号，只有设置了具体的用户之后，才能进行相关的操作。
>
> 也可以修改用户的状态，系统会在"姓名"后出现"注销当前用户"按钮，如果需要暂时停止使用该用户，则单击此按钮。此按钮会变为"启用当前用户"，可以单击继续启用该用户。

（二）建立账套

在"系统管理"窗口，单击"账套"菜单选择"建立"选项，则进入建立单位新账套的功能。

业务举例：详见本项目"工作情景描述"中案例企业资料。

操作步骤如下。

（1）建账方式分为"新建空白账套"和"参照已有账套"，如果是 U8 新用户，或者老用户需要建立一个与已有账套没有关联的账套，可以选择"新建空白账套"方式建账，"创建账套-建账方式"窗口如图 2-1-4 所示。

（2）"创建账套-账套信息"窗口如图 2-1-5 所示。

图 2-1-4 "创建账套-建账方式"窗口　　　　图 2-1-5 "创建账套-账套信息"窗口

① 已存账套。系统将现有的账套以下拉框的形式在此栏目中表示出来，用户只能查看，而不能输入或修改。其作用是在建立新账套时可以明晰已经存在的账套，避免在新建账套时重复建立。

② 账套号。新建账套的编号。此项必须输入，可输入 3 个字符（只能是 001～999 的数字，而且不能是已存账套中的账套号）。

③ 账套名称。新建账套的名称。作用是标识新账套的信息，必须输入。

④ 账套语言。用来选择账套数据支持的语种，也可以在以后通过语言扩展对所选语种进行扩充。

⑤ 账套路径。用来输入新建账套所要被保存的路径，此项必须输入，可以参照输入，但不能是网络路径中的磁盘。

⑥ 启用会计期。用来输入新建账套将被启用的时间，具体到"月"，此项必须输入。

> **知识点拓展**
>
> 企业的实际核算期间可能和正常的自然日期不一致，可以在"会计期间设置"窗口进行设置。在输入"启用会计期"后，单击"会计期间设置"按钮，弹出"会计期间设置"窗口。系统根据前面"启用会计期"的设置，自动将启用月份以前的日期标识为不可修改的部分；而将启用月份以后的日期（仅限于各月的截止日期，至于各月的初始日期，则随上月截止日期的变动而变动）标识为可以修改的部分。用户可以任意设置。

（3）单位信息。用于记录本单位的基本信息，单位名称为必须输入项。"创建账套-单位信息"窗口如图 2-1-6 所示。

（4）核算类型。系统提供"工业""商业"和"医药流通"三种企业类型。选择适合企业的行业性质，为下一步"按行业性质预置科目"确定科目范围。"创建账套-核算类型"窗口如图 2-1-7 所示。

图 2-1-6 "创建账套-单位信息"窗口　　图 2-1-7 "创建账套-核算类型"窗口

（5）基础信息。根据企业内部管理需要设置是否分类。如果要分类，那么在进行基础信息设置时，必须先分类，然后才能设置档案。如果单位有外币业务，勾选"有无外币核算"复选框，否则后续不能进行外币业务处理。"创建账套-基础信息"窗口如图 2-1-8 所示。

（6）创建账套。系统显示建账的主要步骤的执行进度，如初始化环境、创建新账套库等。"创建账套-开始"窗口如图 2-1-9 所示。

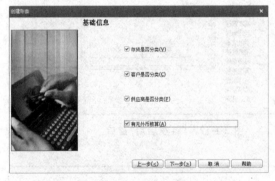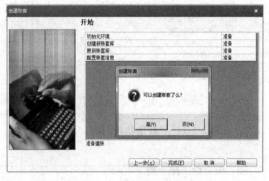

图 2-1-8 "创建账套-基础信息"窗口　　图 2-1-9 "创建账套-开始"窗口

（7）编码方案。编码方案又称编码规则，是对企业关键核算对象进行分类级次及各级编码长度的指定，以便用户进行分级核算、统计和管理。编码方案设置包括级次和级长的设定。级次是指编码共分几级，级长是指每级编码的位数。编码方案也可以从企业门户中进行设置。"编码方案"窗口如图 2-1-10 所示。

（8）数据精度。数据精度是指定义数据的小数位数，包括"存货数量小数位""存货单价小数位"等内容。"数据精度"窗口如图 2-1-11 所示。

（9）系统启用。企业进行会计核算，总账是必须启用的模块，也是第一个启动的模块，其他模块可以根据企业管理需要启动，模块也可以从企业应用平台启用。"系统启用"窗口如图 2-1-12 所示。

图 2-1-10 "编码方案"窗口

图 2-1-11 "数据精度"窗口

图 2-1-12 "系统启用"窗口

> **知识点拓展**
>
> 编码方案的设置是对数据进行标准化处理,不要只按实训任务操作,要思考编码长度最长容纳的档案以及规则、制度。

任务二 分配权限

在权限设置里,用友软件推出角色和用户的概念。

一、角色管理

所谓角色,就是拥有相同权限的某一类人。如张三和李四同属销售客户经理,他们在系统中拥有的功能和权限相同,他们就属同一角色,即销售客户经理。

这个角色组织可以是实际的部门,也可以是由拥有同一类职能的人构成的虚拟组织。在设置角色后,需要定义角色的权限。

只有系统管理员才有权限设置角色。

二、用户管理

用户即通常所指的"操作员",只有系统管理员才有权限设置用户。每次登录系统,都要进行用户身份的合法性检查,只有设置了具体的用户之后,才能进行相关的操作。

三、权限管理

用友 U8 可以实现三个层次的权限管理。

(1) 功能级权限管理。该权限是指某操作员具有某账套相应功能的操作权限,设置功能权限有两种方式:一种是直接分配权限,通过增加用户,给用户直接设置相应的权限;另一种是通过角色分配权限。

(2) 数据级权限管理。该权限可以通过两个方面进行权限控制:一个是字段级权限控制;另一个是记录级的权限控制。例如,可以限制某制单人所能使用的凭证类别或会计科目。

(3) 金额级权限管理。该权限主要用于完善内部金额控制,实现对具体金额数量划分级别,对不同岗位和职位的操作员进行金额级别控制,限制他们制单时可以使用的金额数量,不涉及内部系统控制的不在管理范围内。例如,可以限制某制单人录入的凭证最大金额或某业务员所签订的采购订单的最大金额。

数据级权限和金额级权限在"企业门户"→"系统服务"→"数据权限"中进行分配。对于数据级权限和金额级权限的设置,必须是在系统管理的功能权限分配之后才能进行。

> **知识点拓展**
>
> 用户和角色设置不分先后顺序,用户可以根据自己的需要先后设置。但对于自动传递权限来说,应该首先设定角色,然后分配权限,最后进行用户的设置。这样在设置用户的时候,如果选择其归属哪一个角色,则其自动具有该角色的权限。一个角色可以拥有多个用户,一个用户也可以分属于多个不同的角色。

四、设置权限

只有系统管理员和账套主管才有权进行权限设置,但系统管理员可以指定账套主管和设置所有用户的权限,账套主管只能设置所管辖账套的用户权限。

业务举例:详见本项目"工作情景描述"中案例企业资料。

操作步骤如下。

在"权限"菜单下的"权限"选项中进行功能权限分配。先选定需要修改的账套及账套库(对应年度区间),并从操作员列表中选择操作员或者角色,单击"修改"按钮,设置用户或者角色的权限。"操作员权限"窗口如图 2-2-1 所示。

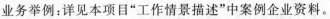

微课:权限分工

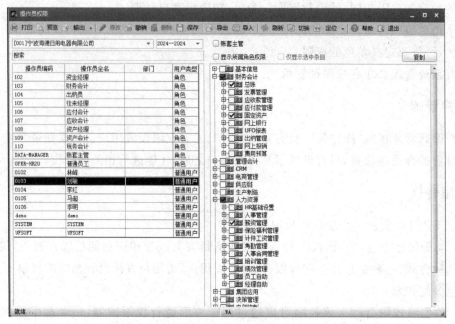

图 2-2-1 "操作员权限"窗口

 管理账套库

一、账套库的建立

企业是持续经营的,因此企业的日常工作是一个连续性的工作,U8 支持在一个账套库中保存连续多年数据,理论上一个账套可以在一个账套库中一直使用下去。但是由于某些原因,如需要调整重要基础档案、调整组织机构、调整部分业务等,或者一个账套库中数据过多影响业务处理性能,需要使用新的账套库并重置一些数据,就需要新建账套库。

账套库的建立是在已有账套库的基础上,通过新账套库建立,自动将老账套库的基本档案信息结转到新的账套库中,对于以前业务产品余额等信息,需要在账套库初始化操作完成后,由老账套库自动转入新账套库的下年数据中。

账套库的管理由账套主管负责。

二、账套库的引入和输出

账套库操作中的引入与账套操作中的引入含义基本一致,所不同的是账套库操作中的引入不是针对某个账套,而是针对账套中的某年度区间的账套库进行的。

账套库的引入操作与账套的引入操作基本一致,不同之处在于引入的是账套库数据备份文件(由系统输出的账套库的备份文件,前缀名统一为 UfErpYer)。

业务举例:详见本项目"工作情景描述"中案例企业资料。

操作步骤如下。

以账套主管的身份登录系统管理,可以进行账套库的管理,"账套库"窗口如图 2-3-1 所示。

项目二 搭建业财一体信息化体系

图 2-4-2 "备份计划详细情况"窗口　　　　图 2-4-3 "安全策略"窗口

三、系统运行安全管理

1. 系统运行监控

对系统的运行实施适时的监控是系统管理很重要的用途。以系统管理员身份注册进入系统管理后，可以查看上、下两个部分内容，上半部分显示各客户端已经登录的系统，下半部分显示各登录的操作员在各系统中正在执行的功能。这两部分的内容都是动态的，它们都根据各客户端使用情况自动变化。这就是对系统使用情况的监控，随时掌握和了解各客户端的登录情况。

2. 清除单据锁定

在系统运行过程中，由于死机、网络阻断等都有可能造成系统异常或者单据锁定，针对系统异常，应及时予以排除，使系统尽快恢复正常秩序。

3. 清除站点

清除站点是指系统管理上清除客户端登录。例如，需要重启服务器，而部分客户端一直登录在线，可以直接在系统管理上予以清退。

4. 清除异常任务

除提供手动进行异常任务的清除之外，可在 U8 服务管理器中设置服务端异常和服务端失效的时间，如果用户服务端超过异常限制时间未工作或由于不可预见的原因非法退出某系统，则视此为异常任务，在"系统管理"窗口显示"运行状态异常"，系统会在到达服务端失效时间时，自动清除异常任务。

5. 上机日志

为了让所有的操作都有所记录、有迹可循，需要对每个操作员的上下机时间，操作的具体功能等情况进行登记，这样就形成了上机日志。

知 识 点 拓 展

将系统管理与日常的业务操作分离，其目的是强化控制手段，使各岗位职责权限更加明晰，并充分体现了与财务管理和财务核算相关的各操作角色必须厘清身份的财经纪律。

思 考 题

1. 账套主管和系统管理员的区别和联系是什么？
2. 账套备份和恢复的作用是什么？

3. 假设系统管理模块已经启动,如果把操作员李四设置为001号账套中的审核岗位角色,试说明其逻辑步骤?

数智价值导航

案例警示:史上最累的财务造假!四套账

2020年12月14日中国证监会发布对某上市公司的处罚书,存在以下违法事实:为抬高公司的股价,用股权质押获取融资,公司董事长、总经理×××决策、指使财务人员进行财务造假。公司在2014年、2015年、2016年这三年对内部管理与对外披露的会计核算分别设置账套:2014年设置了002号和099号两个账套,2015年设置了001号、002号和099号三个账套,2016年设置了001号、002号、088号和099号四个账套。其中2014年099号、2015年099号、2016年001号账套核算的数据用于内部管理,上述账套均以真实发生的业务为依据进行记账;2014年002号、2015年002号、2016年002号账套核算的数据用于编制对外披露的报表,伪造的财务数据都记录于上述三个账套中。此外,公司全资子公司A公司、控股子公司B公司各有1套账,编号为005号、007号。

按规定一个独立的核算单位只能建立一个账套,而软件通常有能力支持建立几百乃至上千个账套。一般软件系统都提供数据维护接口,所以多个账套之间可以方便地进行数据资料相互取舍、传递,以及账套的输出、引入、删除等操作。

造假者按不同的会计核算规则分别设置多个账套并同时进行核算。对来源于相同会计事项的原始数据,按不同的加工规则进行加工,肯定会产生很大的数据差异。因此需要严格的系统内部控制和外部稽查措施来阻止这种违法行为,否则这种多账套造假易如反掌。

拓展阅读

系统管理:清除常见锁定详解

软件操作中通常会出现"模块互斥任务×××申请不成功""科目×××被锁定""单据×××已被锁定"等提示,那么问题来了,为何会出现这种提示信息呢?如何快速解决这些锁定呢?

1. 功能互斥

例如,总账中的"填制凭证"与总账中的"结账"为两个互斥的功能。如需结账,需先退出填制凭证操作,再进行处理。这时找到客户端正常退出即可,如客户端存在异常退出导致任务未能退出,也可手工在系统管理中清除任务,即使用admin进入系统管理,在"视图"菜单下,单击"清除所选任务"选项即可。

2. 科目被锁定

在科目设置、期初余额录入、银行对账等窗口中,出现科目被锁定提示,一般是由于操作过程中,计算机死机强制关机或异常退出系统导致。此时可进入总账系统的"期末"→"对账"窗口,按Ctrl+F6组合键,可消除。当凭证被锁定时,也可使用此方法清除。

3. 单据被锁定

当单据被锁定时,首先打开"系统管理",然后选择"视图"→"清除单据锁定"菜单→选择里面的锁定项目→单击"确定"按钮,退出"系统管理"。

选择需要清除的账套,再单击"确定"按钮。如果不能解除锁定,可重复操作。

设置基础信息

项目三

知识目标

1. 知道系统运行要素设置的方法,理解会计软件的运行参数在整个系统工作过程中所起的作用。
2. 描述初始设置中不同对象数据的相互关系。

能力目标

能够根据企业实际情况准确完成部门、人员、客商、存货、财务和收付结算等基础设置。

素养目标

1. 具备良好的会计职业沟通和协调能力。
2. 具备数据规范管理意识。

工作情景描述

宁波海德日用电器有限公司对公司的业务流程、数据管理和信息交换等方面进行全面的评估,确定了ERP实施规划和方案,ERP实施团队经过长达三个月的企业数据整理和流程梳理,准备好了基础信息档案资料和期初数据,开始基础数据录入。

本项目案例企业资料如下。

海德电器公司基础数据资料

一、公共信息

(一)部门档案

部门档案见表3-0-1。

表3-0-1 部门档案

部门编码	部门名称	部门编码	部门名称
01	行政管理部	04	仓储部
01001	总经理室	05	生产部
01002	财务部	05001	生产管理部
01003	人事部	05002	生产车间
02	营销部	05003	组装车间
03	采购部	06	技术开发部

(二)人员信息

人员类别见表3-0-2。

表3-0-2 人员类别

编码	类别	编码	类别
10101	总经理	10105	销售人员
10102	经理人员	10106	生产人员
10103	财务人员	10107	采购人员
10104	仓储人员	10108	技术人员

人员档案见表3-0-3。

表3-0-3 人员档案

编码	姓名	部门	人员类别	业务员	性别	银行	银行账号
0101	王跃如	总经理室	总经理	是	男	工行	6222083901000563781
0102	林峰	财务部	经理人员	是	男	工行	6222083901000563782
0103	刘敏	财务部	财务人员	是	女	工行	6222083901000563783
0104	李红	财务部	财务人员	是	女	工行	6222083901000563784
0105	马超	财务部	财务人员	是	男	工行	6222083901000563785
0106	李明	财务部	财务人员	是	男	工行	6222083901000563786
0107	王亚丽	人事部	经理人员	是	女	工行	6222083901000563787
0201	廖海胜	营销部	经理人员	是	男	工行	6222083901000563788
0202	胡阳雪	营销部	销售人员	是	女	工行	6222083901000563789
0301	郑乐贵	采购部	经理人员	是	男	工行	6222083901000563790
0302	楚琪峰	采购部	采购人员	是	男	工行	6222083901000563791
0401	陈国军	仓储部	经理人员	是	男	工行	6222083901000563792
0402	陈福林	仓储部	仓储人员	是	男	工行	6222083901000563793
0501	王启年	生产管理部	经理人员	是	男	工行	6222083901000563794
0502	杨国庆	生产车间	生产人员	是	男	工行	6222083901000563795
0503	张华	生产车间	生产人员	是	男	工行	6222083901000563796
0504	刘成峰	组装车间	生产人员	是	男	工行	6222083901000563797
0505	冯凯	组装车间	生产人员	是	男	工行	6222083901000563798
0601	王东	技术开发部	技术人员	是	男	工行	6222083901000563799
0602	徐龙	技术开发部	技术人员	是	男	工行	6222083901000563801

(三)客商信息

(1)地区分类:北方、南方。

(2)客户分类:批发商、代理商、零散客户。

(3)供应商分类:OEM供应商、原材料供应商、物流供应商、固定资产供应商。

(4)客户档案:客户档案见表3-0-4。

表 3-0-4　客户档案

客户编号	客户名称/简称	所属分类码	所属地区	开户行	税号(18位)	地址	银行账号	电话
0101	宁波明州贸易有限公司	01	02	中国工商银行宁波市海曙区鼓楼支行	91330211255990464J	宁波市海曙区中山西路2000号	3901110819905480235	0574-8726358
0201	金华新力电器贸易有限公司	02	02	中国工商银行金华婺城支行	913307031 35869802M	金华婺城区解放北路1560号	1208178695842354367	0579-82697835
0102	余姚昌茂贸易有限公司	01	02	宁波银行余姚支行	913101097766698955U	余姚市谭家岭西路6号	32022025000535675	0574-67756921
0202	杭州奥尔电器有限公司	02	02	中国建设银行杭州市延安支行	913301103418368952	杭州市西湖区延安路5号	33150198463600000038	0571-86524876
0203	北京恒峰电器有限公司	02	01	交通银行北京朝阳支行	911101358879223452	北京市朝阳区日坛北路36号	110002045290684526982	010-66060587
0204	上海广凌实业有限公司	02	02	交通银行上海奉贤支行	913101052248053695	上海市奉贤区南亭公路1079号	4055310212666695613228386	021-59936874
0103	广西桂龙贸易有限公司	02	02	中国农业银行广西南宁支行	91450100708 7325653	广西-东盟经济技术开发区平安路9999号	2102111229300033296	0771-8012856

（5）供应商档案：供应商档案见表 3-0-5。

表 3-0-5　供应商档案

供应商编号	名称/简称	所属分类码	所属地区	开户行	税号(18位)	地址	银行账号	电话	联系人
0101	美的日用电器制造有限公司	01	02	中国银行佛山市顺德区支行	914409663276748569L	佛山市顺德区三乐路968号	601364216845	0760-23369875	杜海
0201	宁波欣容电容器有限公司	02	02	宁波银行西门支行	913302068 10235167E	宁波市海曙区中山西路6050号	32022025000698742	0574-87369853	茅峰
0202	宁波凌飞机电设备厂	02	02	中国农业银行宁波骆驼支行	9133036521 1745364E	宁波市镇海区慈海南路6011号	62272301043652412	0574-86547923	倪建兴
0203	宁波双发压缩机有限公司	02	02	慈溪农村合作银行	913302003 658223654	宁波慈溪市滨海二路3978号	40233250000433	0574-63589256	石建平
0204	宁波皓天电子有限公司	02	02	鄞州银行中和支行	9133020376 9654214H	宁波投资创业中心金谷北路2305号	3254221122 22552	0574-88524712	王丹娜

续表

供应商编号	名称/简称	所属分类码	所属地区	开户行	税号(18位)	地　址	银行账号	电话	联系人
0205	宁波宝新金属材料有限公司	02	02	宁波银行大榭支行	91330200610365487 5	宁波大榭开发区横江路80号	32022026547789124	0574-86906588	刘葳
0301	海天物流有限公司	03	02	中国工商银行小港支行	91330206636524212 3	宁波北仑海天路3056号	3901160009210000687	0574-86954237	刘成峰
0302	广发物流有限公司	03	02	中国建设银行广东顺德大良支行	91330206079025469Y	佛山市顺德区大良街道清晖路222号	43670016600075868956	0757-26524568	张君

二、存货信息

计量单位见表3-0-6。

表3-0-6　计量单位

计量单位组编码	计量单位组	计量单位编码	计量单位名称	换算率
1	无换算	01	kg	无
		02	台	无
		03	个	无
		04	只	无
		05	套	无
		06	元	无
		07	辆	无
2	固定换算			

存货分类及档案见表3-0-7。

表3-0-7　存货分类及档案

存货分类及编码	存货档案编码	存货名称	计量单位	属　　性	参考成本
01 原材料	HA-0001	光管	kg	采购、生产耗用	48元/kg
	HB-0001	内螺纹铜管	kg	采购、生产耗用	51元/kg
	HK-0002	计算机板	只	采购、生产耗用	
	HC-0001	毛细管	kg	采购、生产耗用	
	HC-0002	铝箔	kg	采购、生产耗用	17元/kg
	HD-0001	风扇电机	台	采购、生产耗用	14元/kg
	HD-0002	电容器	只	采购、生产耗用	
	HE-0001	压缩机	台	采购、生产耗用	
	HF-0001	塑料粒子	kg	采购、生产耗用	
	HW-0001	高压开关	个	采购、生产耗用	
	HS-0001	辅材套件	套	采购、生产耗用	

续表

存货分类及编码	存货档案编码	存货名称	计量单位	属性	参考成本
02 自制半成品	p-001	蒸发器	台	采购、生产耗用、自制	
	p-002	冷凝器	台	采购、生产耗用、自制	
03 代工半成品	B-0001	电加热器	个	采购、生产耗用	
	B-0002	温控器	个	采购、生产耗用	
	B-0003	超热保护控制器	个	采购、生产耗用	
	B-0004	风扇	台	采购、生产耗用	
04 自制产成品	0401 家用除湿机	EB-001	家用静音卧室除湿机	台	内销
		EB-002	家用地下室大功率除湿机	台	内销
		EB-003	智能变频家用除湿机	台	内销
	0402 家用电暖器	A601	家用节能电暖器	台	内销、采购
		A602	家用浴室防水电暖器	台	内销、采购
		A603	家用智能温控电暖器	台	内销、采购
	0403 小家电	P3001	电煮锅	台	内销、采购
		P3002	电水壶	台	内销、采购
05 代工产成品	0501 电风扇	LD01	家用变频落地电风扇	台	内销、采购
		ZN03	家用智能电风扇	台	内销、采购
06 劳务类	0401	运输费	元	采购、应税劳务	
07 固定资产					

三、财务信息

(1) 凭证类别：收、付、转类别，并限制科目。
(2) 外币设置：美元。2024年1月1日汇率7.5272，1月31日汇率7.4332。
(3) 会计科目及余额见表3-0-8。

表3-0-8　会计科目及余额

类型	科目编码	科目名称	辅助账类型	方向	余额/元
资产	1001	库存现金	日记账	借	3 000
资产	1002	银行存款		借	4 746 661.92
资产	100201	工行基本存款账户	银行账	借	3 831 801.92
资产	100202	工行证券资金专户	银行账	借	800 000
资产	100203	中国银行人民币存款账户	银行账	借	
资产	100204	中国银行外币存款账户	银行账、美元	借	14 860
资产			美元	借	2 000
资产	100205	宁波银行一般存款账户	银行账	借	100 000
资产	1012	其他货币资金		借	1 000 000
资产	101201	存出投资款		借	1 000 000

续表

类型	科目编码	科目名称	辅助账类型	方向	余额/元
资产	1101	交易性金融资产		借	
资产	110101	成本		借	
资产	1121	应收票据		借	
资产	112101	银行承兑汇票	客户往来	借	
资产	1122	应收账款	客户往来	借	956 724
资产	1123	预付账款	供应商往来	借	
资产	1221	其他应收款		借	2 000
资产	122101	应收个人款	个人往来	借	2 000
资产	1231	坏账准备		贷	28 701.72
资产	1403	原材料		借	47 755
资产	1405	库存商品		借	8 702 700
资产	140501	自有品牌		借	8 702 700
资产	140502	代工生产		借	
资产	1409	半成品		借	591 000
资产	1601	固定资产		借	49 390 000
资产	1602	累计折旧		贷	7 976 200
资产	1701	无形资产		借	240 000
资产	170101	专利		借	240 000
资产	17010101	高效节能除湿装置		借	240 000
资产	1702	累计摊销		贷	12 000
负债	2501	长期借款		贷	8 000 000
负债	2001	短期借款		贷	5 000 000
负债	2201	应付票据		贷	
负债	220101	银行承兑汇票	供应商往来	贷	
负债	2202	应付账款	供应商往来	贷	1 048 770
负债	220201	一般应付款	供应商往来	贷	992 270
负债	220202	应付暂估款	供应商往来(不受控)	贷	56 500
负债	2203	预收账款	客户往来	贷	
负债	2211	应付职工薪酬		贷	106 582.99
负债	221101	工资		贷	
负债	221102	职工福利		贷	
负债	221103	住房公积金(单位)		贷	12 924.31
负债	221104	社会保险(单位)		贷	47 450.68
负债	221105	工会经费		贷	46 208

续表

类型	科目编码	科目名称	辅助账类型	方向	余额/元
负债	2221	应交税费		贷	677 753.68
负债	222101	应交增值税		贷	
负债	22210101	进项税额		贷	
负债	22210102	进项税额转出		贷	
负债	22210103	销项税额		贷	
负债	22210104	转出未交增值税		贷	
负债	222102	未交增值税		贷	325 832
负债	222104	应交所得税		贷	300 000
负债	222105	应交个人所得税		贷	12 821.84
负债	222106	应交城市维护建设税		贷	22 808.24
负债	222107	应交教育费附加		贷	9 774.96
负债	222108	应交地方教育费附加		贷	6 516.64
负债	2241	其他应付款		贷	32 310.78
负债	224101	社会保险费(个人)		贷	19 386.47
负债	224102	公积金(个人)		贷	12 924.31
权益	4001	实收资本		贷	39 000 000
权益	400101	艾思瑞投资		贷	15 000 000
权益	400102	华通投资		贷	16 000 000
权益	400103	富尔赛电子有限公司		贷	8 000 000
权益	400104	宁波世纪投资管理公司		贷	
权益	4002	资本公积		贷	2 530 000
权益	4101	盈余公积		贷	1 260 000
权益	4104	利润分配		贷	852 424.75
权益	410401	未分配利润		贷	852 424.75
成本	5001	生产成本		借	844 903
成本	500101	直接材料	项目核算	借	568 962
成本	500102	直接人工	项目核算	借	245 372
成本	500103	制造费用	项目核算	借	30 569
成本	5101	制造费用		借	
成本	510101	职工薪酬	部门核算	借	
成本	510102	维修费	部门核算	借	
成本	510105	折旧费	部门核算	借	
成本	510106	水电费	部门核算	借	
损益	6403	税金及附加		借	

续表

类型	科目编码	科目名称	辅助账类型	方向	余额/元
损益	6601	销售费用		借	
损益	660101	职工薪酬	部门核算	借	
损益	660102	展览及广告费	部门核算	借	
损益	660103	业务招待费	部门核算	借	
损益	660104	差旅费	部门核算	借	
损益	660105	折旧费	部门核算	借	
损益	660106	水电费	部门核算	借	
损益	660107	促销费用	部门核算	借	
损益	6602	管理费用		借	
损益	660201	职工薪酬	部门核算	借	
损益	660202	办公费	部门核算	借	
损益	660203	业务招待费	部门核算	借	
损益	660204	差旅费	部门核算	借	
损益	660205	折旧费	部门核算	借	
损益	660206	水电费	部门核算	借	
损益	660207	研发费用	部门核算	借	
损益	6603	财务费用		借	
损益	660301	利息收入		借	
损益	660302	利息支出		借	
损益	660303	手续费及其他		借	
损益	660304	汇兑损益		借	
损益	6702	信用减值损失		借	

(4) 指定"现金科目""银行科目""现金流量科目"。

(5) 辅助账明细如下。

① 应收账款期初余额见表3-0-9。

表3-0-9 应收账款期初余额

客户名称	单据日期	单据	摘要	金额/元
宁波明州贸易有限公司	2023年12月31日	发票	货款	152 673
金华新力电器贸易有限公司	2023年12月31日	发票	货款	256 489
余姚昌茂贸易有限公司	2023年12月31日	发票	货款	198 563
杭州奥尔电器有限公司	2023年12月31日	发票	货款	145 623
北京恒峰电器有限公司	2023年12月31日	发票	货款	140 056
广西桂龙贸易有限公司	2023年12月31日	发票	货款	63 320

② 应付账款——一般应付款期初余额见表3-0-10。

表3-0-10 应付账款——一般应付款期初余额

供应商名称	单据日期	单据	摘要	金额/元
美的日用电器制造有限公司	2023年12月31日	发票	货款	355 300
宁波欣容电容器有限公司	2023年12月31日	发票	货款	41 560
宁波凌飞机电设备厂	2023年12月31日	发票	货款	259 870
宁波双发压缩机有限公司	2023年12月31日	发票	货款	256 890
宁波皓天电子有限公司	2023年12月31日	发票	货款	78 650

③ 应付账款——暂估应付款期初余额见表3-0-11。

表3-0-11 应付账款——暂估应付款期初余额

供应商名称	单据日期	摘要	金额/元
宁波宝新金属材料有限公司	2023年12月28日	货款	56 500

④ 其他应收款期初余额见表3-0-12。

表3-0-12 其他应收款期初余额

应收个人款	单据日期	摘要	金额/元
营销部廖海胜	2023年12月28日	预支业务招待费	2 000

⑤ 生产成本期初余额见表3-0-13。

表3-0-13 生产成本期初余额

生产成本	项目	金额(借)/元
直接材料	家用静音卧室除湿机	568 962
直接人工	家用静音卧室除湿机	245 372
制造费用	家用静音卧室除湿机	30 569

(6) 项目核算。项目大类名称为"产品成本核算",下设一个分类"产成品",二级分类设置"自制产成品"和"代工产成品",项目目录见表3-0-14。

表3-0-14 项目目录

项目编号	项目名称	所属分类码	所属分类名称
EB-001	家用静音卧室除湿机	101	自制产成品
EB-002	家用地下室大功率除湿机	101	自制产成品
EB-003	智能变频家用除湿机	101	自制产成品
A601	家用节能电暖器	101	自制产成品
A602	家用浴室防水电暖器	101	自制产成品
A603	家用智能温控电暖器	101	自制产成品
P3001	电煮锅	101	自制产成品

续表

项目编号	项目名称	所属分类码	所属分类名称
P3002	电水壶	101	自制产成品
LD01	家用变频落地电风扇	102	代工产成品
ZN03	家用智能电风扇	102	代工产成品

(7) 结算方式见表3-0-15。

表3-0-15 结算方式

编码	科目名称	是否票据管理
1	现金	
2	支票	
201	现金支票	是
202	转账支票	是
3	电子支付	
301	网银支付	
4	商业汇票	
401	银行承兑汇票	
402	商业承兑汇票	

(8) 付款条件：$5/10, 2/20, n/30$。

(9) 银行档案如下。

开户银行：中国工商银行宁波北仑支行。

基本存款账号：39011000098978324。

证券资金专号：39011000002598759。

外币开户银行：中国银行宁波北仑支行，人民币存款账号370189589542，外币存款账号324789514527。

一般存款账户：宁波银行北仑支行，账号40010122000129635。

四、业务信息

(1) 仓库档案见表3-0-16。

表3-0-16 仓库档案

仓库编码	仓库名称	计价方式	是否代管仓
01	原材料仓	先进先出法	否
02	半成品仓	先进先出法	否
03	产成品仓	先进先出法	否
04	资产仓		资产仓

(2) 收发类别见表3-0-17。

表 3-0-17 收发类别

编码	名称	收发标志	编码	名称	收发标志
01	入库		02	出库	
0101	采购入库	收	0201	销售出库	发
0102	采购退货	收	0202	销售退货	发
0103	盘盈入库	收	0203	盘亏出库	发
0104	调拨入库	收	0204	调拨出库	发
0105	产成品入库	收	0205	领料出库	发
0106	其他入库	收	0206	其他出库	发

（3）采购与销售类型见表3-0-18。

表 3-0-18 采购与销售类型

	编号	名称	出入库类别		编号	名称	出入库类别
采购类型	01	厂家进货	采购入库	销售类型	01	批发零售	销售出库
	02	代理商进货	采购入库		02	销售退回	销售退货
	03	采购退回	采购退货				

（4）费用项目分类：代垫费用、销售支出。
（5）项目费用：代垫运费（代垫费用）、销售手续费（销售支出，方向：支出）。

任务一 基础信息设置的内容

一、基础信息设置的意义

设置基础档案就是把手工资料经过加工整理，根据本单位建立信息化管理的需要，建立软件系统应用平台，是手工业务的延续和提高。基础档案的整理、编码是数据标准化的处理。基础数据的完整性、准确性、可靠性将直接影响 ERP 实施的成败，ERP 数据可分为静态数据和动态数据。静态数据一般不随时间不同而改变，反映企业资源的基本属性，是业务活动开始之前要准备的数据，如供应商基础资料、固定资产等。动态数据是指业务活动中发生的数据，一般随时间不同而改变，用来反映企业资源变化和运动的过程，如库存余额、总账余额等。ERP 系统的基础数据分布在各个子系统，但也有一些是系统共用的，如部门档案、人员档案、客商信息、存货档案等，这就是基础档案。

二、基础档案设置的内容

设置基础档案之前应首先确定基础档案的分类编码方案，基础档案的设置必须遵循编码方案中的级次和各级编码长度的设定。

1. 基础档案整理

企业需要整理的基础档案见表3-1-1。

表 3-1-1　企业需要整理的基础档案

档案分类	档案目录	档 案 用 途	前 提 条 件
机构设置	部门档案	设置与企业财务核算和管理有关的部门	设置部门编码方案
	职员类别	对企业的人员类别进行分类设置和管理	启动薪资模块,需先设置人员类别
	职员档案	设置企业的各个职能部门中需要对其核算和业务管理的职工信息	先设置部门档案,才能在其下增加职员
客商信息	地区分类	针对客户/供应商所属地区进行分类,便于进行业务数据的统计、分析	
	客户分类	便于进行业务数据的统计、分析	账套建立时,先勾选"客户分类",然后确定编码方案
	客户档案	便于进行客户管理和业务数据的录入、统计、分析	建立客户分类档案
	供应商分类	便于进行业务数据的统计、分析	账套建立时,先勾选"供应商分类",然后确定编码方案
	供应商档案	便于进行供应商管理和业务数据的录入、统计、分析	建立供应商分类档案
存货	存货分类	便于进行业务数据的统计、分析	账套建立时,先勾选"存货分类",然后确定编码方案
	计量单位	便于存货核算	先设置计量单位组,再设置计量单位
	存货档案	便于存货核算、统计、分析和实物管理	先确定对存货分类,再确定编码方案
财务	凭证类别	设置企业核算的凭证类型	
	外币	设置企业用到的外币种类及汇率	账套建立时,勾选"外币核算"
	会计科目	设置企业核算的科目目录	设置科目编码方案及外币
	项目档案	设置企业需要对其进行核算和管理的对象、目录	可将存货、成本对象、现金流量直接作为核算的项目目录
收付结算	结算方式	设置资金收付业务中用到的结算方式	与财务的结算方式一致
	付款条件	设置企业与往来单位协议规定的收、付款折扣优惠方法	
	开户银行	设置企业在收付结算中对应的开户银行信息	
业务档案	仓库档案	设置企业存放存货的仓库信息	
	收发类别	设置企业的入库、出库类型	
	采购类型	设置企业在采购存货时的各项业务类型	设置收发类别为"收"的收发类别
	销售类型	设置企业在销售存货时的各项业务类型	设置收发类别为"发"的收发类别
	产品结构	用于设置企业各种产品的组成内容,以利于配比出库、成本计算	先设置存货、仓库档案
	费用项目分类	对同一类属性的费用,归集成一类	先设置分类,再设置项目
	项目费用	业务中的代垫费用、销售支出费用	先设置分类,再设置项目

2.基础档案录入规则

编码是系统识别数据的唯一标识,录入档案首先要符合编码规则,编码规则就是编码方案,在建立账套时设定或者没有在企业应用平台进行任何操作前,可以在企业应用平台的基本信息里设定。设定了编码,档案输入是有先后顺序的,先录入分类,再录入档案,如客户分类、存货分类等。同理,有分组的,先分组再录入档案,如计量单位。会计科目遵循的是从上到下的规则,先设上级科目,再设下级科目。

基础档案的设置是有先后顺序的,首先要建立部门档案,搭建起企业框架结构后,就可以设置人员信息、客商信息,接下来可以设置财务档案和其他信息。

基础档案的设置必须由账套主管来完成。

任务二 基础档案设置

业务举例:详见本项目"工作情景描述"中案例企业资料。

操作步骤如下。

一、机构人员设置

1. 部门档案

部门编号按编码规则编,例如,本项目的部门编码规则是 232,那么一级部门的编号就是两位数,如 01 行政管理部,二级部门再加上三位数,如 05001 生产管理部,以此类推。

以账套主管林峰身份登录企业应用平台,单击"业务导航"→"基础设置"→"基础档案"→"机构人员"→"部门档案"选项,显示"部门档案"窗口,单击"增加"按钮,录入"部门编号""部门名称"等相关信息,然后单击"保存"按钮,操作结果如图 3-2-1 所示。

图 3-2-1 录入部门档案

知识点拓展

这里的部门是指企业下属的具有分别进行财务核算或业务管理要求的单元体,可以是实际中的部门机构,也可以是虚拟的核算单元。

2. 人员类别

单击"基础设置"→"基础档案"→"机构人员"→"人员类别"选项,进入"人员类别"窗口,选择"正式工"选项,单击"增加"按钮,弹出"增加档案项"窗口,输入"档案编码""档案名称"等相关信息,然后单击"保存"按钮,操作结果如图 3-2-2 所示。

3. 人员档案

单击"基础设置"→"基础档案"→"机构人员"→"人员档案"选项,进入"人员列表"窗口,单击"增加"按钮,弹出"人员档案"窗口,输入或选择"人员编码""姓名""性别"等相关信息,然后单击"保存"按钮,操作结果如图 3-2-3 所示。

图 3-2-2 人员类别设置

图 3-2-3 人员档案设置

是否业务员:指此人员是否可操作 U8 其他的业务产品,如总账、库存等。做单据的时候,如果该人员不是业务员,在选择业务员时,该人员不能被选中。

是否操作员:指此人员是否可操作 U8 产品,可以将本人作为操作员,也可与已有的操作员做对应关系。

二、客商信息设置

1. 地区分类

企业可以根据实际需要决定是否进行地区分类设置,地区分类设置是方便对业务数据进行统计、分析。在采购管理、销售管理、库存管理和应收应付款管理系统都会用到地区分类。

单击"基础设置"→"基础档案"→"客商信息"→"地区分类"选项,进入"地区分类"窗口,单击"增加"按钮,输入"分类编码""分类名称"信息,然后单击"保存"按钮,操作结果如图 3-2-4 所示。

2. 供应商分类、客户分类

企业可以根据自身管理的需要选择是否对供应商、客户进行分类管理,建立客商分类体系,供应商、客户是否分类在建立账套时就必须做出选择,设置分类后,根据不同的分类建立客户、供应商档案。

单击"基础设置"→"基础档案"→"客商信息"→"客户分类"选项,进入"客户分类"窗口,单击"增加"按钮,输入"分类编码""分类名称"信息,然后单击"保存"按钮,操作结果窗口如图 3-2-5 所示。

供应商分类参照客户分类输入。

图 3-2-4　地区分类设置

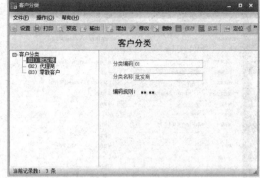
图 3-2-5　客户分类设置

3.供应商档案、客户档案

单击"基础设置"→"基础档案"→"客商信息"→"客户档案"选项,进入"客户档案"窗口,单击"增加"按钮,弹出"增加客户档案"窗口,在"基本"页签输入或选择"客户编码""客户名称""税号""所属地区""所属分类"等信息,然后单击"保存"按钮,操作结果如图 3-2-6 所示。

如果需要开专票,单击"基本"页签上方"银行"按钮,进入"客户银行档案"窗口,单击"增加"按钮,输入或选择客户的银行信息,然后单击"保存"按钮,操作结果如图 3-2-7 所示。

图 3-2-6　录入客户档案

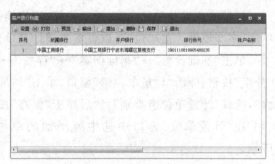
图 3-2-7　录入客户银行档案

供应商档案参照客户档案输入,操作结果如图 3-2-8 所示。

三、存货信息设置

1.存货分类

存货分类是指按照存货固有的特征或属性将存货划分为不同的类别,以便分类核算与统计,例如,工业企业可以将存货分为原材料、产成品、半成品等。企业还经常会发生一些劳务费用,如运输费、装卸费等,这些费用是构成企业存货成本的一个组成部分,为了能够正确反映和核算这些劳务费用,一般在存货分类中单独设置一类,如"应税劳务"或"劳务费用"。

单击"基础设置"→"基础档案"→"存货"→"存货分类"选项,进入"存货分类"窗口,单击"增加"按钮,输入存货"分类编码""分类名称"等信息,然后单击"保存"按钮,操作结果如图 3-2-9 所示。

图 3-2-8　录入供应商档案

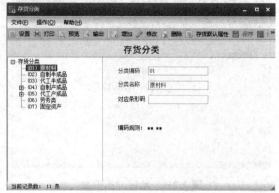
图 3-2-9　存货分类设置

2. 计量单位

不同的存货存在不同的计量单位。有些存货的财务计量单位、库存计量单位、销售发货单位是一致的,但也有同一种存货用于不同的业务的情形,其计量单位也可能不同。例如,对某种药品来说,其核算单位可能是"板",也就是说,财务上按"板"计价;而其库存单位可能按"盒",1盒=20板;对客户发货时可能按"箱",1箱=100盒。因此,在开展企业日常业务之前,需要先定义存货的计量单位。

设置时先增加计量单位组,再增加组下的具体计量单位内容。

计量单位组分为无换算、浮动换算、固定换算三种类别,每个计量单位组中有一个主计量单位、多个辅助计量单位,可以设置主辅计量单位之间的换算率。

单击"基础设置"→"基础档案"→"存货"→"计量单位"选项,进入"计量单位"窗口,单击"分组"按钮,弹出"计量单位组"窗口,单击"增加"按钮,输入"计量单位组编码""计量单位组名称",选择"计量单位组类别",然后单击"保存"按钮,操作结果如图3-2-10所示。

在"计量单位"窗口中选中要增加的单位所属的计量单位组,操作结果如图3-2-11所示。

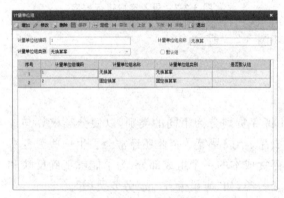
图 3-2-10　计量单位分组

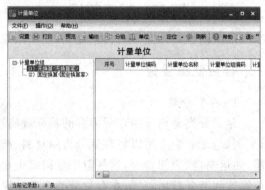
图 3-2-11　选中计量单位组

单击上方的"单位"按钮,弹出"计量单位"窗口,单击"增加"按钮,输入"计量单位编码"、名称,然后单击"保存"按钮,操作结果如图3-2-12所示。

3. 存货档案

存货档案主要用于设置企业在生产经营中使用的各种存货信息,以便于对这些存货进行资料管理、实物管理和业务数据的统计、分析。

单击"基础设置"→"基础档案"→"存货"→"存货档案"选项,进入"存货档案"窗口,单击"增加"按钮,弹出"增加存货档案"窗口,输入或选择"存货编码""存货名称""计量单位组""主计量单位"等信息,勾选"存货属性"组,然后单击"保存"按钮,操作结果如图 3-2-13 所示。

微课:供应链基础档案设置之存货档案

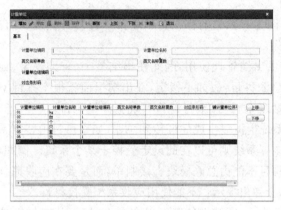

图 3-2-12 设置无换算组的计量单位

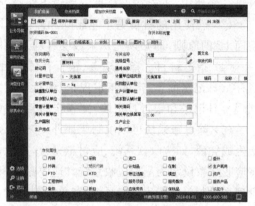

图 3-2-13 录入存货档案

> **知识点拓展**
>
> (1) 设置存货属性的目的是在填制单据参照存货时缩小参照范围,同一存货可以设置多个属性。
>
> (2) 在采购发票、运费发票上一起开具的采购费用,应设置为外购和应税劳务属性,开具在销售发票或发货单上的应税劳务应设置为应税劳务属性。
>
> (3) 有内销、外销属性的存货,才可用于销售业务,与销售有关的单据参照存货时,必须是有销售属性的存货。用于采购的存货必须具有采购属性,受托代销属性在商业账套中的存货可以选择。
>
> (4) 资产存货,默认仓库只能录入和参照仓库档案中的资产仓,如固定资产走采购流程,就需要把固定资产设为资产存货。
>
> (5) 在"价格成本"页签中,如果在"存货核算"选项中设置"存货成本核算方式"为"按存货核算",核算过程中将严格按照设置的计价方式进行成本的确认,每种存货只能选择一种计价方式。

四、财务信息设置

(一) 会计科目

会计科目设置是否恰当,直接影响后期财务软件的使用,一些功能在后期使用当中是无法修改的。

(1) 增加会计科目,一级会计科目是财政部统一制定的,建议不要轻易删

微课:会计科目设置:一个系统性工程

除一级会计科目,以免破坏系统默认设置和财务工作环境变量。增加新的会计科目时,应遵循"自上而下"的原则。例如,银行存款下增加二级科目工行存款,科目编码是100201,其中1002是银行存款代码,在此基础上加上01代表二级科目工行存款。

(2)会计科目编码和名称设置要遵从会计准则规定。在一级科目或某一科目下,如果不知道详尽的明细科目设置,在使用该科目前,需要尽量设置至少一个明细科目先供使用,至于日后产生新的明细科目可以与其同级设置增加。如果盲目设置和使用会计科目,将导致日后新确定的明细科目不能在其下级添加,因为这样会使原上级科目数据发生重分配变化。所以科目一经使用,不能在该科目下增设下级科目。

(3)已使用的科目是不能删除和修改的,因为有数据的存在。删除会计科目时应遵循"自下而上"的原则,即必须先从末级会计科目删除。

(4)指定科目。指定现金、银行存款科目供出纳管理使用,因此在出纳签字、查询现金、银行存款日记账前,一定要指定现金、银行存款总账科目,假如不指定,在出纳里面就根本查询不到现金日记账和银行日记账。"指定科目"包括现金科目、银行科目和现金流量科目。

(5)除总账系统可以填制凭证外,其他子系统也可以生成凭证传到总账,如果科目由特定系统生成凭证,如应收款系统、应付款系统,存货核算系统则可以在此设定受控于某个系统。例如,将应收账款设定为受控应收系统,"应收账款"科目不能由总账模块直接制单,而是要在应收账款管理系统制单后传到总账系统,在总账制单时,会弹出提示:"不能使用应收系统受控科目。"

(6)科目的辅助核算是会计科目的一种延伸,一个辅助核算可以在多个科目下挂,辅助核算一般设置在末级科目上。一个会计科目可以同时设置多种相容的辅助核算。

辅助核算中主要有部门核算、个人往来、客户往来、供应商往来和项目核算。辅助核算的应用是与科目和业务建立关联。以应收账款科目为例,如果客户过多,增加二级科目就变成一项浩大的工程,用辅助核算则可以直接借用基础设置里的客户档案,减少了工作量,而且往来单位可随意增加修改。

另外,如果通过增加明细科目的方式来表示往来单位的,查看报表会受限,系统不可能在同一张表上同时体现企业与××××客户或供应商这些往来单位的所有往来业务情况。因为应收账款(××××客户或供应商)科目与应付账款(××××客户或供应商)科目是没有任何关联关系的。而通过辅助核算,则科目实现这个需求。因为四个往来科目是共用这些往来单位代码的,如果启动了应收应付系统。科目受控系统必须设置为应收应付系统。对于存货类科目,如果没有启动供应链,可以设置数量金额加项目核算。

1. 增加科目

业务举例:详见本项目"工作情景描述"中案例企业资料。

操作步骤如下。

单击"基础设置"→"基础档案"→"财务"→"会计科目"选项,进入"会计科目"窗口,单击"增加"按钮,弹出"新增会计科目"窗口,输入或选择"科目编码""科目名称""科目类型""账页格式"等信息,勾选"辅助核算"组相关信息,然后单击"确定"按钮,操作结果如图3-2-14所示。

2. 修改科目

业务举例:详见本项目"工作情景描述"中案例企业资料。

操作步骤如下。

单击"基础设置"→"基础档案"→"财务"→"会计科目"选项,进入"会计科目"窗口,选中要修改的科目,单击"修改"按钮,弹出"会计科目-修改"窗口,勾选"辅助核算"组相关信息,然后单击"确定"按钮,操作结果如图 3-2-15 所示。

图 3-2-14　新增会计科目　　　　　图 3-2-15　修改会计科目

3. 指定会计科目

业务举例:详见本项目"工作情景描述"中案例企业资料。

操作步骤如下。

单击"基础设置"→"基础档案"→"财务"→"会计科目"选项,进入"会计科目"窗口,单击"指定科目"按钮,弹出"指定科目"窗口,选择"现金科目"单选项,单击"1001 库存现金"科目,单击 > 按钮,将"1001 库存现金"科目移到右边的已选位置,同理,"银行科目""现金流量科目"选择相应的科目进行指定,然后单击"确定"按钮,操作结果如图 3-2-16 所示。

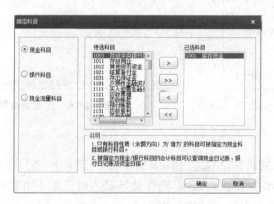

图 3-2-16　指定会计科目

知 识 点 拓 展

在前期账套建立过程中,已经有两处涉及会计科目的设置。

(1)在选择企业类型和行业性质后,最下面有一个复选框——按行业性质预置科目。如果选中该复选框,系统将会根据选择的行业性质自动增加常用的一级科目,选择的行业性质不一样,科目编码方案也不一样,并且科目编码级次的第一级不能修改。

(2)虽然没有直接提到会计科目,但是和会计科目密切相关。在建立账套时,"基础档案"选项中,其中一个选项是"有无外币核算",如果选择了该选项,后期会计科目中"银行存款"科目可以增加外币种类。

（二）凭证类别

系统提供了五种凭证分类方案供选择，其中记账凭证不需要限制类型，而其他凭证类别可以设置限制类型。

设置凭证的限制类型是为了控制凭证输入过程中发生的错误。

例如，"借方必有"是规定填制某一类凭证的时候，这类凭证借方至少应有一个限制科目有发生额。例如，对于收款凭证来说，款项的接收途径无外乎现金和银行转账两个，并且记账方向在借方。也就是说，一张正确的收款凭证的借方，必定会出现库存现金或者银行存款科目。可以根据这个规律，规定收款凭证的限制类型是"借方必有"，限制科目是"库存现金"和"银行存款"。这样，如果输入的收款凭证上借方没有出现"库存现金"或者"银行存款"科目，系统就会查出这张凭证存在错误，拒绝保存，同时给出提示。这样就可以尽可能防止错误的凭证进入系统。

单击"基础设置"→"基础档案"→"财务"→"凭证类别"选项，进入"凭证类别预置"窗口，选择"分类方式"，单击"确定"按钮，操作结果如图3-2-17所示。

进入"凭证类别"限制设置，在"限制类型"下进行修改，录入"限制科目"，操作结果如图3-2-18所示。

微课：收付结算基础信息、凭证类别、外币设置

图3-2-17　选择凭证类别

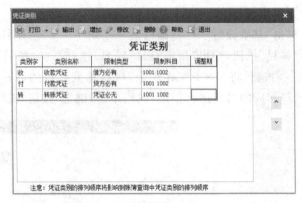

图3-2-18　凭证类别限制设置

（三）外币设置

会计科目核算外币的属性设置为"固定汇率"或"浮动汇率"时，在凭证录入的汇率栏目控制不一样。如果外币属性采用固定汇率，则在凭证录入时汇率不可进行修改；如果外币属性采用浮动汇率，则在凭证录入时汇率可进行修改。

单击"基础设置"→"基础档案"→"财务"→"外币设置"选项，进入"外币设置"窗口，单击"增加"按钮，录入相关信息，单击"确认"按钮保存，操作结果如图3-2-19所示。

（四）项目核算

企业在实际业务处理中会对多种类型的项目进行核算和管理，例如，在建工程、对外投资、技术改造项目、项目成本管理、合同等。项目核算除在成本核算中可以应用，还可以在研发费用核算中应用。可以将具有相同特性的一类项目定义成一个项目大类。一个项目大类可以核算多个项目，为了便于管理，还可以对这些项目进行分类管理。项目核算设置流程如下。

（1）设置核算科目。在会计科目设置中设置项目辅助核算属性的科目才

微课：精细化管理：项目核算

能作为项目大类核算科目。例如,对产成品、生产成本、商品采购、库存商品、在建工程、科研课题、科研成本等科目设置项目辅助核算,操作结果如图3-2-20所示。

图 3-2-19　外币设置

图 3-2-20　设置辅助项目

（2）增加项目大类,可以将存货、成本对象、现金流量、项目成本等作为核算的项目大类,并把需要的核算科目选至"已选科目"。

单击"基础设置"→"基础档案"→"财务"→"项目大类"选项,进入"项目大类"窗口,单击"增加"按钮,弹出"项目大类定义-增加"窗口,录入"新项目大类名称",项目属性为"普通项目",操作结果如图3-2-21所示。

单击"下一步"按钮,打开"定义项目级次"窗口,项目级次是指对项目大类设置明细类别级次和最大编码长度的定义,设置结果如图3-2-22所示。

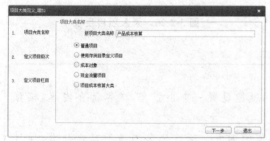

图 3-2-21　增加项目大类

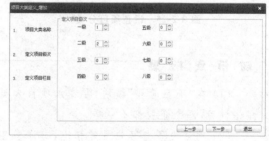

图 3-2-22　定义项目级次

单击"下一步"按钮,打开"定义项目栏目"窗口,可以根据需要增加、删除栏目,单击"完成"按钮,操作结果如图3-2-23所示。

返回"项目大类"窗口,选择新增的项目大类"产品成本核算",单击▶按钮,把需要的"待选科目"移到"已选科目",然后单击"保存"按钮,操作结果如图3-2-24所示。

（3）对同一项目大类下的项目进行进一步划分,这就需要进行项目分类的定义。单击"基础设置"→"基础档案"→"财务"→"项目分类"选项,进入"项目分类"窗口,选择"项目大类",单击"增加"按钮,录入"分类编码""分类名称",单击"保存"按钮,操作结果如图3-2-25所示。

（4）设置项目目录,输入具体要核算的产品。单击"基础设置"→"基础档案"→"财务"→"项目目录"选项,查询条件选择项目大类,单击"确定"按钮,进入"项目档案"窗口,单击"增加"

按钮,录入"项目编号""项目名称""所属分类码"等信息,操作结果如图3-2-26所示。

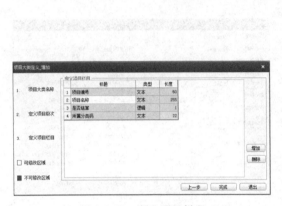

图 3-2-23　定义项目栏目

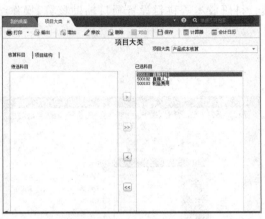

图 3-2-24　选择待核算会计科目

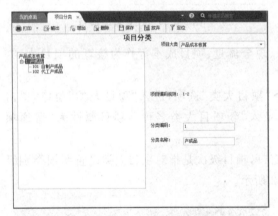

图 3-2-25　设置项目分类

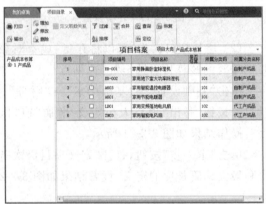

图 3-2-26　录入项目目录

知识点拓展

(1) 在"项目管理"模块,要增加项目大类,就像设置一个小账套,核算什么内容,核算哪些科目,每个企业都不一样。

(2) 项目设置与客户设置相比,有许多相似的地方。项目分类相当于客户分类,项目目录设置相当于客户档案。

(3) 很多时候,要做的工作不是简单的汇总数据,而是要对每一个接到手的项目逐个统计出它们各自的费用、成本、利润,要逐个去分析它们的价值,项目核算就可以发挥它的作用了。

(五) 收付结算

1. 结算方式

为了便于管理和提高银行对账的效率,用来建立和管理用户在经营活动中所涉及的结算方式,它与财务结算方式是一致的,如现金结算、支票结算等。

在"结算方式"窗口里可设置是否进行票据管理,当需要使用支票登记簿功能时,勾选"是否票据管理"复选框,因为出纳通常需要建立支票领用登记簿,用来登记支票领用情况,只有在会计科目中设置银行账的科目才能使用支票登记簿。

单击"基础设置"→"基础档案"→"收付结算"→"结算方式"选项,进入"结算方式"窗口,单击"增加"按钮,录入"结算方式编码""结算方式名称",选择"对应票据类型",单击"保存"按钮,操作结果如图 3-2-27 所示。

2. 付款条件

付款条件也称现金折扣,是指企业为了鼓励客户偿还货款而允诺在一定期限内给予的规定的折扣优待。

付款条件将主要在采购订单、销售订单、采购结算、销售结算、客户目录、供应商目录中引用。

只有启动了应收、应付模块,付款条件才能设置。

单击"基础设置"→"基础档案"→"收付结算"→"付款条件"选项,进入"付款条件"窗口,单击"增加"按钮,录入"付款条件编码""信用天数""优惠天数""优惠率",单击"保存"按钮,操作结果如图 3-2-28 所示。

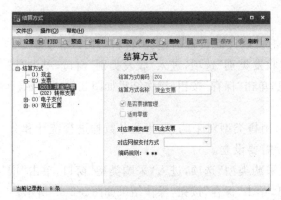

图 3-2-27　设置结算方式

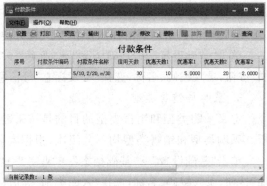

图 3-2-28　设置付款条件

3. 开户银行

设置开户银行是用于维护及查询使用单位的开户银行信息。

单击"基础设置"→"基础档案"→"收付结算"→"本单位开户银行"选项,进入"本单位开户银行"窗口,单击"增加"按钮,弹出"增加本单位开户银行"窗口,录入"编码""银行账号""账户名称""开户银行"等信息,单击"保存"按钮,操作结果如图 3-2-29 所示。

五、业务档案

1. 仓库档案

对存货进行核算管理,首先应对仓库进行管理,仓库档案可以与实际仓库一致,也可以是虚拟的,每个仓库必须选择一种计价方式,如果"存货核算"选项中存货成本核算方式为"按仓库核算",存货的计价方式就按此进行成本的确认。

微课:供应链基础档案设置之业务档案

"资产仓"与"代管仓""记入成本""参与 MRP 运算"互斥。如果仓库为资产仓库,则仓库中的存货只能录入和参照资产属性的存货。

操作员仓库权限在"基础设置"→"数据权限"选项中设置。

只有启动了"库存""存货"模块,才能设置相应的业务档案。

单击"基础设置"→"基础档案"→"业务"→"仓库档案"选项,进入"仓库档案"窗口,单击

"增加"按钮,弹出"修改仓库档案"窗口,录入编码、名称,勾选相应的仓库属性,单击"保存"按钮,操作结果如图 3-2-30 所示。

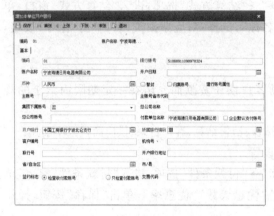

图 3-2-29　增加本单位开户银行

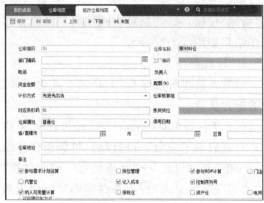

图 3-2-30　设置仓库档案

2. 收发类别

收发类别是对材料的出入库情况进行分类汇总统计而设置的,表示材料的出入库类型。

单击"基础设置"→"基础档案"→"业务"→"收发类别"选项,进入"收发类别"窗口,单击"增加"按钮,录入编码、名称,选择"收发标志"等信息,单击"保存"按钮,操作结果如图 3-2-31 所示。

3. 采购与销售类型

定义采购类型和销售类型的目的是按采购、销售类型对采购、销售业务数据进行统计和分析。采购类型和销售类型均不分级次,根据实际需要设立。

单击"基础设置"→"基础档案"→"业务"→"采购类型"选项,进入"采购类型"窗口,单击"增加"按钮,录入编码、名称,选择"入库类别"等信息,单击"保存"按钮,操作结果如图 3-2-32 所示。

图 3-2-31　设置收发类别

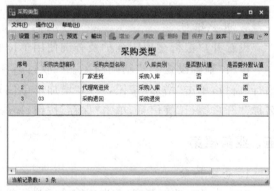

图 3-2-32　设置采购类型

同理输入销售类型,操作结果如图 3-2-33 所示。

4. 产品结构

产品结构是指产品的组成成分及数量,又称物料清单,即企业生产的产品由哪些材料组成。定义了产品结构,才可以通过 MR 运算得出采购计划、子生产计划所需的物料数量。

企业有组装、拆卸业务的,必须设置产品结构。

只有启动"库存""存货"模块,才能设置相应的业务档案。

5. 费用项目分类

费用项目分类是对同一类属性的费用，归集成一类，以便于对它们进行统计和分析。根据出口和销售等系统要求，增加费用项目分类档案，在业务数据中进行分析汇总。

单击"基础设置"→"基础档案"→"业务"→"费用项目分类"选项，进入"费用项目分类"窗口，单击"增加"按钮，录入编码、名称，单击"保存"按钮，操作结果如图 3-2-34 所示。

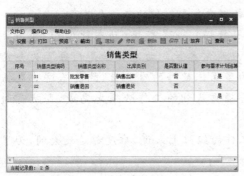

图 3-2-33　设置销售类型

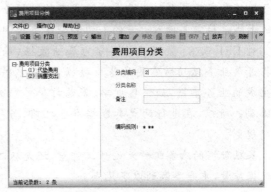

图 3-2-34　设置费用项目分类

6. 费用项目

在处理销售业务中的代垫费用、销售支出费用时，应先行在本功能中设定这些费用项目。

单击"基础设置"→"基础档案"→"业务"→"项目费用"选项，进入"费用项目"窗口，单击"增加"按钮，录入编码、名称，选择分类，单击"保存"按钮，操作结果如图 3-2-35 所示。

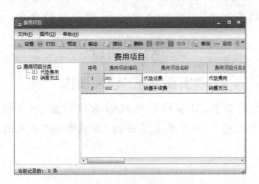

图 3-2-35　设置费用项目

思考题

1. 如果公司设有销售一部和销售二部两个销售部门，生产除湿机和取暖机两类产品，其中，除湿机又分为卧室除湿机和地下室除湿机两种产品，取暖机又分为智能取暖机和浴室取暖机两种产品，其日常业务中的主要客户有宁波的 A 商城和 B 商城，以及杭州的 C 超市和 D 超市。

为了利用辅助核算对各个销售部门和各种产品的销售收入和销售成本进行核算与统计分析，并反映不同客户应收账款的发生与收回状况，请说明应该对哪些科目设置辅助核算以及设置何种辅助核算。

2. 在系统初始设置之前，应准备哪些会计数据资料？

数智价值导航

三分软件,七分实施,十二分数据

所谓"三分软件,七分实施,十二分数据",是强调数据的重要性。"进来的是垃圾,出去的肯定也是垃圾",这是ERP实施过程中经常提到的话。任何企业ERP项目的运行,都是架构在数据的坚实基础上。以前手工方式下的数据分散、口径不一致、冗余、不规范,因此,在ERP系统上线前后需要投入大量的人力和制度去控制数据准备和维护的每一个过程。

对ERP而言,数据可以划分为基础数据(静态数据)、业务数据(动态数据)。静态数据是指开展业务活动所需要的基础数据,如客户供应商信息等。动态数据是指每笔业务发生时生成的业务单据,如销售订单、采购订单等。为了保证数据的唯一性,就要给这些数据进行编码。所以,在进行两大类数据准备之前,另一项更基础的工作必须先完成,那就是制定编码规则。

基础数据的准备工作无论从工作量,还是从工作的组织上来说,难度都是最大的,为了保证数据质量,重点要做到以下几点。

(1) ERP项目的"一把手工程"。这是国内外在长期实践中得出的一致结论,要全面应用ERP,需要业务全流程上的每个业务部门都要积极投入,能否做到这点,和负责该部门的高管有密切关系。一把手是高管团队的领头人和第一责任人,更加责无旁贷。

(2) 成立专门的数据准备小组,由企业IT部门人员和业务部门人员组成。收集第一手资料,将原来的离散数据从不同部门集中,明确数据的来源部门和相关各部门的维护职责。

(3) 建立规范数据维护的流程和制度。在ERP项目实施过程中,重中之重就是数据的维护,而数据维护应当遵循的原则是"以数据为中心,实现数据标准化,完善数据最优化"。

拓展阅读

"实施导航"导入操作

对U8的数据来说,新建账套、日常维护阶段的基础档案、日常数据,基本数量超大,逐条录入工作量大,能否批量导入呢?一起来看是如何"实施导航"导入的。

操作步骤如下。

1. 维护模板

在实施导航工作台,选择"数据导入"→"打开模板"选项,维护数据;提前看有没有需要导入内容的模板,选中模板上的单元格会显示录入说明;导入分为基础档案、期初余额、日常单据;也就是说,除基础档案外,可导入期初余额和日常单据,具体导入内容,需查看是否有对应模板,有模板的才能导入。

2. 导入设置

选择"数据导入"→"选项"选项中,设置此次导入操作的方式为"追加"或"覆盖"等;根据实际情况来选择导入方式,不管采用哪种方式,均要注意备份账套。

3. 数据导入

选择"数据导入"选项后,勾选导入的内容,单击"导入"按钮即可。例如,导入"人员档案",系统默认路径也可通过双击更换为实际导入的路径;导入过程中,如导入不进去,会有具体日志信息,按提示信息打开可查看具体原因,比较方便地修改错误的信息。

账务处理系统应用

项目四

📘 知识目标

1. 知道期初数据录入与试算平衡的原理、程序与技巧,知道总账系统的工作原理。
2. 知道总账参数设置方法及对后续业务处理的影响。
3. 描述凭证处理、期末结转、银行对账的业务处理流程及数据流向。

✒️ 能力目标

1. 能准确将企业财务相关的期初数据录入业财一体信息化平台。
2. 能根据企业实际经济业务需要,准确完成凭证的填制、审核、记账、查询、打印及账表的查询。
3. 能根据国家现行财税制度,正确地对企业的财务数据进行自动生成凭证、自动期末结转等设置。

🎬 素养目标

1. 具备实事求是、严谨务实的工作态度。
2. 具备团队协作精神,共同完成会计核算的基本业务处理工作。
3. 具备自主学习会计信息化新知识、新技术的能力。

◁ 工作情景描述

宁波海德日用电器有限公司信息化平台初始化工作完成后,开始进行日常账务处理了。本项目案例企业资料如下。

企业总账期初数据及业务资料

一、期初数据

1. 总账期初余额

总账期初余额见表 4-0-1。

表 4-0-1　总账期初余额

类型	科目编码	科目名称	辅助账类型	方向	余额/元
资产	1001	库存现金	日记账	借	3 000
资产	1002	银行存款		借	4 746 661.92

续表

类型	科目编码	科目名称	辅助账类型	方向	余额/元
资产	100201	工行基本存款账户	银行账	借	3 831 801.92
资产	100202	工行证券资金专户	银行账	借	800 000
资产	100203	中国银行人民币存款账户	银行账	借	
资产	100204	中国银行外币存款账户	银行账、美元	借	14 860
资产			美元	借	2 000
资产	100205	宁波银行一般存款	银行账	借	100 000
资产	1012	其他货币资金		借	1 000 000
资产	101201	存出投资款		借	1 000 000
资产	1101	交易性金融资产		借	
资产	110101	成本		借	
资产	1121	应收票据		借	
资产	112101	银行承兑汇票	客户往来	借	
资产	1122	应收账款	客户往来	借	956 724
资产	1123	预付账款	供应商往来	借	
资产	1221	其他应收款		借	2 000
资产	122101	应收个人款	个人往来	借	2 000
资产	12331	坏账准备		贷	28 701.72
资产	1403	原材料		借	47 755
资产	1405	库存商品	项目核算、金额、数量	借	8 702 700
资产	140501	自有品牌	项目核算、金额、数量	借	8 702 700
资产	140502	代工生产	项目核算、金额、数量	借	
资产	1409	半成品		借	591 000
资产	1601	固定资产		借	49 390 000
资产	1602	累计折旧		贷	7 976 200
资产	1701	无形资产		借	240 000
资产	170101	专利		借	240 000
资产	17010101	高效节能除湿装置		借	240 000
资产	1702	累计摊销		贷	12 000
负债	2501	长期借款		贷	8 000 000
负债	2001	短期借款		贷	5 000 000
负债	2201	应付票据		贷	
负债	220101	银行承兑汇票	供应商往来	贷	
负债	2202	应付账款	供应商往来	贷	1 048 770
负债	220201	一般应付款	供应商往来	贷	992 270
负债	220202	应付暂估款	供应商往来	贷	56 500
负债	2203	预收账款	客户往来	贷	

续表

类型	科目编码	科目名称	辅助账类型	方向	余额/元
负债	2211	应付职工薪酬		贷	106 582.99
负债	221101	工资		贷	
负债	221102	职工福利		贷	
负债	221103	住房公积金(单位)		贷	12 924.31
负债	221104	社会保险(单位)		贷	47 450.68
负债	221105	工会经费		贷	46 208
负债	2221	应交税费		贷	677 753.68
负债	222101	应交增值税		贷	
负债	22210101	进项税额		贷	
负债	22210102	进项税额转出		贷	
负债	22210103	销项税额		贷	
负债	22210104	转出未交增值税		贷	
负债	222102	未交增值税		贷	325 832
负债	222104	应交所得税		贷	300 000
负债	222105	应交个人所得税		贷	12 821.84
负债	222106	应交城市维护建设税		贷	22 808.24
负债	222107	应交教育费附加		贷	9 774.96
负债	222108	应交地方教育费附加		贷	6 516.64
负债	2241	其他应付款		贷	32 310.78
负债	224101	社会保险费(个人)		贷	19 386.47
负债	224102	公积金(个人)		贷	12 924.31
权益	4001	实收资本		贷	39 000 000
权益	400101	艾思瑞投资		贷	15 000 000
权益	400102	华通投资		贷	16 000 000
权益	400103	富尔赛电子有限公司		贷	8 000 000
权益	400104	宁波世纪投资管理公司		贷	
权益	4002	资本公积		贷	2 530 000
权益	4101	盈余公积		贷	1 260 000
权益	4104	利润分配		贷	852 424.75
权益	410401	未分配利润		贷	852 424.75
成本	5001	生产成本		借	844 903
成本	500101	直接材料	项目核算	借	568 962
成本	500102	直接人工	项目核算	借	245 372
成本	500103	制造费用	项目核算	借	30 569
成本	5101	制造费用		借	
成本	510101	职工薪酬	部门核算	借	

续表

类型	科目编码	科目名称	辅助账类型	方向	余额/元
成本	510102	维修费	部门核算	借	
成本	510105	折旧费	部门核算	借	
成本	510106	水电费	部门核算	借	
损益	6001	主营业务收入	项目核算、数量、金额	贷	
损益	6401	主营业务成本	项目核算、数量、金额	贷	
损益	6403	税金及附加		借	
损益	6601	销售费用		借	
损益	660101	职工薪酬	部门核算	借	
损益	660102	展览及广告费	部门核算	借	
损益	660103	业务招待费	部门核算	借	
损益	660104	差旅费	部门核算	借	
损益	660105	折旧费	部门核算	借	
损益	660106	水电费	部门核算	借	
损益	660107	促销费用	部门核算	借	
损益	6602	管理费用		借	
损益	660201	职工薪酬	部门核算	借	
损益	660202	办公费	部门核算	借	
损益	660203	业务招待费	部门核算	借	
损益	660204	差旅费	部门核算	借	
损益	660205	折旧费	部门核算	借	
损益	660206	水电费	部门核算	借	
损益	660207	研发费用	部门核算	借	
损益	6603	财务费用		借	
损益	660301	利息收入		借	
损益	660302	利息支出		借	
损益	660303	手续费及其他		借	
损益	660304	汇兑损益		借	
损益	6702	信用减值损失		借	

2. 辅助明细账

(1) 库存商品——自有品牌期初余额见表4-0-2。

表4-0-2 库存商品——自有品牌期初余额

存货档案编码	存货名称	计量单位	单价/元	数量	金额/元
EB-001	家用静音卧室除湿机	台	1 030	2 500	2 575 000
EB-002	家用地下室大功率除湿机	台	1 220	1 500	1 830 000
EB-003	智能变频家用除湿机	台	1 130	2 000	2 260 000

续表

存货档案编码	存货名称	计量单位	单价/元	数量	金额/元
A601	家用节能电暖器	台	650	1 000	650 000
A602	家用浴室防水电暖器	台	515	1 200	618 000
A603	家用智能温控电暖器	台	578	1 000	578 000
P3001	电煮锅	台	132	600	79 200
P3002	电水壶	台	125	900	112 500

（2）应收账款期初余额见表4-0-3。

表4-0-3 应收账款期初余额

客户名称	单据日期	单据	摘要	金额/元
宁波明州贸易有限公司	2023年12月31日	发票	货款	152 673
金华新力电器贸易有限公司	2023年12月31日	发票	货款	256 489
余姚昌茂贸易有限公司	2023年12月31日	发票	货款	198 563
杭州奥尔电器有限公司	2023年12月31日	发票	货款	145 623
北京恒峰电器有限公司	2023年12月31日	发票	货款	140 056
广西桂龙贸易有限公司	2023年12月31日	发票	货款	63 320

（3）应付账款——一般应付款期初余额见表4-0-4。

表4-0-4 应付账款——一般应付款期初余额

供应商名称	单据日期	单据	摘要	金额/元
美的日用电器制造有限公司	2023年12月31日	发票	货款	355 300
宁波欣容电容器有限公司	2023年12月31日	发票	货款	41 560
宁波凌飞机电设备厂	2023年12月31日	发票	货款	259 870
宁波双发压缩机有限公司	2023年12月31日	发票	货款	256 890
宁波皓天电子有限公司	2023年12月31日	发票	货款	78 650

（4）应付账款——暂估应付款期初余额见表4-0-5。

表4-0-5 应付账款——暂估应付款期初余额

供应商名称	单据日期	摘要	金额/元
宁波宝新金属材料有限公司	2023年12月28日	货款	56 500

（5）其他应收款期初余额见表4-0-6。

表4-0-6 其他应收款期初余额

应收个人款	单据日期	摘要	金额/元
营销部廖海胜	2023年12月28日	预支业务招待费	2 000

（6）生产成本期初余额见表4-0-7。

表 4-0-7 生产成本期初余额

生产成本	项目	金额(借)/元
直接材料	家用静音卧室除湿机	568 962
直接人工	家用静音卧室除湿机	245 372
制造费用	家用静音卧室除湿机	30 569

二、日常业务资料

(出纳凭证由李红填制凭证,其他凭证由马超填制,刘敏进行凭证审核记账,月末结转由刘敏负责,结转凭证由林峰审核记账,没有特殊说明的,银行账户选用工行基本存款户),宁波海德日用电器有限公司2024年1月经济业务如下,在总账系统输入凭证。

(1) 1月1日,出纳李红从银行提取备用金6 000元(现金支票10501115号)。

(2) 1月2日,营销部廖海胜报销业务招待费2 000元,审批后从其他应收款转销。

(3) 1月2日,营销部胡阳雪向杭州奥尔电器有限公司销售家用智能温控电暖器1 000台,不含税售价750元,货款未收。

(4) 1月4日,营销部胡阳雪向上海广凌实业有限公司销售家用地下室大功率除湿机500台,不含税售价1 530元,货款未收。

(5) 1月5日,以网上电子缴税方式缴纳2020年第四季度企业所得税300 000元,代扣代缴个人所得税12 821.84元,缴纳上月增值税325 832元、城市维护建设税22 808.24元、教育费附加9 774.96元和地方教育费附加6 516.64元。

(6) 1月6日,以网上电子缴税方式缴纳社保单位部分47 450.68元,个人部分19 386.47元。住房公积金单位部分12 924.31元,个人部分12 924.31元。

(7) 1月5日,生产车间生产家用静音卧室除湿机领用辅材套件共计23 000元。

(8) 1月8日,用网银支付发放本月工资170 269.47元。其中已扣缴个人社保19 386.47元,住房公积金个人部分12 924.31元,个人所得税7 692.17元。

(9) 1月8日,采购部郑乐贵从宁波凌飞机电设备厂采购风扇电机500台,不含税单价150元,收到专票,货款未付,货已入库。

(10) 1月10日,采购部楚琪峰从宁波宝新金属材料有限公司采购内螺纹铜管1 000kg,不含税单价51元,光管1 100kg,不含税单价48元,收到专票,货款用网银支付。

(11) 1月12日,为筹划春节促销活动,营销部廖海胜申请广告宣传费,经部门费用审批,出纳用转账支票(号码65324577)预付广告公司广告宣传费5 000元。

(12) 1月12日,收到上海广凌实业有限公司1月4日的货款(网银)。

(13) 1月13日,采购部郑乐贵报销差旅费526元,审批后出纳用网银转账付讫个人账户。

(14) 1月15日,技术开发部用转账支票(号码65324578)支付新产品研发设计费30 000元。

(15) 1月20日,收到宁波世纪投资管理公司的投资款200 000美元,汇入中行外币账户(转账支票897852)。

(16) 1月21日,购入四川长虹(600839)股票100 000股,买入价4.78元,手续费1 434元,定义为交易性金融资产。

(17) 1月22日,盘点现金,发现现金短缺300元,原因尚未查明。

(18) 1月28日,经查明,短缺300元现金是出纳保管不善造成的,按公司规定由出纳进行赔偿。

(19) 1月31日,收到工商银行存款2023年第四季度利息1 043.98元。

(20) 1月31日,网银支付并分摊水费,价款11 129元,增值税进项税额1 001.61元,部门电费分摊见表4-0-8。

表4-0-8 部门电费分摊

部门名称	分摊额/元	部门名称	分摊额/元
总经理室	50	营销部	100
财务部	50	生产管理部	100
人事部	50	生产车间	3 560
采购部	80	组装车间	2 453
仓储部	100	技术开发部	4 586

(21) 1月31日,结转制造费用,计入家用静音卧室除湿机。

(22) 1月31日,本月在产的家用静音卧室除湿机共848台,全部完工入库。

(23) 1月31日,出纳签字、主管签字、审核凭证、记账。

(24) 1月31日,用转账定义功能结转销售成本。

(25) 1月31日,用转账定义功能结转汇兑损益。

(26) 用转账定义功能计提短期借款利息,年利率6%。

(27) 用转账定义功能结转未交增值税。

(28) 用转账定义功能计提城建税(7%)、教育费附加(3%)和地方教育费附加(2%)。

(29) 用转账定义功能结转期间损益。

(30) 用转账定义功能预提所得税(25%)。

(31) 用转账定义功能结转所得税。

(32) 本月结账。

三、银行对账

银行对账期初:工行基本存款户期初3 831 801.92元,企业日记账期初余额与银行对账单期初余额相等,即不存在期初未达账项。

本期工行基本存款户银行对账单见表4-0-9。

表4-0-9 本期工行基本存款户银行对账单

日 期	结算方式	票 号	借/元	贷/元
2024年1月1日	现金支票	10501115		6 000
2024年1月5日	网银			677 753.68
2024年1月6日	网银			92 685.77
2024年1月8日	网银			170 269.47
2024年1月10日	网银			117 294
2024年1月12日	网银		864 450	
2024年1月13日	转账支票	65324577		5 000
2024年1月13日	网银			526
2024年1月15日	转账支票	65324578		30 000

任务一　认识账务处理系统

一、总账与其他子系统的关系

总账即账务处理系统，既可独立运行，也可与其他子系统协同运转。总账在整个 U8 中占有绝对重要的地位，其他子系统生成的凭证传递给总账系统，报表系统编制会计报表和财务分析的数据主要也取自总账系统，所以总账系统是会计信息系统的核心。

总账与其他子系统的关系如图 4-1-1 所示。

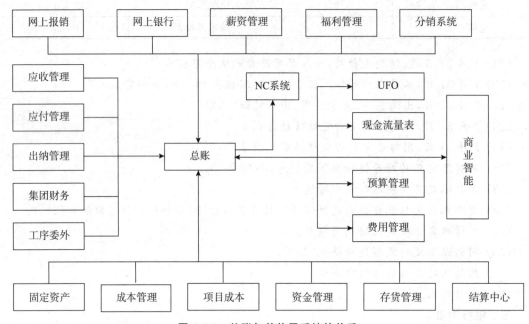

图 4-1-1　总账与其他子系统的关系

二、总账系统的主要功能

总账管理系统的主要功能包括总账系统初始化、凭证管理、出纳管理、辅助核算管理及月末处理。

总账系统初始化：由企业用户根据自身的行业特性和管理需求，将通用的总账管理系统设置为适合企业自身特点的专用系统的过程。总账初始化主要包括系统选项设置和期初数据录入两项内容。

凭证管理：凭证是记录企业各项经济业务发生的载体，凭证管理是总账系统的核心功能，主要包括填制凭证、出纳签字、审核凭证、记账、查询打印凭证等。凭证是总账系统数据的唯一来源，为确保数据源的正确性，总账系统设置了严密的制单控制保证凭证添置的正确性。

出纳管理：资金收付的核算与管理是企业的重要日常工作，也是出纳的一项重要工作内容。总账系统中的出纳管理为出纳人员提供了一个集成办公环境，可完成现金日记账、银行存款日记账的查询和打印，随时出最新资金日报表，进行银行对账并生成银行存款余额调节表。

辅助核算管理：为了细化企业的核算与管理，总账系统提供了辅助核算管理功能。辅助类型主要包括客户往来核算、供应商往来核算、项目核算、部门核算和个人往来核算。利用辅助核算功能，可以简化会计科目体系，使查询专项信息更为便捷。

总账管理系统的业务流程：初始设置、填制凭证、出纳签字、审核凭证、记账、账簿查询、银行对账、自动转账、对账、结账、打印。

总账管理系统的应用流程指示了正确使用总账管理系统的操作顺序，有助于帮助企业实现快速应用。一般来讲，各业务系统的应用大都划分为三个阶段：系统初始化、日常业务处理和月末处理，总账管理系统也遵循这一规律。

三、手工账务处理方式与计算机账务处理方式

1. 手工账务处理方式

手工会计是根据企业的经营规模、生产方式及管理方式采用不同的会计核算方式，常用的数据处理程序有记账凭证核算形式、科目汇总表核算形式、日记账核算形式、汇总记账形式等。其在进行会计数据处理时，根据会计业务的繁简和管理上的需要，选用其中一种，规定凭证、账簿、报表之间的关系，以及如何进行记账，通过多人员、多环节进行内部牵制和核对。但无论采取何种方式，都无法避免重复转抄的根本弱点。

手工账务处理流程：当发生经济业务后，记账人员根据发生的经济活动取得原始凭证填制记账凭证，然后根据记账凭证进行各种账簿登记，再根据账簿编制财务会计报告，进而向单位内部和外部提供有用的会计信息。

2. 计算机账务处理方式

在会计信息化系统中，一般需要根据文件的设置来确定，常用的是日记账文件核算形式与凭证文件核算形式。在一个会计信息系统中通常采用一种形式，对数据进行集中收集，统一处理。在会计信息系统账务处理中，整个处理过程分为输入、处理、输出三个环节，其中控制的重点是在输入环节，从输入会计凭证到输出会计账表，全程由计算机按照事先设置的程序处理，一步完成。

信息化系统里账务处理流程：根据原始凭证编制手工记账凭证录入计算机或者计算机自动生成机制记账凭证，记账仅是一个数据处理过程，通过记账这一数据处理步骤，使被审核过的记账凭证成为正式会计档案，从"凭证临时库"转移到"流水账库"中存放，记账后的凭证不再允许修改，记账的同时，对科目的发生额进行汇总，更新"科目余额，发生额库"。而真正的账册，只有在需要时临时从"流水账库"中把有关科目的经济业务分离出来，在屏幕上显示或在打印机上打印，总账系统数据流程如图4-1-2所示。

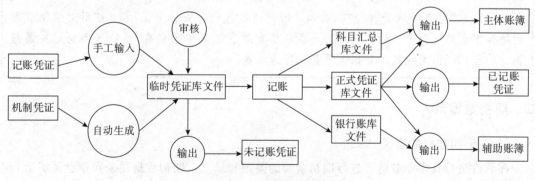

图 4-1-2 总账系统数据流程

任务二 账务处理系统初始设置

账务处理系统初始化主要包括选项设置和期初数据录入。

一、选项设置

为了最大范围地满足不同企业用户的信息化应用需求,总账系统作为通用商品化软件的核心系统是通过内置大量的选项参数提供面向不同企业应用的解决方案。企业可以根据自身的实际情况进行选择,以确定符合自身个性特点的应用模式。系统参数的设置决定了企业的应用模式和应用流程,用友总账系统将参数分为七个页签。

(1) 凭证页签:①制单控制,此项主要设置在填制凭证时系统应对哪些操作进行控制。设置内容包括制单序时控制,支票控制,赤字控制,可以使用应收受控科目等;②凭证控制,包括现金流量科目必录现金流量项目,自动填补凭证断号,凭证录入时结算方式及票据号必录等;③凭证编号方式,系统提供系统编号和手工编号两种方式;④现金流量参照科目,用来设置现金流量录入窗口的参照内容和方式。

(2) 账簿页签:账簿页签用来设置各种账簿的输入方式和打印要求等。

(3) 凭证打印:用来设置凭证的输入方式和打印方式等,主要包括:①合并凭证显示、打印;②打印凭证页脚姓名;③打印转账通知书。

(4) 预算控制:显示预算管理系统是否启用总账预算控制,当启用时,该选项选中。

(5) 权限页签:①制单权限控制到科目;②制单权限控制到凭证类别;③操作员进行金额权限控制;④凭证审核控制到操作员;⑤出纳凭证必须经由出纳签字;⑥凭证必须经由主管会计签字;⑦允许修改、作废他人填制的凭证;⑧可查询他人凭证等。

(6) 自定义项核算:如果系统提供的个人、部门、项目、供应商、客户等辅助核算项不够,可在此将某些自定义项设置为辅助核算。

(7) 其他页签:①外币核算方式;②排序方式;③精度控制等。

> **知识点拓展**
>
> (1) 制单序时控制。此项和"系统编号"选项联用,制单时凭证编号必须按日期顺序排列。例如,10月25日编制25号凭证,则10月26日只能开始编制26号凭证。这就是制单序时。如果有特殊需要,可以将其改为不序时制单。
>
> (2) 支票控制。若选择此项,在制单时使用银行科目编制凭证时,系统针对票据管理的结算方式进行登记。如果录入的支票号在支票登记簿中已存在,系统提供登记支票报销的功能;否则,系统提供登记支票登记簿的功能。

二、期初数据录入

(一) 期初数据的含义

在软件进行日常业务前要进行期初余额的整理和录入。期初数据是公司信息系统运行的基础,在期初数据录入系统以前,所有的期初数据都必须按照要求准备完毕,并在期初数据录入阶段有计划地安排录入工作。

期初余额是系统启用日期该时点的数据,期初数据以系统启用日期为准,如系统启用时间为 2021 年 1 月 1 日,那么期初余额就是 2021 年 1 月 1 日该时点的数据。

微课:如何把手工账期初余额录入到软件系统

(二) 总账期初余额录入

1. 期初数据的内容

总账期初数据包括期初余额和累计发生额。

(1) 年初建账。年初建账使用的数据是上年年底的数据,只需将上年年末的各账户余额输入即可,年初余额与月初余额是相等的,所以在年初建账工作量小,且不易出错。

(2) 年中建账。年中建账应输入当期的期初余额,还要输入本年各科目的发生额,也是为了在出资产负债表和利润表时,自动提取年初数据和累计数据。也就是录入科目的期初余额及累借、累贷,年初余额将自动计算出来。

2. 录入期初数据

业务举例:详见本项目"工作情景描述"中案例企业资料。

操作步骤如下。

(1) 录入最末级科目的余额和累计发生数,上级科目的余额和累计发生数由系统自动计算。如果某科目为数量、外币核算,可以录入期初数量、外币余额。但必须先录入本币余额,再录入外币余额。若期初余额有外币、数量余额,则必须有本币余额。

以账套主管林峰的身份登录企业应用平台,单击"业务导航"→"财务会计"→"总账"→"期初"→"期初余额"选项,进入"期初余额录入"窗口,在末级会计科目的数据栏,直接录入余额,操作结果如图 4-2-1 所示。

科目编码	科目名称	方向	币别/计量	期初余额
1001	库存现金	借		3,000.00
1002	银行存款	借		4,746,661.92
100201	工行基本存款账户	借		3,831,801.92
100202	工行证券资金专户	借		800,000.00
100203	中国银行人民币存款账户	借		
100204	中国银行外币存款账户	借		14,860.00
		借	美元	2,000.00
100205	宁波银行一般存款账户	借		100,000.00
1003	存放中央银行款项	借		
1011	存放同业	借		
1012	其他货币资金	借		1,000,000.00
101201	存出投资款	借		1,000,000.00
1021	结算备付金	借		

图 4-2-1 录入期初余额

(2) 辅助核算科目必须按辅助项录入期初余额,是由辅助账的期初明细汇总而来。例如,设有"客户往来"辅助核算的"应收账款"科目,不允许直接录入余额,需要在该单元格中双击进入"辅助期初余额",单击"往来明细"按钮,在"期初往来明细"窗口中输入期初数据,完成后,单击"汇总"按钮,返回总账期初余额表中。如果启用了应收、应付模块,可以在应收、应付中输入往来明细,然后引入收付期初,录入应收账款往来明细,操作结果如图4-2-2所示。

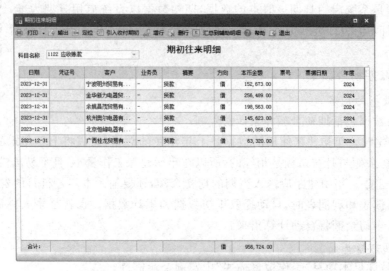

图4-2-2　录入应收账款——期初往来明细

（3）试算平衡。试算平衡是指对录入的期初余额,按照"资产＝负债＋所有者权益＋收入－费用"的平衡式进行平衡校验的过程。也可单击"对账"按钮,检查总账、明细账、辅助账的期初余额是否一致。"期初试算平衡表"窗口操作结果如图4-2-3所示,"期初对账"窗口操作结果如图4-2-4所示。

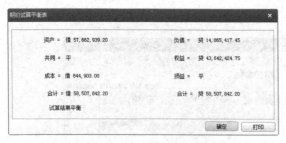　　

图4-2-3　"期初试算平衡表"窗口操作结果　　图4-2-4　"期初对账"窗口操作结果

知识点拓展

（1）期初余额试算不平衡,将不能记账、结账,但可以填制凭证。
（2）若已经使用系统记过账,则不能再录入、修改期初余额,也不能执行"结转上年余额"的功能。

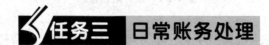

任务三　日常账务处理

在总账管理系统中,初始化工作完成后,就开始进行日常业务处理了。总账管理系统日常业务处理主要包括凭证管理、出纳管理、账簿查询等。

一、凭证管理

记账凭证是登记账簿的依据，是总账管理系统的唯一数据来源，因此凭证管理是总账系统最为核心的内容。凭证管理的内容主要包括填制凭证、凭证复核、删除凭证、凭证记账、修改凭证、查询凭证、冲销凭证、凭证汇总等内容。填制凭证是最基础和频繁的工作，计算机处理账务后，电子账簿的准确与完整依赖于记账凭证，记账凭证是账簿报表数据的源头。记账凭证按其编制来源分成手工填制凭证和机制凭证，机制凭证包括利用总账自动转账功能生成的凭证和其他子系统生成的凭证。此处介绍手工填制凭证。

微课：凭证：总账系统唯一的数据来源

（一）填制凭证

每张凭证都由一个凭证抬头和凭证正文组成。凭证抬头包括日期、凭证类别、附件张数等，是对整个凭证有效的信息。凭证正文是包含特定项目的信息，如科目编码、金额、辅助核算等。通常一张凭证应该只记录一笔业务，而凭证中的行数是没有限制的。

1. 凭证头内容

（1）凭证类别。凭证类别输入或参照选择一个凭证类别字。凭证类别是在初始化时设置的，如果没有设置凭证类别，此处是空的。

（2）凭证编号。凭证编号一般分类按月编制，即每月每类凭证都从0001号开始。系统提供手工编号和系统编号两种方式，手工编号，在此可以输入凭证号，但应注意凭证号的连续性、唯一性。系统编号则由系统按时间顺序自动编号，每页凭证有五笔分录，当某凭证不止一页，系统自动将在凭证号后标上几分之一，例如，收－0001号 0002/0003 表示为收款凭证第0001号凭证共有三张分单，当前光标所在分录在第二张分单上。对于网络用户，如果是几个人同时制单，系统将提示一个参考凭证号，真正的凭证编号，只有在凭证已经填制并保存后才给出。

（3）制单日期。系统自动取当前业务日期为记账凭证填制的日期，在制单序时控制下，凭证编号必须按日期顺序排列，日期的范围是该类凭证最后一张凭证日期至系统日期之间。

（4）附单据数。附单据数是指将来该记账凭证所附的原始单据数，如果填的话，必须与实际张数相符。

2. 凭证正文

（1）摘要。输入本笔分录的业务说明或选择常用摘要，会计分录各行都要有摘要，不能为空。

（2）会计科目。在填制凭证时，会计科目可以输入科目编码、科目名称、科目代码或选择输入，科目必须选择末级科目，如果输入的是银行科目，且在结算方式设置中确定要进行票据管理，系统会要求输入有关结算方式的信息，以方便日后银行对账；如果输入的科目有外币核算，系统会自动带出在外币中已设置的相关汇率，如果不符还可以修改，输入外币金额后，系统会自动计算出本币金额；如果输入的科目有数量核算，应该输入数量和单价，系统会自动计算出本币金额；如果输入的科目有辅助核算，应该输入相关的辅助信息，以便系统生成辅助核算信息。

（3）金额。金额不能为零，可以是正数或负数（红字），凭证金额必须借贷相等。否则不能保存。

3. 提高凭证录入速度的技巧

（1）增加常用摘要，以备调用，如报销差旅费、提取现金、采购商品等。

(2)科目代码输入。如果能记住科目代码,可以大大提高凭证录入速度。

(3)常用凭证。会计业务都有其规范性,在日常工作中,经常会有许多凭证完全相同或部分相同,将这些常用的凭证存储起来,在填制会计凭证时可随时调用。

4. 录入凭证

出纳凭证由李红填制,其他凭证由马超填制,以李红或马超的身份登录企业应用平台,单击"业务导航"→"财务会计"→"总账"→"凭证"→"填制凭证"选项,弹出"记账凭证"窗口。

(1)无辅助核算的凭证。

业务举例:详见本项目"工作情景描述"中案例企业资料。

操作步骤如下。

单击"增加"按钮,参照选择一个凭证类别字,填制凭证日期、附件张数,填制摘要,选择末级科目或输入末级科目代码。若科目为银行科目,且在结算方式设置中确定要进行票据管理,在"选项"中设置"支票控制",弹出"辅助项"窗口,按要求输入"结算方式""票号""发生日期",输入凭证金额,操作结果如图 4-3-1 所示。

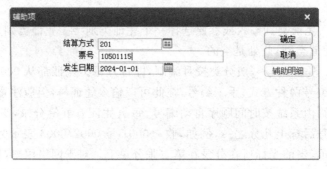

图 4-3-1 银行科目的辅助项

录入该笔分录的借方或贷方本币发生额,金额不能为零,但可以是红字,红字金额以负数形式输入。如果方向不符,可按空格键调整金额方向。

若想放弃当前未完成的分录的输入,可按"删行"按钮,删除当前分录。

如果填制凭证使用的科目为现金流量科目,那么在凭证保存之前要求指定凭证分录的现金流量项目。当已经定义了现金流量取数关系时,单击"流量"按钮,在弹出现金流量项目指定的窗口中自动显示凭证发生的科目、方向、金额及对应的现金流量项目,操作结果如图 4-3-2 所示。

当凭证全部录入完毕,单击"保存"按钮保存这张凭证,结果如图 4-3-3 所示。

(2)有辅助核算的凭证。如果科目设置了辅助核算属性,则在这里还要输入辅助信息,如部门、个人、项目、客户、供应商、数量等。录入的辅助信息将在凭证下方的备注中显示。

① 设置其他应收款科目。如有"个人往来"核算属性,那么在录入分录时,要求输入个人往来辅助项,如个人、部门、业务发生日期,这里的业务发生日期将为以后的账龄分析提供依据。

业务举例:详见本项目"工作情景描述"中案例企业资料。

有"个人往来"辅助核算的科目辅助项信息录入如图 4-3-4 所示,填制完凭证后的结果如图 4-3-5 所示。

② 设置主营业务收入为数量金额加项目核算的,在录入分录时,要求输入数量、单价、项目的辅助项,这些辅助项为期末转账定义中销售成本结转提供依据。

业务举例:详见本项目"工作情景描述"中案例企业资料。

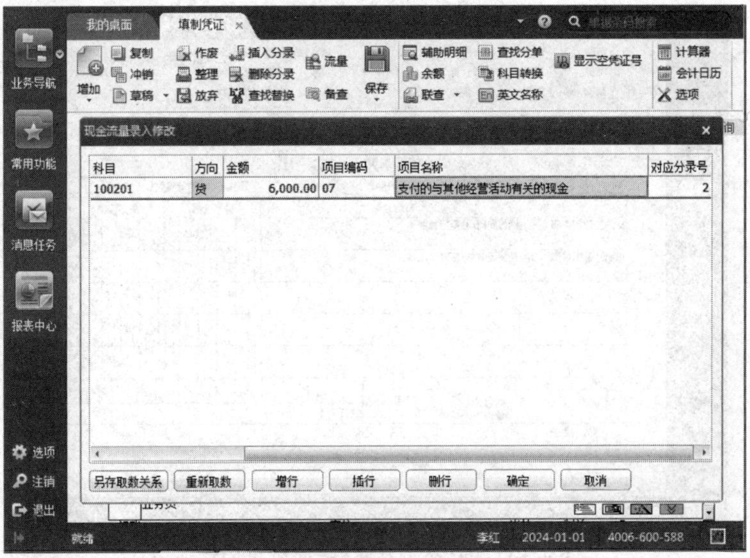

图 4-3-2　录入现金流量项目

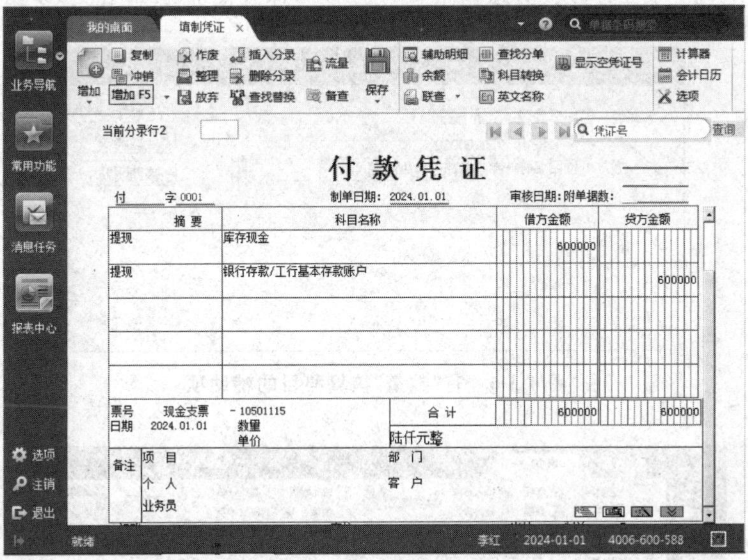

图 4-3-3　填制凭证保存结果

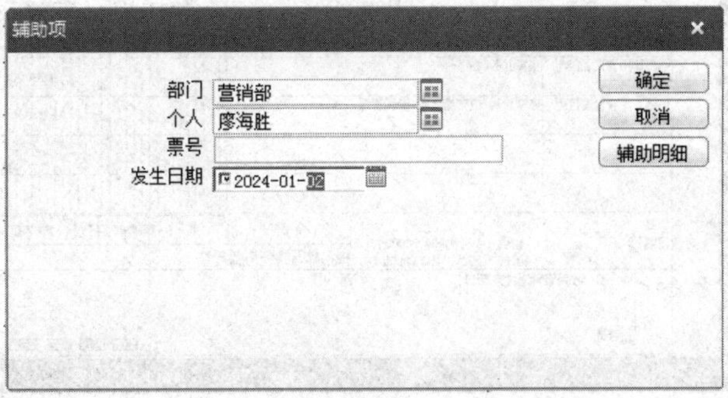

图 4-3-4　有“个人往来”的辅助项

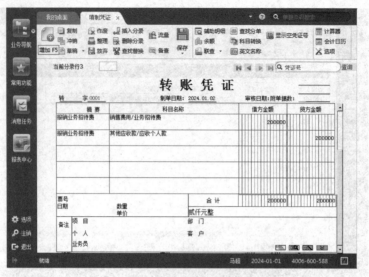

图 4-3-5　有"个人往来"辅助核算的凭证

有"数量"核算科目的辅助项信息如图 4-3-6 所示,保存的凭证如图 4-3-7 所示。

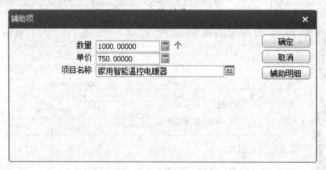

图 4-3-6　有"数量"核算科目的辅助项

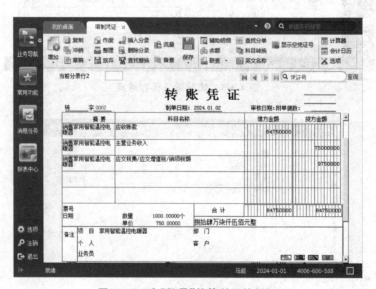

图 4-3-7　有"数量"核算科目的凭证

(3) 有外币核算的凭证。

业务举例：详见本项目"工作情景描述"中案例企业资料。

操作步骤如下。

进入"填制凭证"窗口，选择带有外币核算的会计科目后，自动多出"币种"和"汇率"两列，以及在外币中已设置的相关汇率，如果不符，还可以修改，输入外币数据就可以了，输入外币金额后，系统会自动计算出本币金额，操作结果如图 4-3-8 所示。

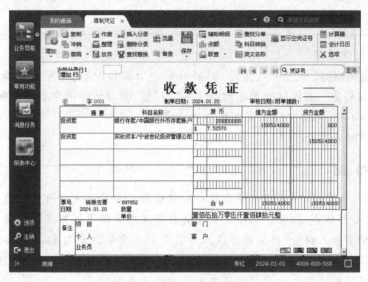

图 4-3-8　有"外币核算"的凭证

(4) 冲销损益类科目的凭证。损益类科目的冲销必须写在借方，因为利润表损益类科目的取数，只取一个方向。

业务举例：详见本项目"工作情景描述"中案例企业资料。

冲销损益类科目的凭证结果如图 4-3-9 所示。

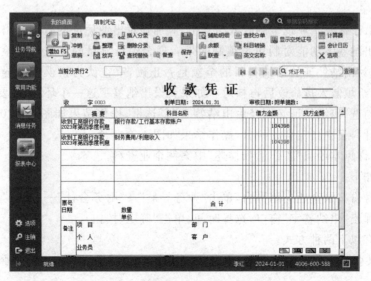

图 4-3-9　冲销损益类科目的凭证结果

> **知识点拓展**
>
> （1）要分清建账日期、业务日期、制单日期、系统日期之间的关系，建账日期是最早的，而制单肯定要在业务发生后进行，系统日期就是计算机默认的日期，如保存凭证时，系统提示"制单不能滞后系统日期"。
>
> （2）填制有关损益类科目的凭证时，如果发生额方向与正常余额方向相反，最好填写红字凭证，使得损益类科目发生额方向与其正常余额方向一致，以便生成利润表时很方便地取出其真实发生额。

（5）录入凭证快捷键。

① 借贷平衡快捷键"＝"：录入凭证，剩余最后一个科目时，这个科目的金额需要计算一下，以使借贷双方平衡。如果这时单击键盘上的"＝"键，会自动使借贷双方平衡。

② 如果方向不符，可按"空格"键调整金额方向。

③ 单击"－"键可进行红字与蓝字互换。

> **知识点拓展**
>
> 如果启用了供应链，存货科目不需进行数量核算。如果没有启用供应链，存货科目可以设置为数量金额核算，如果在总账的期末转账定义中要使用销售成本结转，要求库存商品科目、商品销售收入科目、商品销售成本科目下的所有明细科目都必须有数量核算，三个科目要具有相同结构的明细科目，而且这三个科目的下级必须一一对应，辅助账类必须完全相同，这样系统才能自动计算出所有商品的销售成本。

（二）凭证复核

凭证复核包括出纳签字、主管签字、凭证审核三个环节，审核凭证是必须要做的，其他两个可以根据企业管理和内部控制的要求设置，可以在总账中的选项有"出纳凭证必须经出纳签字""凭证必须经主管会计签字"设定。

微课：信息化环境下记账凭证的审核、出纳签字、主管签字、记账

1. 出纳签字

出纳凭证由于涉及企业现金的收入与支出，应加强对出纳凭证的管理。出纳人员可通过出纳签字功能对制单员填制的带有现金银行科目的凭证进行检查核对，主要核对出纳凭证的出纳科目的金额是否正确，审查认为错误或有异议的凭证，应交给填制人员修改后再核对。如果要设出纳签字这一个环节，需要账套主管先在总账"选项"中勾选"出纳凭证必须经由出纳签字"复选框，操作结果如图 4-3-10 所示。还要在基础设置的会计科目中指定会计科目，操作结果如图 4-3-11 所示。

业务举例：详见本项目"工作情景描述"中案例企业资料。

操作步骤如下。

以李红的身份登录企业应用平台，单击"业务导航"→"财务会计"→"总账"→"凭证"→"出纳签字"选项，弹出"出纳签字"窗口，选择时间，单击"确定"按钮。

出纳签字有以下两种方式。

（1）选中某张凭证前面的选择框，单击"签字"或"取消签字"按钮，可对一张凭证进行签字或取消签字。

图 4-3-10　总账选项——出纳签字设置

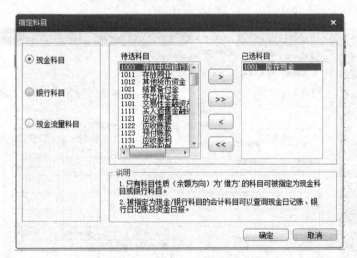

图 4-3-11　会计科目——指定科目设置

（2）双击某张凭证,进入单张凭证,单击"签字"按钮,凭证下方出纳处显示当前操作员姓名,表示这张凭证出纳员已签字。若想对已签字的凭证取消签字,单击"取消签字"按钮取消签字,出纳签字列表如图 4-3-12 所示,出纳签字凭证如图 4-3-13 所示。

2. 主管签字

在许多企业中,为了加强对会计人员制单的管理,常采用经主管会计签字后的凭证才有效的管理模式。如果要设主管签字这一个环节,需要账套主管先在总账"选项"窗口中勾选"凭证必须经由主管会计签字"复选框,操作结果如图 4-3-14 所示。

业务举例:详见本项目"工作情景描述"中案例企业资料。

操作步骤如下。

以林峰的身份登录企业应用平台,单击"业务导航"→"财务会计"→"总账"→"凭证"→"主管签字"选项,弹出"主管签字"窗口,选择时间,单击"确定"按钮。

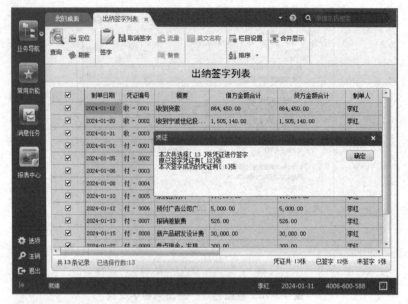

图 4-3-12　出纳签字列表

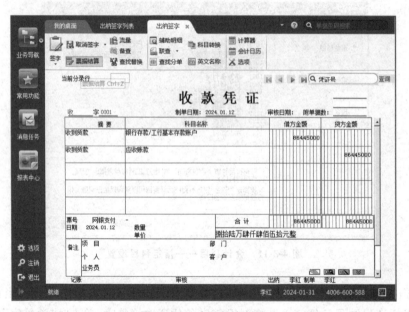

图 4-3-13　出纳签字凭证

可选择以下两种方式。

（1）选中多张凭证前面的选择框,单击"签字"或"取消签字"按钮,可对多张凭证进行签字或取消签字。

（2）双击某张凭证,进入单张凭证,单击"签字"下拉框的"成批主管签字"选项或"取消签字"下拉框的"成批取消签字"选项,可进行签字的成批操作,主管签字列表如图 4-3-15 所示,主管签字凭证如图 4-3-16 所示。

3. 凭证审核

审核凭证是审核员按照财会制度,对制单员填制的记账凭证进行检查核对,主要审核记账凭证是否与原始凭证相符、会计分录是否正确等,审查认为错误或有异议的凭证,应打上出错

图 4-3-14　总账选项——主管签字

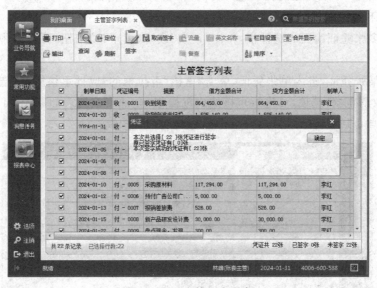

图 4-3-15　主管签字列表

标记,同时可写入出错原因并交给填制人员修改后再审核。只有具有审核凭证权限的人才能使用本功能,按照会计法规定,制单员与审核员不能为同一人。

　　凭证审核方式分为两种:屏幕审核和对照式审核。屏幕审核是指审核人员在屏幕上通过目测等方式对未审核的凭证进行检查,对照式审核主要是满足金融、证券等一些特殊行业的需要,通过对凭证的二次录入,达到系统自动审核凭证的目的,重复输入时输入人员最好由不同的操作员担任,因为同一个操作员由于某种习惯会重犯同一种错误,这样在检查时就不容易发现错误。

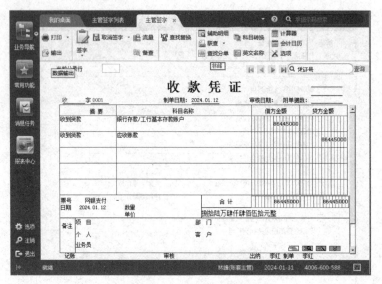

图 4-3-16　主管签字凭证

业务举例：详见本项目"工作情景描述"中案例企业资料。

操作步骤如下。

以刘敏的身份登录企业应用平台，单击"业务导航"→"财务会计"→"总账"→"凭证"→"审核凭证"选项，弹出"审核凭证"窗口，选择时间，单击"确定"按钮。

可选择以下两种方式。

（1）选中多张凭证前面的选择框，单击"审核"或"取消审核"按钮，可对多张凭证进行审核或取消审核。

（2）双击某张凭证，进入单张凭证，单击"审核"下拉框的"成批审核凭证"选项或"弃审"下拉框的"成批取消审核"选项，可进行审核的成批操作，凭证审核列表如图 4-3-17 所示，完成审核的凭证如图 4-3-18 所示。

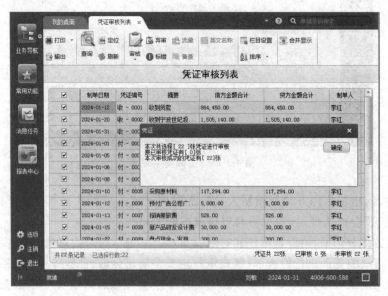

图 4-3-17　凭证审核列表

项目四 账务处理系统应用

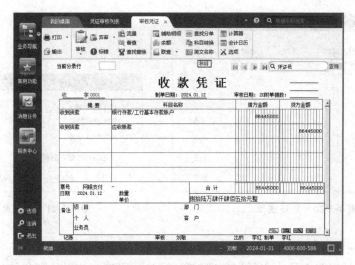

图 4-3-18 完成审核的凭证

(三) 删除凭证

1. 作废凭证

没有签字、审核的凭证可以删除,由制单人进入总账填制凭证窗口后,查找到要作废的凭证,单击"作废/恢复"按钮,凭证左上角显示"作废"字样,表示已将该凭证作废,作废凭证仍保留凭证内容及凭证编号,只在凭证左上角显示"作废"字样。作废凭证不能修改,不能审核。在记账时,不对作废凭证做数据处理,相当于一张空凭证。在查询账簿时,也查不到作废凭证的数据。

2. 整理凭证

如果不想保留作废凭证,可以通过凭证整理功能将这些凭证彻底删除,并利用留下的空号未记账凭证重新编号。进入"填制凭证"窗口,单击"整理凭证"按钮,选择要整理的月份,单击"确定"按钮后,显示选项,选择方式后,单击"确定"按钮后,进入作废凭证整理列表,选择要删除的作废凭证,单击"确定"按钮,系统将这些凭证从数据库中删除,并对剩下凭证重新排号。

凭证作废如图 4-3-19 所示,凭证删除如图 4-3-20 所示,凭证断号整理如图 4-3-21 所示。

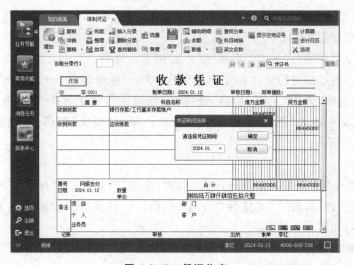

图 4-3-19 凭证作废

· 77 ·

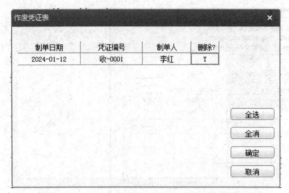

图 4-3-20 凭证删除

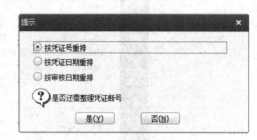

图 4-3-21 凭证断号整理

（四）凭证记账

信息化系统的记账仅是一个数据处理过程，通过记账这一数据处理步骤，使被审核过的记账凭证成为正式会计档案，从"凭证临时库"转移到"正式凭证库文件"中存放，所谓账册，就是在需要时临时从"正式凭证库文件"中把有关科目的经济业务分离出来，在屏幕上显示或在打印机上打印，所以计算机记账，实际上是更新科目余额发生额文件，即所有总账和明细账科目余额和发生额，并没有账簿文件，只是当需要输出账簿时，系统从记账凭证和科目余额发生额文件中快速生成各种账簿。

记账凭证经审核后才可记账，记账是一个功能按键，由计算机自动完成相关账簿登记；各种会计账簿的数据都来源于记账凭证数据，记账只是"数据搬家"，不产生新的会计核算数据。

1. 记账

选择记账范围，可输入连续编号范围，也可输入不连续编号。系统显示记账报告，是经过合法性检验后的提示信息，例如，此次要记账的凭证中有些凭证没有审核或未经出纳签字，属于不能记账的凭证，可根据提示修改后，再记账。

当以上工作都确认无误后，单击"记账"按钮，系统开始登录总账、明细账、辅助账和多辅助账等有关账簿。

如需要对非当前登录会计月的调整期凭证记账，可选中"其他调整期"选项并选择凭证范围，单击"记账"按钮记账。

业务举例：详见本项目"工作情景描述"中案例企业资料。

操作步骤：以刘敏的身份登录企业应用平台，单击"业务导航"→"财务会计"→"总账"→"凭证"→"记账"选项，弹出"记账"窗口，选择"记账范围"，如图 4-3-22 所示。单击"记账"按钮，弹出"期初试算平衡表"窗口，如图 4-3-23 所示。单击"确定"按钮，出现记账进度条，完成记账，如图 4-3-24 所示。

2. 取消记账

首先，以账套主管的身份登录实施导航工作台，单击"开始"→"所有程序"→"新道 U8＋"→"实施导航工作台"选项，打开"实施导航工作台"窗口。其次，在"实施导航工作台"窗口选择"实施工具"选项，如图 4-3-25 所示。

单击"总账数据修正"按钮，进入"恢复记账前状态"窗口，可以选择一种"恢复方式"恢复记账，操作结果如图 4-3-26 所示。

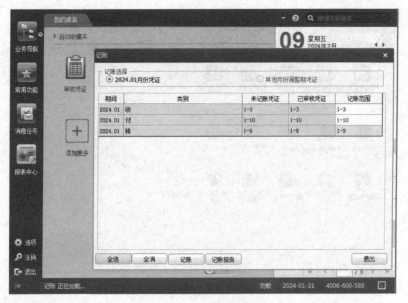

图 4-3-22 选择记账范围

图 4-3-23 期初试算平衡表

图 4-3-24 记账完成

图 4-3-25 实施导航工作台——实施工具

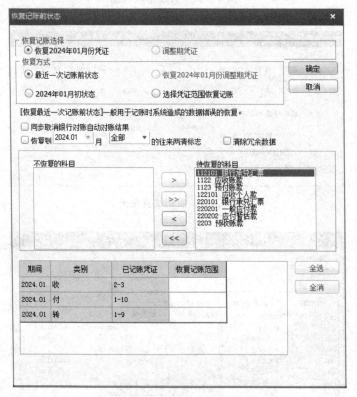

图 4-3-26 恢复记账前状态

3. 记账注意事项

(1) 在第一次记账时,若期初余额试算不平衡,系统不允许记账。

(2) 未审核的凭证,不允许记账。

(3) 如果上月未结账,则本月不允许记账。

（五）修改凭证

信息化环境下凭证修改包括无痕迹修改和有痕迹修改两种方式。

1. 无痕迹修改

无痕迹修改是指在账务处理系统中修改记账凭证时,不留下任何曾经修改的线索和痕迹。

（1）已经输入但未审核的凭证。录入计算机内的凭证都必须通过凭证审核,否则系统不允许入账。对于未经审核或审核未通过的凭证存在错误,可由制单员在总账系统"凭证"→"填制凭证"窗口中直接利用凭证的编辑功能进行修改并保存。但有些项目的修改受到限制,而凭证一旦保存,则凭证类别不允许被修改。如果采用制单序时控制,则修改后的制单日期不能在上一张凭证的制单日期之前。如果该记账凭证是由各业务子系统自动转账生成的,则只能在生成该凭证的子系统中先检查相关设置再进行修改或者删除后重新生成。

（2）已审核但未记账的凭证。凭证一经审核就不能被修改和删除,只有被取消审核签字后才能被修改或删除。考虑到内部牵制和会计信息系统的安全,凭证审核和凭证输入属于不相容职务范畴,应由不同的人员负责。一旦发现已审核但尚未记账的凭证错误,则不能直接在记账凭证上进行修改,必须先由审核员在总账系统"凭证"→"审核凭证"功能窗口中取消审核签章;然后由制单员直接调出该错误凭证进行修改并保存;最后由审核员重新对该凭证进行审核。

2. 有痕迹修改

有痕迹修改是指在账务处理系统中修改记账凭证时,要保留错误凭证和更正的凭证,留下修改的线索和痕迹。

按照《会计基础工作规范》规定,已记账的错误凭证,可通过"红字凭证冲销法或者补充凭证法"进行更正,这样既能区分会计人员责任,又能留下审计线索,确保了会计信息的真实有效。

冲销凭证即在总账系统"填制凭证"窗口中,打开"制单"→"冲销凭证"窗口,输入要冲销凭证的相关信息,如图 4-3-27 所示。系统将自动生成一张红字冲销凭证,如图 4-3-28 所示,然后填制一张正确的记账凭证。最后由相关操作员对这两张凭证审核并记账,完成对该张错误凭证的冲销和更正。

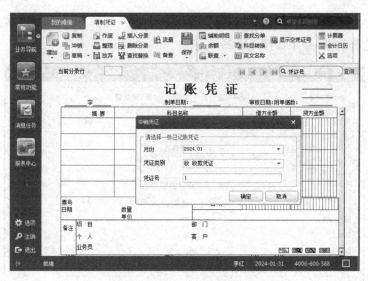

图 4-3-27　录入冲销凭证信息

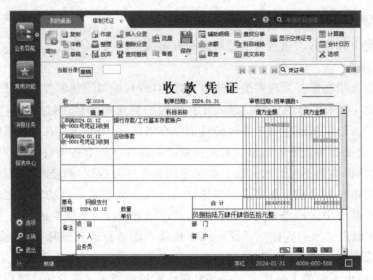

图 4-3-28 红字冲销凭证

知识点拓展

（1）已记账但未结账的凭证。对于此情况，欲实现无痕迹修改，可利用系统提供的"反记账、反审核"功能，即取消"记账"，待"审核"后直接修改。

（2）已结账的凭证。对于这种情况，欲实现无痕迹修改，可利用系统提供的"反结账、反记账、反审核"功能，取消结账、记账、审核操作，再调用错误凭证进行修改，进行"审核凭证""记账"和"结账"功能的操作。

（3）会计业务处理是具有法定性的，必须严格按照国家统一的会计规范要求来执行，反向操作不符合要求。但反向操作并不是一无是处，当计算机出现意外状况时，"反记账、反结账"功能将会使会计数据恢复到最近的有效状态。

（六）查询凭证

凭证查询如果想同时显示"借贷方科目"及"辅助核算"数据，凭证展现方式选择"按凭证分录展示"即可，选择日期，结果如图 4-3-29 所示。

图 4-3-29 选择凭证查询范围

二、出纳管理

出纳主要负责库存现金和银行存款的管理。出纳管理的主要工作包括库存现金日记账、银行日记账和资金日报表的管理，支票管理，进行银行对账并输出银行存款余额调节表。

（一）现金日记账、银行日记账及资金日报表的查询打印

要查询现金日记账、银行日记账，现金科目、银行存款科目必须在"会计科目"功能下的"指定科目"中预先指定。现金日记账、银行日记账可以按日查、按月查、按对方科目展开，也可按包含未记账凭证查询，银行日记账过滤条件设置如图 4-3-30 所示，查询结果如图 4-3-31 所示。

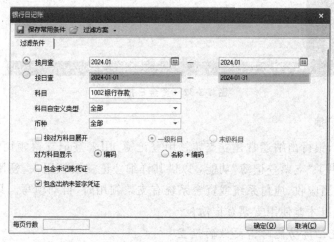

图 4-3-30　银行日记账过滤条件设置

图 4-3-31　银行日记账查询结果

资金日报表以日为单位，列示现金、银行存款科目当日累计借方发生额和贷方发生额，计算出当日的余额，并累计当日发生的业务笔数，对每日的资金收支业务、金额进行详细汇报。出纳对资金日报表的管理包括查询、输出或打印资金日报表，提供当日借、贷金额合计和余额，

以及发生的业务量等信息,操作结果如图 4-3-32 所示。

图 4-3-32　资金日报表

（二）支票登记簿

在手工记账时,银行出纳通常建立支票领用登记簿,用来登记支票领用情况,在信息化环境下,为出纳员提供了"支票登记簿"功能,以供其详细登记支票领用人、领用日期、支票用途、是否报销等情况。当应收、应付系统或资金系统有支票领用时,自动填写。只有在"会计科目"中设置银行账的科目才能使用支票登记簿。

1. 使用支票登记簿功能时需要做的设置

当使用支票登记簿功能时,需要做以下设置:在"结算方式"窗口中,对于需使用支票登记簿的结算方式,勾选"是否票据管理"复选框,操作结果如图 4-3-33 所示。

选择总账"选项"菜单的"凭证"页签,勾选"支票控制"复选框,操作结果如图 4-3-34 所示。

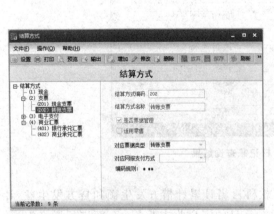

图 4-3-33　在"结算方式"中勾选"是否票据管理"复选框

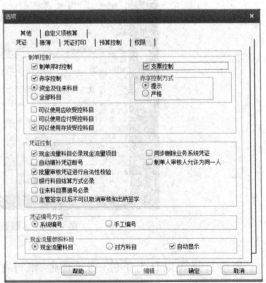

图 4-3-34　总账"选项"——支票控制

2. 支票管理

（1）领用支票。打开"支票登记簿"窗口，单击"增行"按钮，新增一空行，登记支票领用人、领用日期、支票用途、是否报销等信息。新增记录为未报销记录，操作结果如图 4-3-35 所示。

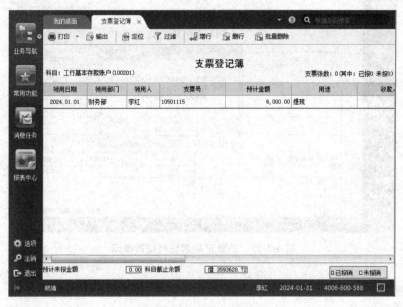

图 4-3-35　领用支票登记

（2）支票报销。在填制凭证时，选择票据管理的结算方式，录入相同的票号，操作结果如图 4-3-36 所示。

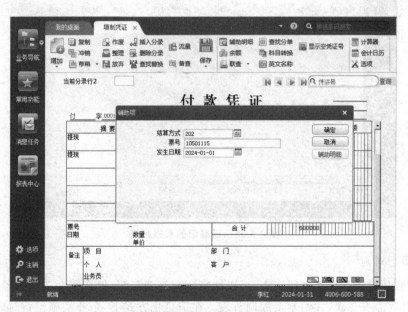

图 4-3-36　录入有票据管理的结算方式

单击"保存"按钮，出现提示信息，操作结果如图 4-3-37 所示。

打开"支票登记簿"窗口，自动在支票登记簿中将该号支票写上报销日期，该号支票即为已

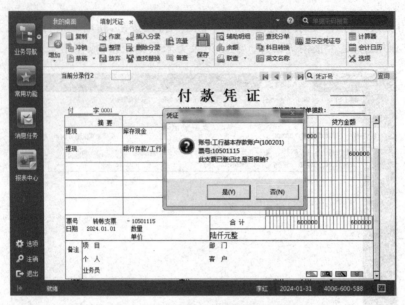

图 4-3-37　已登记的票据报销时提示

报销,操作结果如图 4-3-38 所示。

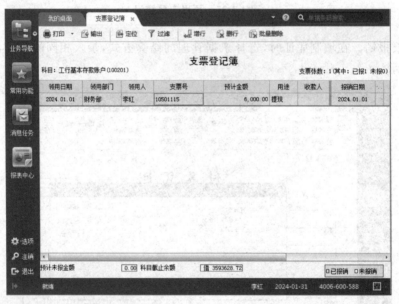

图 4-3-38　已登记的票据报销

(三) 银行对账

银行对账是对银行存款进行清查,可以堵塞资金管理漏洞,提高资金营运效益。按会计制度规定,每月要清查一次,并编制余额调节表。在信息化方式下,企业实施银行对账时,先要设置结算方式和指定银行科目。

业务举例:详见本项目"工作情景描述"中案例企业资料。

操作步骤:以刘敏的身份登录企业应用平台,单击"业务导航"→"财务会计"→"总账"→

"银行对账"选项。

银行对账应按以下步骤进行。

1. 银行对账期初录入

在第一次利用账务子系统进行银行对账前,应该录入银行启用日期时的银行对账期初数据。银行对账的启用日期是指使用银行对账功能前最后一次手工对账的截止日期,银行对账不一定和账务子系统同时启用,银行对账的启用日期可以晚于账务子系统的启用日期。

微课:银行对账是对银行存款进行清查

银行对账期初数据包括银行对账启用日的企业方银行日记账与银行方银行对账单的调整前余额,以及启用日期之前的单位日记账和银行对账单的未达账项。录入期初数据后,应保证银行日记账的调整后余额等于银行对账单的调整后余额,否则会影响以后的银行对账。

单位日记账与银行对账单的"调整前余额"应分别为启用日期时该银行科目的科目余额及银行存款余额;"期初未达项"分别为上次手工勾对截止日期到启用日期前的未达账项;"调整后余额"分别为上次手工勾对截止日期的该银行科目的科目余额及银行存款余额,操作结果如图 4-3-39 所示。

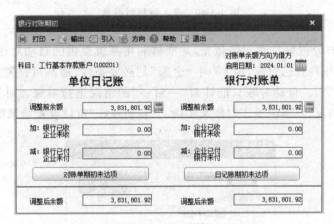

图 4-3-39　录入余额调整表期初数据

2. 银行对账单录入

企业一般在每月月末从开户银行取得银行对账单,取得银行对账单后应该将银行对账单记录逐条输入系统中,以便系统进行银行对账。

可以录入或引入银行对账单,此银行对账单为启用日期之后的对账单,操作结果如图 4-3-40 所示。

3. 进行银行对账

银行对账采用自动对账与手工对账相结合的方式。先进行自动对账,然后在此基础上再进行手工对账。自动对账是计算机根据对账依据自动进行核对、勾销,对于已核对上的银行业务,系统将自动在银行存款日记账和银行对账单双方写上两清标志、对账序号,并视为已达账项,对于在两清栏未写上两清符号的记录,系统则视其为未达账项。手工对账是对自动对账的补充,使用完自动对账后,可能还有一些特殊的已达账没有对出来,而被视为未达账项,为了保证对账更彻底正确,可用手工对账来进行调整。

在进行银行对账时,应该遵循以下方法和顺序。

(1) 设置系统自动对账的依据,自动对账一般可按金额方向相同、结算方式相同、票号相

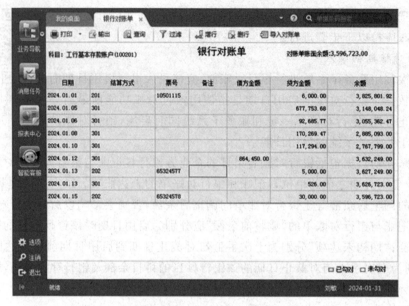

图 4-3-40　录入银行对账单

同等条件进行,只有设置好自动对账依据,才能够利用系统提供的自动对账功能进行自动对账。对账依据可由用户自己设置,但"方向+金额"是必要条件,通常可设置为"结算方式+结算票号+方向+金额"。自动对账只能针对"一对一"的情况进行对账。对于"一对多""多对一"或"多对多"的情况,只能由手工对账来实现。"自动对账"窗口设置结果如图 4-3-41 所示。

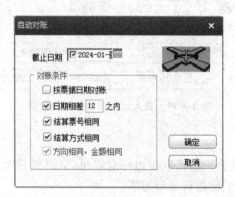

图 4-3-41　"自动对账"窗口设置

(2) 进行银行对账时,要正确指定对账截止日。当不能在银行对账单记录截止日及时进行银行对账的情况下,设置对账截止日期就显得格外重要了,如果设置不当,由于银行未达账截止日期和银行对账单截止日期不同,在进行自动对账时就可能会发生对账错误。例如,银行对账单记录截止到 5 月 31 日,如果在 6 月 1 日才进行对账的话,必须把银行对账截止日设置为 5 月 31 日,而不能设置为 6 月 1 日,否则会造成银行日记账和银行对账单对账范围的不一致。

(3) 自动对账并不能解决一切对账问题。在信息化方式下,自动对账提高了整体银行对账效率。但是,自动对账并不意味着万事大吉了,这一点企业必须格外注意。因为自动对账并不能解决一切对账问题,它只能对银行未达账文件和银行对账单文件中一对一的记录进行核对,而对于一对多、多对一或多对多的情况则显得无能为力。例如,由于某种原因,对于企业记录的两笔银行存款支出,开户行可能将其合并记录为一条记录。如果这样的话,利用自动对账功能进行自动对账时,可能会将这3条记录全部作为未达账项看待。

本案例银行自动对账操作结果如图4-3-42所示。

图4-3-42　银行自动对账操作结果

4. 查询打印余额调节表

在进行对账后,系统会根据对账结果自动生成银行存款余额调节表,以供用户查询打印或输出,操作结果如图4-3-43所示。

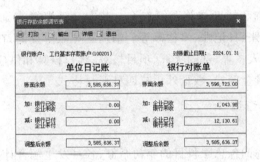

图4-3-43　银行存款余额调节表

5. 查询对账结果

对账后,还可以查询银行日记账和银行对账单对账的详细情况,包括已达账项和未达账项,这是对余额调节表有益的补充。

6. 核销银行账

为了避免文件过大,占用磁盘空间,可以利用核销银行账功能将已达账项删除。对于企业银行日记账,已达账项的删除不会影响企业银行日记账的查询和打印,因为删除的内容是位于银行未达账项文件内的,而银行日记账信息是从记账凭证文件中生成的。如果银行对账不平衡,将不能使用核销银行账功能。

7. 长期未达账项审计

通过设置截止日期以及至截止日期未达天数,系统可以自动将至截止日期未达账项未达天数超过指定天数的所有未达账项显示出来,以便企业了解长期未达账项情况,从而采取措施对其追踪、加强监督,避免不必要的损失。例如,将截止日期设置为2020年9月30日,将至截止日期未达天数设置为10天,则系统会自动把截至2020年9月30日这一天,未达天数等于或超过 10 天的未达账项全部筛选出来。

8. 账面余额不平

如果余额调节表显示账面余额不平,需查看以下几个处理。

(1)"银行期初录入"中的"调整后余额"是否平衡?如不平衡,请查看"调整前余额""日记账期初未达项"及"银行对账单期初未达项"是否录入正确。

(2)银行对账单录入是否正确?

(3)"银行对账"中勾对是否正确?对账是否平衡?

> **知识点拓展**
>
> 对于银行业务很多的企业而言,对账单的录入速度将成为制约银行对账整体效率的瓶颈。现在人工智能的发展解决了这一困局,在银企对账的场景中,RPA 机器人可以登录网银系统获取银行对账单信息,登录企业的财务核算系统获取账务数据,自动执行全部账户的对账操作。还可以根据企业的定制化需求,自动导出对账单、合并汇总并上传至后台系统。

三、账簿查询

企业发生的经济业务,经过制单、复核、记账后,就可以查询打印各种账簿了。账簿查询可以分为基本会计账簿查询和辅助核算账簿查询。基本会计账簿查询是手工处理方式下的总账、余额表、明细账、序时账、日记账、多栏账等。辅助核算账簿查询,在手工处理方式下一般作为备查账存在,主要有个人核算、部门核算、项目核算、客户核算和供应商核算。一般系统提供金额式、外币金额式、数量金额式、数量外币式四种账页格式。

(一)基本会计账簿查询

1. 总账查询

总账查询不但可以查询各总账科目的年初余额、各月发生额合计和月末余额,而且可查询所有二至六级明细科目的年初余额、各月发生额合计和月末余额。查询总账时,标题显示为所查科目的一级科目名称+总账,如应收账款总账。联查总账对应的明细账时,明细账显示为应收账款明细账。

2. 余额表查询

余额表查询用于查询统计各级科目的本期发生额、累计发生额和余额等。传统的总账,是以总账科目分页设账,而余额表则可输出某月或某几个月的所有总账科目或明细科目的期初余额、本期发生额、累计发生额、期末余额。

3. 明细账查询

明细账查询用于查询各账户的明细发生情况,及按任意条件组合查询明细账。在查询过程中可以包含未记账凭证。本功能提供了三种明细账的查询格式:普通明细账、按科目排序明细账、月份综合明细账。普通明细账是按科目查询,按发生日期排序的明细账;按科目排序明细账是按非末级科目查询,按其有发生的末级科目排序的明细账;月份综合明细账是按非末级科目查询,包含非末级科目总账数据及末级科目明细数据的综合明细账,使企业对各级科目的数据关系一目了然。

4. 序时账查询

序时账是用于按时间顺序排列每笔业务的明细数据,可按部门、客户、供应商、个人、项目进行查找,包括凭证类别、摘要、凭证号、科目、对方科目、发生金额、方向、结算方式等信息。

5. 多栏账查询

多栏账是总账系统中一个很重要的功能,可以使用本功能设计企业需要的多栏明细账,按明细科目保存为不同的多栏账名称,在以后的查询中,只需要选择多栏明细账直接查询即可。方便快捷,自由灵活,可按明细科目自由设置不同样式的多栏账。

6. 日记账查询

日记账查询用于查询除现金日记账、银行日记账以外的其他日记账,所以先在"会计科目"中将要查询日记账的科目设置为"日记账"。现金日记账、银行日记账在出纳管理中查询。如果某日的凭证已填制完毕但未登记入账,可以通过选择"包含未记账凭证"进行查询。

(二)辅助核算账簿查询

辅助核算是对账务处理的一种补充,即实现更广泛的账务处理,使用传统明细核算时,只能进行"纵向查询",而使用辅助核算时,不仅可以进行"纵向查询",还可以进行"横向查询"和相关的统计、分析,因而丰富了信息查询手段,使得企业可以及时方便地获取决策和管理信息。

1. 客户和供应商往来辅助账查询

客户和供应商核算可以提供往来款的余额、明细账、往来款清理、催账单、账龄分析等管理,如果启用了应收、应付系统,可以分别在这两个系统中对客户往来款和供应商往来款进行更为详细的核算与管理。

2. 部门辅助账查询

部门核算主要为了考核部门收支的发生情况,及时地反映控制部门费用的支出,对各部门的收支情况加以比较分析,便于部门考核。部门核算可以提供各级部门的总账、明细账,以及对各部门收入与费用进行部门收支分析等功能。

3. 项目辅助账查询

项目核算用于收入、成本、在建工程等业务的核算,以项目为中心为使用者提供各项目的成本、费用、收入、往来等汇总与明细信息,以及项目计划执行报告等。

(三)个人往来账查询

个人往来账主要用于个人借款、还款管理工作,提供个人借款明细账、催款单、余额表、账龄分析报告及自动清理核销已清账等功能。

任务四　总账期末业务处理

总账系统中,期末业务处理的主要工作是期末的摊、提、结转业务的处理,对账,结账等。期末业务是会计部门在每个会计期间都需要完成的特定业务。各会计期间的多数期末业务处理具有很强的规律性,比较适合计算机自动进行处理。

期末的摊、提、结转业务处理具有很强的规律性,一般通用账务系统都通过调用事先设置好的转账凭证模板（自动转账凭证），由计算机自动生成转账凭证来完成。

转账分为内部转账和外部转账。外部转账是指将其他专项核算子系统自动生成的凭证转入账务子系统。内部转账即自动转账，是指在账务子系统内部通过设置凭证模板而自动生成相应的记账凭证。

期末转账业务通常是企业在每个会计期间结账之前都要进行的固定业务，每个会计期间重复进行。而且这些业务的凭证摘要、涉及的会计科目基本是固定的，会计分录中资金的来源和计算方法也是固定的。账务处理系统允许把这类相对固定的特殊凭证，定义为凭证模板，在使用时按规则调用即可。这种凭证模板又称自定义凭证。

一、转账定义

（一）销售成本结转

如果企业同时启用了供应链系统，销售成本的计算及结转可以在存货核算子系统中完成，而且支持计划价法（售价法）、先进先出法、后进先出法、全月加权平均法、移动加权平均法和个别计价法。如果仅启用总账系统，可以使用此处的销售成本结转，此功能只支持全月加权平均法和计划价法（售价法）。例如，采用全月加权平均法结转销售成本时，必须把库存商品科目、主营业务收入科目和主营业务成本科目设置为数量和项目核算，系统便会自动定义好该凭证模板。那么它是怎样定义的呢？

业务举例：详见本项目"工作情景描述"中案例企业资料。

操作步骤：以刘敏的身份登录企业应用平台，单击"业务导航"→"财务会计"→"总账"→"期末"→"转账定义"→"销售成本结转"选项，进入"销售成本结转设置"窗口，选择凭证类别、科目等，操作结果如图 4-4-1 所示，单击"确定"按钮保存。

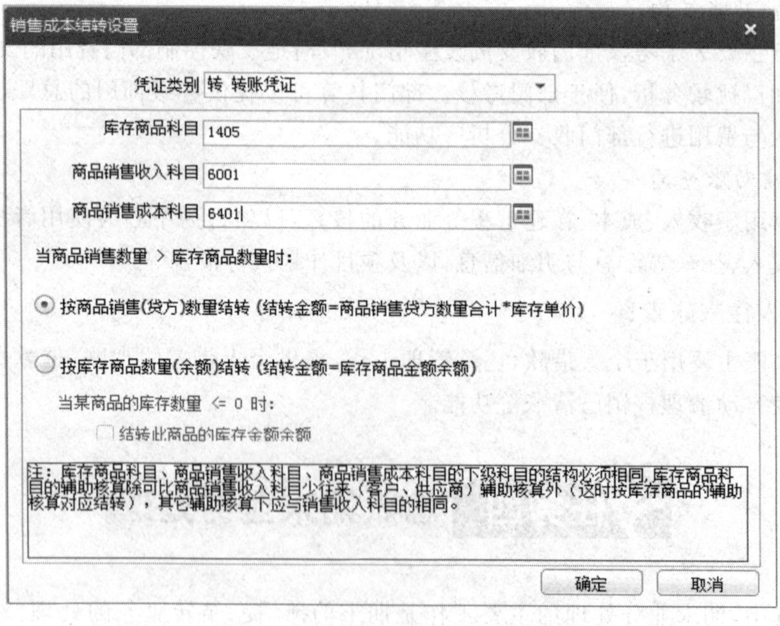

图 4-4-1 "销售成本结转设置"窗口

另外，如果带有辅助核算，主营业务收入、主营业务成本和库存商品的辅助核算必须一致。

单击"业务导航"→"财务会计"→"总账"→"期末"→"转账生成"选项,进入"转账生成"窗口,选择销售成本结转,单击"确定"按钮,生成的凭证如图4-4-2所示。

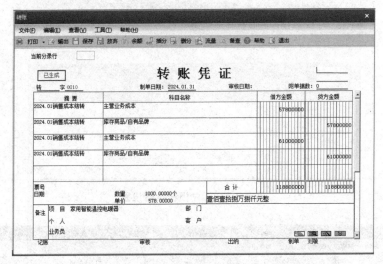

图4-4-2 销售成本结转生成的转账凭证

(二)汇兑损益结转

使用该功能时,只要告知系统汇兑损益科目,系统就会自动定义好该凭证模板。汇兑损益入账科目不能是辅助科目或有数量外币核算的科目。方法如下。

1. 汇率上升时
借:外币资产科目　　　外币资产外币余额×月末汇率－外币资产本币余额
　贷:汇兑损益科目　　　外币资产外币余额×月末汇率－外币资产本币余额
借:汇兑损益科目　　　外币负债外币余额×月末汇率－外币资产本币余额
　贷:外币负债科目　　　外币负债外币余额×月末汇率－外币资产本币余额

2. 汇率下降时
借:汇兑损益科目　　　外币资产本币余额－外币资产外币余额×月末汇率
　贷:外币资产科目　　　外币资产本币余额－外币资产外币余额×月末汇率
借:外币负债科目　　　外币负债本币余额－外币负债外币余额×月末汇率
　贷:汇兑损益科目　　　外币负债本币余额－外币负债外币余额×月末汇率

业务举例:详见本项目"工作情景描述"中案例企业资料。

操作步骤:以刘敏的身份登录企业应用平台,单击"业务导航"→"财务会计"→"总账"→"期末"→"转账定义"→"汇兑损益"选项,进入"汇兑损益结转设置"窗口,选择凭证类别、科目等,单击"确定"按钮保存,操作结果如图4-4-3所示。

单击"业务导航"→"财务会计"→"总账"→"期末"→"转账生成"选项,进入"转账生成"窗口,选择汇兑损益结转栏目,单击"确定"按钮,生成的凭证如图4-4-4所示。

(三)对应结转

对应结转一般只结转期末余额,如要结转发生额,需使用自定义结转。

对应结转是指将某科目的余额按一定比例转入其他一个或多个科目中去。使用该功能时,只要告知系统转出科目、转入科目及结转比例即可。系统自动生成以下凭证模板。

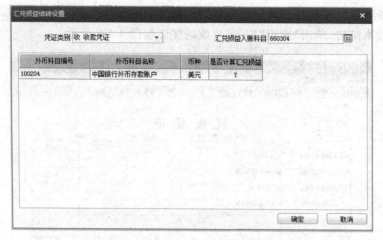

图 4-4-3　汇兑损益结转设置

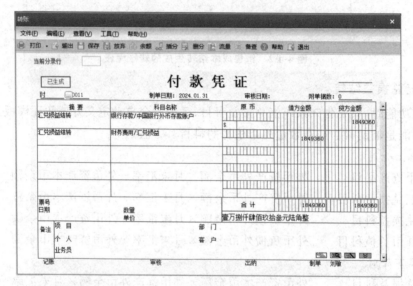

图 4-4-4　汇兑损益结转生成的付款凭证

1. 转出科目为借方余额时

借:转入科目　　　　转出科目余额×结转比例

　贷:转出科目　　　　转出科目余额×结转比例

2. 转出科目为贷方余额时

借:转出科目　　　　转出科目余额×结转比例

　贷:转入科目　　　　转出科目余额×结转比例

对应结转不仅可以进行两个科目一对一结转,还可以进行科目的一(一个转出科目)对多(多个转入科目)结转。一张凭证可定义多行,转出科目及辅助项必须一致,转入科目及辅助项可不相同。转出科目与转入科目必须有相同的科目结构,但转出辅助项与转入辅助项可不相同。转入、转出科目不必为同级科目,但其下级科目的结构必须相同(相同明细科目)。自动生成转账凭证时,如果同一凭证转入科目有多个,并且若同一凭证的结转系数之和为1,则最后一笔结转金额为转出科目余额减去当前凭证已转出的余额。

（四）自定义转账

自定义转账包括费用分配、费用分摊、税金计算、提取各项费用、各项辅助核算的结转。

1. 函数内容说明

取数函数基本格式：函数名(科目编码,会计期间,方向,辅助项1,辅助项2)。

（1）函数名。

QM（或 WQM 或 SQM）表示取某科目的期末本币（或外币或数量）余额。

QC（或 WQC 或 SQC）表示取某科目的期初本币（或外币或数量）余额。

FS 表示取某科目结转月份的本币发生额。

FS 表示取某科目累计到结转月份的本年累计本币发生额。

JG 表示取对方某个科目或所有科目的本币数据之和。

CE 表示取凭证的本币借贷方差额数。

微课：一劳永逸：
自动转账设置

（2）科目编码。用于确定取哪个科目的数据,科目编码必须是总账系统中已定义的会计科目编码。如果转账凭证明细科目栏的科目与公式中的科目编码相同,则公式中的科目编码可省去不写。QM( )表示取当前分录左边科目栏定义的科目的月末余额。

（3）会计期间。可输入"年"或"月"或输入 1、2、…、12。如果输入"年",则按当前会计年度取数。如果输入"月",则按结转月份取数。如果输入"1""2"等数字,表示取此会计月的数据。会计期可以为空,为空时默认为"月"。当输入 1～12 的数字时,代表 1～12 的会计期,而不是自然月。

（4）方向。发生额函数或累计发生额函数的方向用"J"或"j"或"借"或"Dr"（英文借方缩写）表示借方；用"D"或"d"或"贷"或"Cr"（英文贷方缩写）表示贷方,其意义为取该科目所选方向的发生额或累计发生额。

（5）辅助项。当科目为辅助核算科目（即科目账类设为辅助核算）时,可以指定辅助项取数。如果科目有两种辅助核算,则可输入两个末级辅助项。辅助项可输入编码,也可输入名称,或者输入"*",也可以不输入。如果输入辅助项,则按所输入的辅助项取数。如果输入"*",则取科目总数。如果不输入,则按当前分录左边各辅助项栏中定义的辅助项取数。

如果以上类型的自动转账功能无法满足用户的要求,那就必须由用户利用自定义转账功能来定义凭证模板了。此时,必须由用户定义凭证模板的所有内容,包括金额公式的定义。

2. 业务举例

业务举例：详见本项目"工作情景描述"中案例企业资料。

操作步骤：以刘敏的身份登录企业应用平台,单击"业务导航"→"财务会计"→"总账"→"期末"→"转账定义"→"自定义转账"选项,进入"自定义转账设置"窗口,单击"增加"按钮,弹出"转账目录"窗口,录入"转账序号""转账说明",选择"凭证类别",操作结果如图 4-4-5 所示。

单击"确定"按钮,在弹出的"自定义转账设置"窗口中单击"增行"按钮,选择科目,单击金额公式单元格,单击出现在右侧的"?"按钮。在弹出的"公式向导"窗口中选择函数"JG()"（取对方科目计算结果）,如图 4-4-6 所示,单击"下一步"按钮,单击"完成"按钮。

单击"增行"按钮,选择科目,单击金额公式单元格,单击出现在右侧的"?"按钮。在弹出的"公式向导"窗口中选择函数"QM()"（期末余额）,然后单击"下一步"按钮,在"科目编码"中输入"2001"（短期借款）,选择"贷"方,单击继续输入公式,选择运算符号"*（乘）",单击"下一步"按钮,选择"常数",单击"下一步"按钮,输入常数"0.005（6%/12）",单击"完成"按钮,如图 4-4-7 所示。

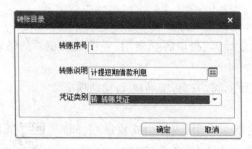
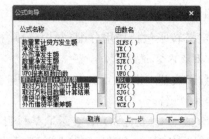

图 4-4-5　自定义转账目录设置　　　　图 4-4-6　设置"取对方科目计算结果"公式

　　借:财务费用——利息支出(取对方科目计算结果)
　　　贷:应付利息——短期借款利息(短期借款科目的贷方期末余额＊6‰/12)

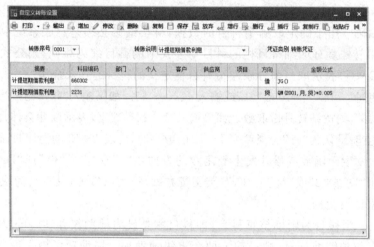

图 4-4-7　计提短期借款利息自定义转账设置

　　单击"业务导航"→"财务会计"→"总账"→"期末"→"转账生成"选项,进入转账生成窗口,选择自定义结转栏目,选择计提短期借款利息公式,单击"确定"按钮,生成的凭证如图 4-4-8 所示。

3. 结转应缴增值税的公式

结转应缴增值税的公式定义如下。

　　借:应交税费——应交增值税——转出未交增值税
　　　　FS(2220103,月,贷)－FS(2220101,月,借)
　　　贷:应交税费——未交增值税 JG( )

业务举例:详见本项目"工作情景描述"中案例企业资料。

结转应缴增值税的公式设置如图 4-4-9 所示,生成的凭证如图 4-4-10 所示。

4. 计提城建税和教育费附加的公式

计提城建税和教育费附加的公式定义如下。

　　借:税金及附加 JG( )
　　　贷:应交税费——应交城建税 QM(222102,月,贷)＊0.07
　　　　　　　　　　——应交教育费附加 QM(222102,月,贷)＊0.03
　　　　　　　　　　——应交地方教育费附加 QM(222102,月,贷)＊0.02

业务举例:详见本项目"工作情景描述"中案例企业资料。

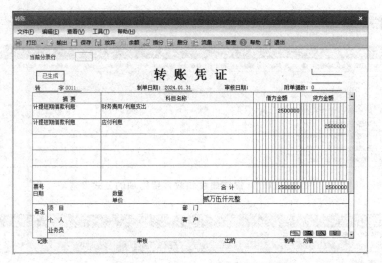

图 4-4-8 计提短期借款利息的凭证

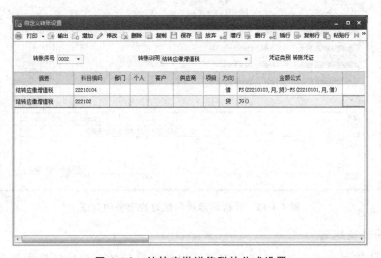

图 4-4-9 结转应缴增值税的公式设置

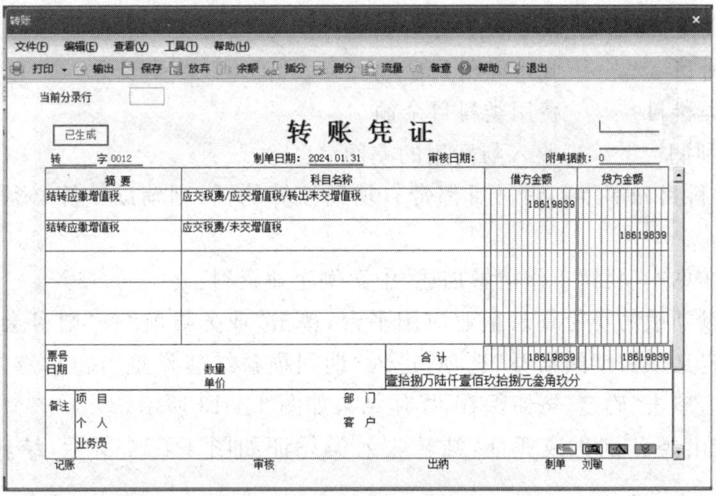

图 4-4-10 结转应缴增值税凭证

计提城建税和教育费附加的公式设置如图 4-4-11 所示,生成的凭证如图 4-4-12 所示。

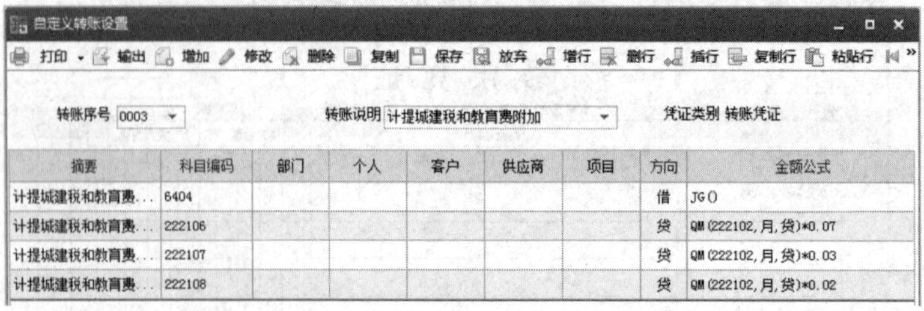

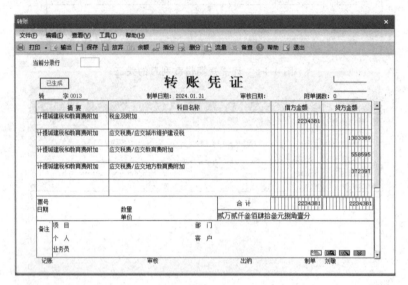

图 4-4-11 计提城建税和教育费附加的公式设置

图 4-4-12 计提城建税和教育费附加的凭证

(五)期间损益结转

期间损益结转主要用于在一个期间终了将损益类科目的余额结转到本年利润科目中,从而及时反映企业利润的盈亏情况。使用该功能时,只要告知各损益类科目对应的本年利润科目,系统即可自动定义好该凭证模板。方法如下。

借:收入类科目　　　收入类科目余额

　贷:费用类科目　　　费用类科目余额

　　　本年利润　　　　收入与费用的差额

如果损益类科目和本年利润科目都带有辅助核算的话,则辅助核算必须一致,否则无法结转。

业务举例:详见本项目"工作情景描述"中案例企业资料。

操作步骤:以刘敏的身份登录企业应用平台,单击"业务导航"→"财务会计"→"总账"→"期末"→"转账定义"→"期间损益"选项,进入"期间损益结转设置"窗口,选择"凭证类别"和"本年利润科目",单击"确定"按钮保存,操作结果如图 4-4-13 所示。

收入类和支出类分别生成凭证,结转收入类凭证如图 4-4-14 所示,结转支出类凭证如图 4-4-15 所示。

图 4-4-13 期间损益结转设置

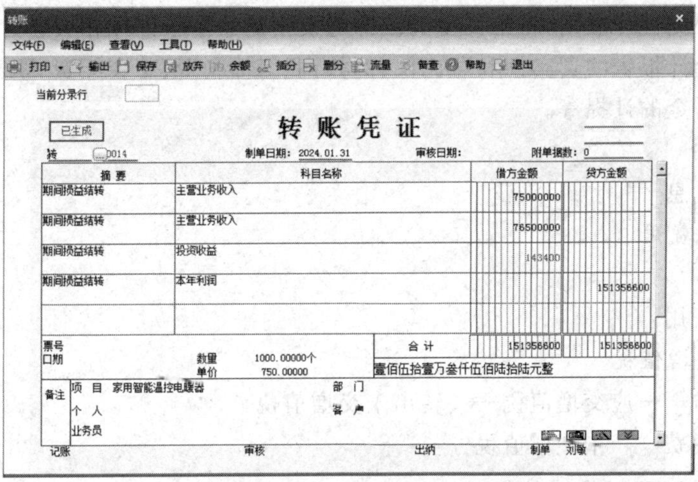

图 4-4-14 结转收入类的凭证

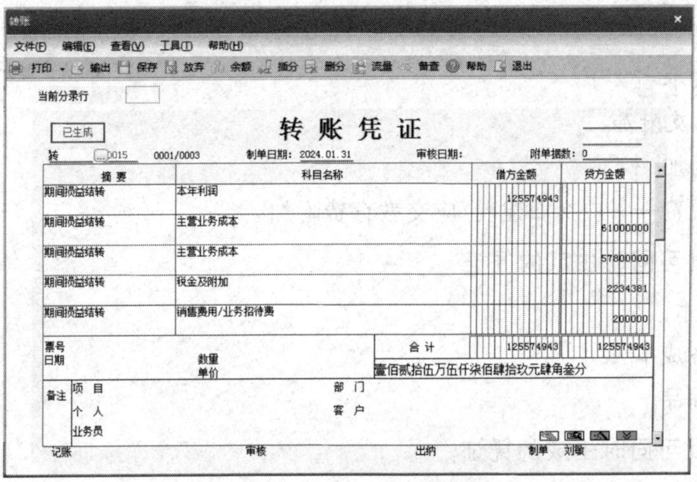

图 4-4-15 结转支出类的转账凭证

二、转账生成

定义完转账凭证后,每月月末只需调用自定义凭证,即可由计算机快速生成转账凭证,在此生成的转账凭证将自动追加到未记账凭证中去,通过审核、记账后才能真正完成结转工作。

由于转账凭证中定义的公式基本上取自账簿,因此,在进行月末转账之前,必须将所有未记账凭证全部记账,否则,生成的转账凭证中的数据可能不准确。特别是对于一组相关转账分录,必须按顺序依次进行转账生成、审核、记账。

如果使用了应收、应付系统,则在账务处理系统中不能按客户、供应商进行结转。

三、总账期末结转记账凭证生成的顺序

（一）第一批可同时生成的凭证

1. 费用分摊和计提

费用分摊:将各部门、各产品之间的共同费用进行分摊,便于各生产成本的科学计算,例如,待摊费用、工资费用、制造费用和辅助生产费用的分配等。

费用计提:根据会计准则,将已发生的或即将发生的经济事件在相关会计报表中及时反映出来,从而保证会计报表的真实性和可比性,例如,职工福利费、工会经费、职工教育经费、折旧费、利息费和准备金的计提等。

借:财务费用
　　贷:应付利息

2. 结转制造费用

借:生产成本
　　贷:制造费用

3. 结转未交增值税

借:应交税费——应交增值税——转出未交增值税
　　贷:应交税费——未交增值税

（二）第二批可同时生成的凭证

1. 结转完工产品成本

借:库存商品
　　贷:生产成本

2. 计提税金及附加

借:税金及附加
　　贷:应交税费——应交城建税/应交教育费附加

（三）第三批可同时生成的凭证

结转销售成本。

借:主营业务成本
　　贷:库存商品

（四）第四批可同时生成的凭证

结转期间损益。

借：本年利润
　　贷：费用/成本
借：收入/利得
　　贷：本年利润

（五）第五批可同时生成的凭证

1. 计提所得税费用

借：所得税费用
　　贷：应交税费——应交所得税

2. 结转所得税

借：本年利润
　　贷：所得税费用

四、使用转账凭证生成功能需要注意的问题

（1）转账凭证模板必须事先进行设置。

（2）转账凭证中，各科目的数据都是从账簿中提取、经处理后生成的，为了保证数据的完整、正确，在调用转账凭证模板生成转账凭证前，必须将本月发生的各种具体业务登记入账。

（3）期末的摊、提、结转业务具有严格的处理顺序，结转顺序如果发生错误，即使所有的转账凭证模板设置都正确，转账凭证中的数据也可能是错误的。为了避免结转顺序发生错误，转账凭证模板提供了转账序号，进行期末的摊、提、结转业务处理时，通过指定转账顺序号就可以分期、分批完成转账和记账工作。

（4）结转生成的记账凭证系统将存于未记账凭证库，这些凭证还需要进行审核和记账操作才能记入账簿。对这些凭证的审核主要是审核结转是否正确。对于错误的结转凭证，系统一般不提供修改功能，修改这些凭证的错误只能通过修改设置来进行。

任务五　总账结账

一、试算平衡和对账

试算平衡就是将系统中设置的所有科目的期末余额都按会计平衡公式"借方余额＝贷方余额"进行平衡检验，并输出科目余额表及是否平衡信息。

对账是对账簿数据进行核对，以检查记账是否正确，以及账簿是否平衡。它主要是通过核对总账与明细账、总账与辅助账数据来完成账账核对。

一般来说，实行计算机记账后，只要记账凭证录入正确，计算机自动记账后各种账簿都应是正确、平衡的，但由于非法操作或计算机病毒或其他原因可能会造成某些数据被破坏，因而引起账账不符，为了保证账证相符、账账相符，应经常进行对账，至少一个月一次，一般可在月末结账前进行。

如果使用了应收、应付系统，则在总账系统中不能对往来客户账、供应商往来账进行对账。

二、结账

会计业务的处理要求日清月结,因此通用账务系统都设有结账功能。根据有关会计制度的规定,结账主要是计算和结转各个会计科目的本期发生额和期末余额,同时结束本期的账务处理工作,计算机的结账工作也应按此办理。结账工作应由具有结账权的人员进行。由于结账工作比较重要,应该确定专人进行结账工作。

计算机结账不仅要结转各账户的本期发生额和期末余额,还要进行一系列处理,检查会计凭证是否全部登记入账并审核签章、试算平衡、辅助账处理等。与手工相比,信息化结账工作更加规范,结账全部是由计算机自动完成。结账工作需要注意的事项如下。

（1）各科目的摊、提、结转工作必须在结账以前完成。这些期末结转业务可以采用手工编制记账凭证,输入计算机进行结转,也可以利用系统提供的自动转账凭证设置功能设置自动转账凭证进行结转。

（2）当月输入的记账凭证必须全部记账,如有未记账的当月凭证,系统将不能结账。结账后就不能再输入该月凭证。

（3）上月未结账,本月无法结账,但可以填制、复核凭证。已结账月份不能再填制凭证。

（4）每月只能结账一次,因此一般结账前应做数据备份。如果结账不正确,可以恢复重作。

业务举例:详见本项目"工作情景描述"中案例企业资料。

操作步骤:以林峰的身份登录企业应用平台,单击"业务导航"→"财务会计"→"总账"→"期末"→"结账"选项,进入"结账"窗口,选择要结账的月份,如图4-5-1所示。按提示单击"下一步"按钮,开始结账,首先核对账簿,如图4-5-2所示。对账完毕,出具工作报告,如图4-5-3所示。最后完成结账,如图4-5-4所示。

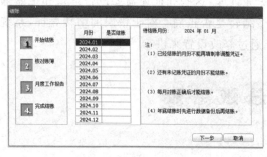

图 4-5-1 选择结账月份

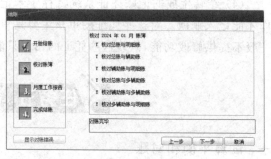

图 4-5-2 核对账簿

图 4-5-3 月度工作报告

图 4-5-4 结账

知识点拓展

（1）反结账。如果结账后发现结账错误，单击"总账"→"期末"→"结账"选项，在弹出的"结账"窗口中，选择要取消结账的最后一个结账月份，在结账向导中，选择要取消结账的月份，按 Ctrl＋Shift＋F6 组合键，再输入账套主管的口令，即可进行反结账，反结账操作只能由账套主管执行。

（2）当各子系统集成应用时，账务子系统必须在其他各子系统结账后才能最后结账。

（3）结账前要进行数据备份。

（4）结账顺序。严格意义上讲，应该对各子系统的结账顺序进行控制，一般规则是"谁接收数据，谁最后结账"。

思考题

1. 总账期初数据包括哪些？年初建账和年中建账有何不同？
2. 作废一张凭证后，还想利用当前作废的凭证号做一张新的凭证，如何处理？
3. 会计科目之前没有设置任何辅助核算，已经有了本期发生和期初余额，年初启用账套，账务已经处理到4月，现在想将此科目设置为部门辅助核算，如何操作，请详细说明。
4. 在凭证录入中，为什么要有正确性检查措施？列举正确性检查措施。

数智价值导航

电子会计档案历史沿革

2015年12月，财政部、国家档案局联合印发《会计档案管理办法》，明确了满足一定条件、由内部单位形成的属于归档范围的电子会计资料，可仅以电子形式保存，形成电子档案，2016年1月1日实施。《会计档案管理办法》肯定了共享电子档案的法律效力，推动着会计档案管理从以纸质为媒介的传统管理存储方式到数据形态的数字化管理的转变。

2020年3月，财政部、国家档案局发布《关于规范电子会计凭证报销入账归档的通知》，通知要求"来源合法、真实的电子会计凭证与纸质会计凭证具有同等法律效力"。

2022—2023年，国家档案局发布《电子会计档案管理规范》《ERP系统电子文件归档和电子档案管理规范》（征求意见稿）《电子档案证据效力维护规范》《电子档案单套管理的一般要求》等一系列电子会计档案相关规范，推动电子会计档案高质量发展。

2023年5月，财政部发布《关于公布电子凭证会计数据标准（试行版）的通知》，公布9类电子凭证会计数据标准（试行版），配合九部委开展电子凭证会计数据标准深化试点。

拓展阅读

U8电子会计档案管理

电子会计档案管理是指通过计算机等手段收集会计核算的专业资料和记录反映经济业务的重要历史资料和证据，它包括电子凭证、电子账簿、电子报表、其他电子会计核算资料等。电子会计档案突破了传统会计档案的概念，具有易管理、易存储、成本低、不可篡改等多方面优势。

U8＋提供电子会计档案接口，将凭证、账表、UFO报表等数据上传到电子档案平台进行归档。

U8 端归档操作步骤如下。

（1）数据导出前需要安装虚拟打印机，否则无法正常输出 PDF 文件进行数据备份。

（2）参数设置。设置和电子会计档案通信接口以及本地 FTP 地址、登录方式。

（3）数据导出。依据设置的本地路径，导出数据到配置的目录位置。

（4）数据上传归档。将导出的数据上传到 FTP 后进行归档申请，归档完成后返回归档结果。

U8 电子会计档案管理系统通过对会计档案版式文件和结构化数据进行采集归档处理，企业可以在对应的电子会计平台对档案进行检阅、查阅、审批等操作。

薪资业财一体化应用

项目五

知识目标
1. 描述系统对工资数据及工资费用管理的原理与流程。
2. 知道工资账套参数的概念和作用。
3. 知道工资项目设置与运算公式设置的规则与方法,描述工资项目之间的相互关系,尤其是诸如代扣个人所得税项目公式的编辑。
4. 知道工资费用结转的原理。

能力目标
1. 能根据企业管理要求建立工资账套。
2. 能设置工资项目和工资计算公式。
3. 能设置和生成工资费用结转凭证。

素养目标
1. 具备良好的沟通能力。
2. 具备一定的数据分析能力。
3. 具备实事求是、严谨务实的工作态度。

工作情景描述
宁波海德日用电器有限公司启用薪资管理系统进行薪资业务处理,刘敏新建工资账套,导入人员档案、设置工资项目、工资计算公式,本月的工资数据经过人事主管考核,总经理批准,生成工资单,进行发放,财务人员进行账务处理。

本项目案例企业资料如下。

企业薪资业务资料

一、薪资账套初始化

1. 建立工资账套

设置工资类别为单个工资类别,不核算计件工资,从工资中代扣个人所得税,不扣零,人员编码与公共平台中的人员编码一致。

2. 设置"正式工"的工资项目

企业工资项目见表5-0-1。

表 5-0-1　工资项目

工资项目名称	类型	长度	小数	增减项
基本工资	数字	8	2	增项
绩效工资	数字	8	2	增项
交通补贴	数字	8	2	增项
通信补贴	数字	8	2	增项
缺勤天数	数字	8	2	其他
缺勤扣款	数字	8	2	减项
应发合计	数字	8	2	增项
应付职工薪酬	数字	8	2	其他
应税工资	数字	8	2	其他
社保基数	数字	8	2	其他
养老保险	数字	8	2	减项
医疗保险	数字	8	2	减项
失业保险	数字	8	2	减项
公积金	数字	8	2	减项
代扣税	数字	8	2	减项
扣款合计	数字	8	2	减项
实发合计	数字	8	2	增项

3. 设置工资计算公式

工资计算公式见表 5-0-2。

表 5-0-2　工资计算公式

工资项目	计算公式
交通补贴	总经理 800 元,销售人员 600 元,采购人员、财务人员、经理人员、仓储人员、技术人员 300 元,生产人员 200 元
通信补贴	销售人员 500 元,其他 200 元
养老保险	社保基数×8%
医疗保险	社保基数×2%
失业保险	社保基数×0.5%
公积金	社保基数×7%
缺勤扣款	基本工资÷21.75×缺勤天数
应付职工薪酬	基本工资＋绩效工资＋交通补贴＋通信补贴－缺勤扣款
应税工资	基本工资＋绩效工资＋交通补贴＋通信补贴－缺勤扣款－养老保险－医疗保险－失业保险－公积金

二、日常业务

1. 工资数据

工资数据见表 5-0-3。

表 5-0-3　工资数据

编码	姓名	部门	人员类别	基本工资/元	绩效工资/元	社保基数/元	缺勤天数
0101	王跃如	总经理室	总经理	15 000	5 000	19 783	
0102	林峰	财务部	经理人员	10 000	3 000	13 188	
0103	刘敏	财务部	财务人员	6 000	1 800	6 594	
0104	李红	财务部	财务人员	6 000	1 800	6 594	
0105	马超	财务部	财务人员	6 000	1 800	6 594	
0106	李明	财务部	财务人员	6 000	1 800	6 594	2
0107	王亚丽	人事部	经理人员	10 000	3 000	13 188	
0201	廖海胜	营销部	经理人员	10 000	3 000	13 188	
0202	胡阳雪	营销部	销售人员	6 000	2 200	6 594	
0301	郑乐贵	采购部	经理人员	10 000	3 000	13 188	
0302	楚琪峰	采购部	采购人员	6 000	1 800	6 594	
0401	陈国军	仓储部	经理人员	10 000	3 000	13 188	
0402	陈福林	仓管部	仓储人员	6 000	1 800	6 594	
0501	王启年	生产管理部	经理人员	10 000	3 000	13 188	
0502	杨国庆	生产车间	生产人员	6 000	2 000	6 594	
0503	张华	生产车间	生产人员	6 000	1 700	6 594	1
0504	刘成峰	组装车间	生产人员	6 000	1 900	6 594	
0505	冯凯	组装车间	生产人员	6 000	1 800	6 594	
0601	王东	技术开发部	技术人员	6 000	2 000	6 594	
0602	徐龙	技术开发部	技术人员	6 000	2 000	6 594	

2. 工资分摊设置

（1）按应付职工薪酬项目对公司1月工资费用进行分配，其中生产人员工资计入家用静音卧室除湿机的生产成本。

（2）计提单位缴纳的社保和公积金：养老保险14%、医疗保险9.7%、失业保险0.5%、工伤保险0.2%、公积金7%。

（3）工会经费按应付工资总额的2%比例计提。

三、月末处理

绩效工资清零。

任务一　认识薪资管理系统

薪资管理系统适用于企业进行工资核算、工资发放、工资费用分摊、工资统计分析和个人所得税核算等。薪资管理系统与总账系统联合使用，可以将工资凭证传输到总账系统中；薪资管理系统与成本管理系统联合使用，可以为成本管理系统提供人员的人工费用。

一、薪资管理子系统与其他子系统的关系

工资核算是财务核算的一部分,其日常业务要通过记账凭证反映,薪资管理系统和总账系统主要是凭证传递的关系。工资计提、分摊的费用要通过制单的方式传递给总账系统进行处理。

1. 薪资管理系统与总账系统的关系

薪资管理系统将工资计提、分摊结果自动生成转账凭证,传递到总账系统,与总账系统的关系如图 5-1-1 所示。

2. 薪资管理系统与成本核算系统的关系

薪资管理系统向成本核算系统传送人员的人工费用,与成本核算系统的关系如图 5-1-2 所示。

图 5-1-1　薪资管理系统与总账系统的关系　　图 5-1-2　薪资管理系统与成本核算系统的关系

3. 薪资管理系统与报表系统的关系

薪资管理系统向报表系统传递数据,与报表系统的关系如图 5-1-3 所示。

4. 薪资管理系统与计件工资系统的关系

计件工资从薪资管理系统获取工资类别及计件相关参数(工资类别是否核算计件工资、是否按生产订单核算),工资人员档案(是否计件),并将计件工资汇总的结果传递到薪资管理系统,与计件工资系统的关系如图 5-1-4 所示。

图 5-1-3　薪资管理系统与报表系统的关系　　图 5-1-4　薪资管理系统与计件工资系统的关系

二、薪资管理子系统的功能

薪资管理系统可以根据企业的薪资制度、薪资结构设置企业的薪资标准体系,在发生人事变动或薪资标准调整时执行调资处理,记入员工薪资档案作为工资核算的依据;根据企业的需要设计工资项目、计算公式,更加方便地输入、修改各种工资数据和资料;自动计算、汇总工资数据,对形成工资、福利费等各项费用进行月末、年末账务处理,并通过转账方式向总账系统传输会计凭证,向成本管理系统传输工资费用数据。

在使用薪资管理系统前,应当规划设置部门的规范、人员类别的划分形式,整理好工资项目及核算方法,并准备好人员的档案数据、工资数据等基本信息。

1. 单类别工资核算管理的企业操作流程

企业中所有人员的工资统一管理,人员的工资项目、工资计算公式全部相同,可按下列方法建立工资管理系统。

(1) 启动工资管理系统。

(2) 设置工资账的参数(选择单个工资类别)。

(3) 设置部门。

(4) 设置工资项目、银行名称和账号长度、设置人员类别。

(5) 录入人员档案。
(6) 设置计件工资标准和方案。
(7) 设置工资计算公式。
(8) 录入工资数据。
(9) 进行其他业务处理。

2. 多类别工资核算管理的企业操作流程

如果企业按周或一月多次发放工资,或者是有多种不同类别的人员,工资发放项目不尽相同,计算公式也不相同,但需进行统一工资核算管理,则可按下列方法建立工资管理系统。

(1) 启动工资管理系统。
(2) 设置工资账参数(选择多个工资类别)。
(3) 设置涉及的所有部门、所有工资项目、人员类别、银行名称和账号长度。
(4) 建立第一个工资类别,选择所管理的部门。
(5) 录入人员档案。
(6) 设置计件工资标准和方案。
(7) 选择第一个工资类别所涉及的工资项目并设置工资计算公式。
(8) 录入工资数据。
(9) 建立第二个工资类别并选择所管理的部门。
(10) 录入人员档案或从第一个人员类别中复制人员档案。
(11) 选择第二个工资类别所涉及的工资项目并设置工资计算公式。
(12) 录入工资数据。
(13) 重复步骤(8)~(11),直至完成所有工资类别的建立。

月末处理前将所要核算的工资类别进行汇总,生成汇总工资类别,然后对汇总工资类别进行工资核算的业务处理。

任务二　建立薪资账套

信息化下的工资核算是依据手工工资核算流程,按照工资核算的要求进行的。进入系统后,必须按正确的顺序调用系统的各项功能,只有这样,才能保证少走弯路,并保证数据的正确性。

薪资标准设置、薪资调整业务处理和薪资业务单的运行必须基于人事管理模块,并且它们的应用与工资单类别、多类别无关,两者操作相同。

薪资账套是整个薪资管理子系统正确运行的基础,在启用工资系统前,企业应结合实际情况,建立一个完整可靠而又行之有效的工资账套。这里的建账和系统管理模块的建账不同,这里的建账是指企业根据自己的需要建立薪资应用环境,将薪资管理系统建立成适合本单位实际需要的专用系统,包括处理工资类别个数和币种、是否处理个人所得税、是否进行扣零处理、设置人员编码长度。

业务举例:详见本项目"工作情景描述"中案例企业薪资业务资料。

操作步骤:以刘敏的身份登录企业应用平台,单击"业务导航"→"人力资源"→"薪资管理"→"设置"→"选项"选项,进入"建立工资套"窗口,按提示选择(注:以账套主管身份登录企业应用平台,在"系统服务"→"权限"→"数据权限控制"中设置,取消"工资权限"复选框的勾选,刘敏才能进入)。

系统提供的建账向导分为以下四步。

第一步:参数设置。

薪资管理系统是按工资类别来管理的,如果单位按周或每月多次发放工资,或者是单位中有多种不同类别(部门)人员,工资发放项目不尽相同,计算公式也不相同,但需要进行统一工资核算管理,应选择"多个"工资类别。反之,如果单位中所有人员工资按统一标准进行管理,而且人员的工资项目、工资额计算公式全部相同,则选择"单个"工资项目,操作结果如图5-2-1所示。

建账完成后可以直接设置工资类别,也可在以后设置工资类别。

第二步:扣税设置。

勾选"是否从工资中代扣个人所得税"复选框,工资核算时系统会根据输入的税率自动计算个人所得税额,操作结果如图5-2-2所示。

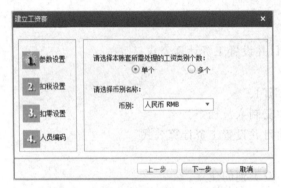

图 5-2-1　建立工资套——参数设置

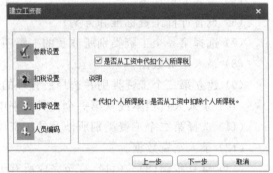

图 5-2-2　建立工资套——扣税设置

第三步:扣零设置。

扣零处理是指每次发放工资时将零头扣下,积累取整,在下次发放工资时补上,系统在计算工资时将依据扣零类型(扣零至元、扣零至角、扣零至分)进行扣零计算。一旦选择了"扣零处理",系统自动在固定工资项目中增加"本月扣零"和"上月扣零"两个项目,扣零的计算公式将由系统自动定义,不用设置,操作结果如图5-2-3所示。

第四步:人员编码。

人员编码与公共平台的人员编码保持一致,无须在本系统设置,操作结果如图5-2-4所示。

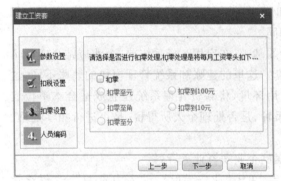

图 5-2-3　建立工资套——扣零设置

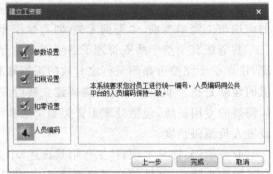

图 5-2-4　建立工资套——人员编码

知识点拓展

在建立新的工资账套后，或由于业务的变更，发现一些工资参数与核算内容不符，可以在"设置"→"选项"中进行修改。包括对以下参数的修改：扣零设置、扣税设置、参数设置和调整汇率。

调整汇率：参数设置要设定该账套工资的核算币种，若选择账套本位币以外的其他币别，则还需在工资类别参数维护中设置汇率。

分段计薪：员工在计薪周期中会发生试用期转正、岗位变动等人事业务变动，工资标准在月中将发生相应变化，员工工资需分段进行计算处理。

任务三 薪资账套初始设置

一、工资发放次数

如果企业中每个月发放工资或薪金的次数不止一次，就要建立新的发放次数。例如，周薪、补发以前期间工资、年终奖等都要用到多次发放。需要先将工资类别升级为多次发放，然后添加发放次数。

发放次数数据管理同工资类别类似，打开某个发放次数后分别进行如工资项目、人员信息等设置。

二、设置部门档案

部门信息是共享数据，在基础档案中已经事先设置，这里可以实现共享。

三、设置人员类别

不同类别的人员工资水平可能不同，设置人员类别就是以实现在同一账套内跨越各个部门按人员类别的不同进行综合汇总，从而有助于实现工资的多极化管理。

人员类别的设置还与工资费用的分摊、分配有关，合理设置人员类别，便于按人员类别进行工资的汇总计算，为企业提供不同人员类别的工资信息。

人员类别必须在基础档案设置时，就进行设置，如果先设置了人员档案，人员类别将不能设置。

人员类别设置的目的是为"工资分摊"设置相应的入账科目，因此可以按不同的入账科目设置不同的人员类别。

四、人员档案

人员档案首先要在基础档案中设置，薪资管理的人员档案可以从基础档案中批增引入，操作结果如图 5-3-1 所示。

五、人员附加信息设置

由于各个企业对人员档案所提供的信息要求不一，系统中除兼顾人员档案管理的基本功

图 5-3-1　批增人员档案

能外,还提供了人员附加信息的设置功能,从一定程度上丰富了人员档案管理的内容,便于对人员进行更加有效的管理。例如,增加设置人员的性别、民族、婚否等。

六、工资项目设置

工资项目应包括工资结算单上所列的各个项目,还应包括与计算这些项目有关的原始项目和中间过渡项目。在软件中预先设置一些必备的工资项目,如应发工资、扣款合计、实发工资等,其他项目可根据需要自行增加和修改,以适应各单位的需要。

设置工资项目对于单个工资类别而言,就是此工资账套所使用的全部工资项目。而对于多工资类别的工资账套而言,必须先针对所有工资类别设置需要使用的全部工资项目,然后才能打开各个工资类别,再对各个工资类别分别增加它所需要的项目。设置工资项目即定义工资项目的名称、类型、宽度,可根据需要自由设置工资项目,如基本工资、职位工资、副食补贴、扣款合计等,操作结果如图 5-3-2 所示。

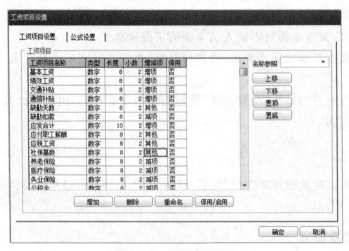

图 5-3-2　工资项目设置

工资分摊基数设置如下。

（1）"应发合计"不能作为应付职工薪酬进行工资分摊，在软件系统中，"应发合计"项是系统预置的工资项目，其计算公式属性是"增项"的所有工资项目之和。"缺勤扣款"则只能定义为属性是"减项"的工资项目，"缺勤扣款"不列入应付职工薪酬，不参与工资费用分摊，不需要计算缴纳个人所得税，因此需要设置"应付职工薪酬"工资项目，并设置计算公式：应付职工薪酬＝应发合计－缺勤扣款。

微课：准确设置工资费用计提分摊

（2）个人所得税应纳税所得额设置。在软件系统中，没有个人所得税应纳税所得额工资项目，因此需要设置"应税工资"工资项目，并设置计算公式：应税工资＝应付职工薪酬－养老保险－医疗保险－失业保险－住房公积金。

（3）社保基数。企业每个员工工资不一样，社保基数也不一样，在计提由企业负担的"五险一金"时，需要在工资分摊功能中按规定的计提基数提取，应专门设置"社保基数"工资项目用于社会保险和住房公积金的计提。

七、公式设置

在定义公式时，可以使用函数公式向导输入、函数参照输入、工资项目参照、部门参照和人员参照编辑输入该工资项目的计算公式。其中，函数公式向导只支持系统提供的函数。

工资中没有的项目不允许在公式中出现，应发合计、扣款合计和实发合计公式不用设置。

公式中可以引用已设置公式的项目，相同的工资项目可以重复定义公式，多次计算，以最后的运行结果为准。

定义公式时要注意先后顺序，先得到的数据应先设置公式。应发合计、扣款合计和实发合计公式应是公式定义框的最后三个公式，且实发合计的公式要在应发合计和扣款合计公式之后。

iff 函数举例如下。

名称：条件取值函数。

格式：iff(＜逻辑表达式＞,＜算术表达式1＞,＜算术表达式2＞)。

返回：数值。

说明：根据逻辑表达式的值，真时取＜算术表达式1＞的计算结果，假时取＜算术表达式2＞的计算结果。

微课：工资计算神器：薪资公式

＜逻辑表达式 任何可以产生真或假结果的数值或表达式。＞

＜算术表达式1 逻辑表达式结果为真时，所取的值或表达式。＞

＜算术表达式2 逻辑表达式结果为假时，所取的值或表达式。＞

1. 交通补贴的计算公式设置

业务举例：详见本项目"工作情景描述"中案例企业薪资业务资料。

公式：iff(人员类别="总经理",800, iff(人员类别="销售人员",600, iff(人员类别="采购人员"or 人员类别="财务人员"or 人员类别="经理人员"or 人员类别="仓储人员"or 人员类别="技术人员",300,200)))。

说明：该公式表示人员类别是总经理的交通补贴是800元，销售人员的交通补贴是600元，采购人员、财务人员、经理人员、仓储人员、技术人员的交通补贴是300元，生产人员的交通补贴是200元。

公式设置结果如图5-3-3所示。

公式也可以设置成这样：iff(人员类别="总经理",800, iff(人员类别="销售人员",600,

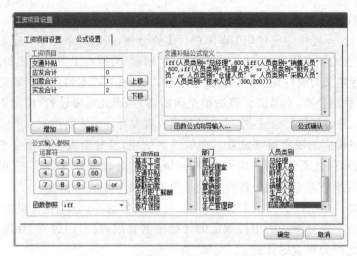

图 5-3-3 交通补贴公式设置(1)

iff(人员类别="生产人员",200,300))),操作结果如图 5-3-4 所示。

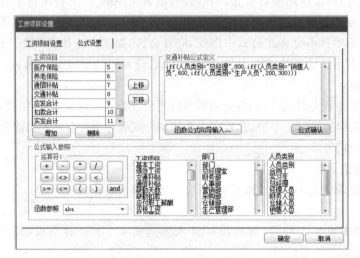

图 5-3-4 交通补贴公式设置(2)

2. 通信补贴的计算公式设置

业务举例:详见本项目"工作情景描述"中案例企业薪资业务资料。

公式:iff(人员类别="销售人员",500,200)。

说明:该公式表示如果人员类别是销售人员,则他的通信补贴是 500 元,其他各类人员的通信补贴均为 200 元,公式设置结果如图 5-3-5 所示。

3. 病假扣款的计算公式设置

业务举例:单位病假扣款。

单位病假扣款按工龄分别扣:工龄在 10(包括 10 年)年以上的扣日工资的 20%;工龄在 5~9 年的,扣日工资的 30%;工龄未满 5 年的,扣日工资的 50%。

公式:iff(工龄>=10,病假天数*日工资*0.2,iff(工龄<10 AND 工龄>=5,病假天数*日工资*0.3,病假扣款,iff(工龄<5,病假天数*日工资*0.5,病假扣款)))。

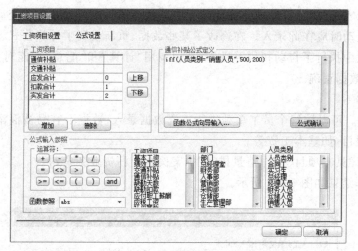

图 5-3-5 通信补贴公式设置

> **知识点拓展**
>
> 函数公式设置向导应用。
> (1) 单击"函数公式向导输入"按钮,显示"函数公式向导——步骤之一",在"函数名"列表中选择需要的函数,在窗口右侧显示了所选函数的说明及范例。
> (2) 单击"下一步"按钮,则进入"公式设置"窗口中"函数向导——步骤之二"。
> (3) 在"算术表达式"栏目中输入计算表达式。用户可单击相应按钮参照选择工资项目。
> (4) 如果发现上一步选择的函数不对,可单击"上一步"按钮,返回向导一,重新选择函数。
> (5) 单击"完成"按钮,则完成此函数的公式设置,返回"公式设置"页签。

任务四 薪资业务处理

一、工资数据的内容

职工的工资数据按工资的变动频率不同,可分为以下两种:①基本不变数据。基本不变数据是指固定不变和较长时间内很少变动的数据,如基本工资、岗位津贴、职称工资等。这些基础数据在系统投入使用时一次输入、长期使用,只有在岗位、职称等发生变化时才修改,所以这些数据形成了薪资管理系统数据处理的基础,初次使用薪资管理系统时,需要录入没有进行公式定义的工资项目数据,即每月相对固定不变的基础数据。②变动数据。变动数据是指每月都可能发生变动的数据,如请假扣款、水电费、计件工资中的合格数量等。这些变动数据是需要在每个月计算各位员工的实发工资金额的时候输入,而相对不变的数据,可以直接从上个月的工资数据中转入。

二、日常业务处理

(一) 工资数据录入

第一次使用工资系统必须将所有人员的基本工资数据录入系统。工资数据可以在录入人员档案时直接录入,需要计算的内容在此功能中进行计算。也可以在工资变动功能中录入,当工资数据发生变动时应在此录入。在修改了某些数据、重新设置了计算公式、进行了数据替换或在个人所得税中执行了自动扣税等操作,必须调用"计算"和"汇总"功能对个人工资数据重新计算,以保证数据正确。

快捷功能如下。

(1)页编辑。可以按每个员工单独进行工资数据录入,数据不容易被混淆,这里只输入没有公式定义的项目,如基本工资等。

业务举例:详见本项目"工作情景描述"中案例企业薪资业务资料。

页编辑操作结果如图5-4-1所示。

图 5-4-1 页编辑

(2)过滤。如果只对某些工资项目或某一部分职工的工资数据进行录入或修改,使用"过滤"功能可以将指定需要输入的工资项目或人员过滤出来,使屏幕上只显示需要的数据,方便输入数据。例如,每月只需输入考勤记录,可以利用"过滤"功能将相关工资项目筛选出来,屏蔽其他工资项目,以使数据录入窗口简洁,实现快速输入。

业务举例:过滤出财务部财务人员。

设置部门名称=财务部且人员类别=财务人员,单击"确认"按钮,系统自动将符合"人员类别"为"财务人员"且部门名称为"财务部"的人员调出,由用户录入数据。操作结果如图5-4-2所示。

(3)替换。当个别人员的档案信息需要修改时,可在"人员档案"窗口直接修改。当一批人员的某个工资项目需要同时修改时,可利用数据替换功能,即将符合条件人员的某项目数据,统一替换成某个数据或历史上某一期(时期)某项目的发生数(合计数),以提高人员信息的修改速度。

业务举例:将技术开发部的技术人员基本工资加上500元。

将"工资项目"由"基本工资"替换成"基本工资+500",替换条件设置为"部门=技术开发部且人员类别=技术人员"。

单击"确定"按钮,系统自动将符合条件的人员的基本工资加上500元。操作结果如

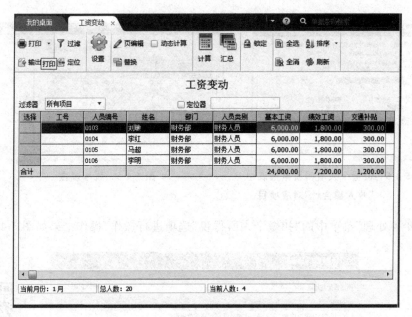

图 5-4-2 过滤

图 5-4-3 所示。

（4）定位。定位查询是指按照一定的方式将查询指针定位到需要查询的人员记录上，以实现快速查找。利用此功能按照职工所属部门、职工个人编码、姓名定位到相关记录以便进行编辑工作。

业务举例：定位所在部门为生产车间、人员类别为生产人员的人员。

输入：勾选"模糊定位"复选框，设置"部门名称"为"生产车间"，"人员类别"为"生产人员"，操作结果如图 5-4-4 所示。

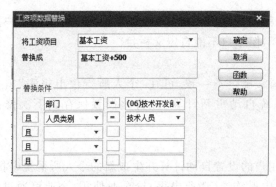

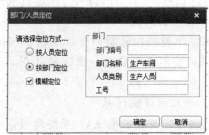

图 5-4-3　替换　　　　　　　　图 5-4-4　定位

（二）扣缴个人所得税

在"选项"窗口的"扣税设置"页签，选择"应税工资"作为个人所得税申报表中"收入额合计"项所对应的工资项目，操作结果如图 5-4-5 所示。

单击"税率设置"按钮，进入税率表窗口，修改"基数""附加费用"，操作结果如图 5-4-6 所示。

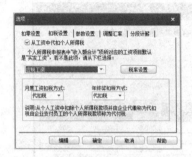
图 5-4-5 设置个人所得税申报表中"收入额合计"对应项目

图 5-4-6 税率设置

选择"业务处理"菜单中的"扣缴个人所得税"选项进行操作,操作结果如图 5-4-7 所示。

图 5-4-7 个人所得税申报模板

微课:个税新政,你跟上了吗

1. 选择申报栏目

个人所得税扣缴申报表是纳税人缴纳税款情况的记录,其栏目比较固定。如果用户还需反映其他栏目,可从"可选栏目"中进行选择,但用户不能自定义栏目。

2. 税率表定义

如果单位的扣除费用标准和税率与国家规定不一致,可在"个人所得税申报表"窗口单击"税率"按钮进行修改。修改确认后,系统自动重新计算,并将此设置保存到下次修改确认后。

3. 个人所得税计算

当税率定义完成确认后,系统将根据用户的设置自动计算并生成新的个人所得税申报表。

各地税务局一般都开发了个人所得税申报软件(企业申报)给企业使用,企业可通过软件导入"扣缴所得税"模块导出的 Excel 格式报表进行申报操作。

(三) U8 薪资系统的个人所得税方案流程

(1) 设置工资项目。系统已预置了子女教育、继续教育、住房贷款利息或住房租金、老人赡养费、其他合法专项附加扣除项目,以及对应累计专项附加扣除项目。设置时,打开工资类别后,需要手工参照增加需要核算的工资项目。

(2) 数据导入。在工资变动里,工资、专项附加扣除项目等信息可通过数据接口导入工资变动中,或者直接输入。

(3) 个税以累计预扣法计算,公式为

本期应预扣预缴税额＝（累计预扣预缴应纳税所得额×预扣率－速算扣除数）

－累计减免税额－累计已预扣预缴税额

累计预扣预缴应纳税所得额＝累计收入－累计免税收入－累计减除费用－累计专项扣除

－累计专项附加扣除－累计依法确定的其他扣除

(4) 如果年中启用薪资模块,为保证整个纳税年度的数据连续性,可在启用当月进入录入期初窗口,补录之前月份的各项目金额。

知识点拓展

网上申报个人所得税需要结合申报软件(一般由地方税务局提供)和扣缴所得税模块进行。

(1) 了解当地税务局要求的个人所得税申报数据格式,获取申报软件,要求支持导入 Excel 格式文件。

(2) 查看系统预置个人所得税报表是否满足数据及格式要求,如不满足可参照格式接近的报表生成新报表,并设置数据项目及数据源。

(3) 打开个人所得税报表,查询范围设置为"全部发放次数"＋"汇总",输出报表数据另存为 Excel 格式。

(4) 进入申报软件,导入申报数据。

(5) 网络申报。

(四) 银行代发

银行代发是指由银行发放企业职工个人工资。

目前许多单位发放工资时都采用工资银行卡方式。这种做法既减轻了财务部门发放工资工作的繁重,有效地避免了财务部门到银行提取大笔款项所承担的风险,又提高了对员工个人工资的保密程度。

1. 银行文件格式设置

银行文件格式设置是指根据银行的要求,设置提供银行数据中所包含的项目,以及项目的数据类型、长度和取值范围等。

第一次进入银行代发功能时,系统自动显示"银行文件格式设置"窗口,以后进入该功能时可以单击"格式"按钮,打开"银行文件格式设置"窗口,以便用户进行银行文件格式的设置。

2. 银行代发输出格式设置

银行代发输出格式设置是指用户根据银行的要求,设置向银行提供的数据是以何种文件形式存放在磁盘中,且在文件中各数据项目是如何存放和区分的。系统提供了 TXT(定长文件)、DAT(不定长文件)和 DBF(数据库文件)三种格式供用户选择。

3. 磁盘输出

磁盘输出是指按设置好的格式和设定的文件名,将数据输出到指定的磁盘。

(五) 工资分摊

工资分摊是指对当月发生的工资费用进行工资总额的计算、分配及各种经费的计提,并制作自动转账凭证,传递到总账系统供登账处理之用。

1. 设置工资分摊类型

所有与工资相关的费用及基金均需建立相应的分摊类型名称及分摊比例,如应付职薪酬、单位缴纳的社保、福利费、职工教育经费、工会经费等。

不同部门、相同人员类别可以设置不同的分摊科目。

不同部门、相同人员类别在设置时,可以一次选择多个部门。

业务举例:详见本项目"工作情景描述"中案例企业薪资业务资料。

工资分摊设置结果如图 5-4-8 所示。

图 5-4-8 工资分摊设置

2. 分摊并生成转账凭证

选择参与本次费用分摊计提的类型,参与核算的部门,计提费用的月份和计提分配方式,以及选择费用分摊是否明细到工资项目。在"应付工资一览表"中选择不同的分摊类型分别进行制单。分摊的结果通过转账凭证的形式传递到总账系统,避免在总账系统中进行二次录入。

业务举例:详见本项目"工作情景描述"中案例企业薪资业务科。

打开"工资分摊"窗口,选择要计提的费用类型,操作结果如图 5-4-9 所示。单击"确定"按钮,进入"分摊工资一览表",设置科目,进行工资分摊,操作结果如图 5-4-10 所示。单击"制单"按钮,生成的凭证如图 5-4-11 所示。

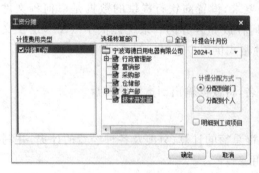

图 5-4-9 工资分摊

图 5-4-10 工资分摊明细

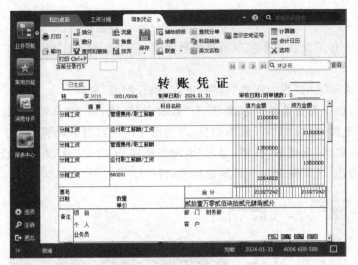

图 5-4-11　工资分摊转账凭证

知识点拓展

（1）工资费用的分摊、计提业务处理，必须要有与这些业务相对应的工资数据，这些数据是通过工资项目来体现，恰当而合理地设置工资项目是工资费用分摊、计提业务得以实现的前提条件。

（2）"应发合计"项是系统预置的工资项目，不能以"应发合计"为分摊基数，而应当增设"应付职工薪酬"项目。

（3）应当由企业负担的"五险一金"需要在工资分摊功能中按规定的计提基数提取，应专门设置"社保基数"工资项目用于社会保险和住房公积金的计提。

三、工资数据维护

数据上报：主要是指本月与上月相比新增加人员数量信息及减少人员数量信息的上报，本功能是在基层单位账中使用，形成上报数据文件。

数据采集：是指人员信息采集，人员信息采集是指将人员上报盘中的信息，读入系统中。

人员调动：当账套为多工资类别时，可利用人员调动功能，实现人员在不同工资类别之间的转换。

人员信息复制：在采用多工资类别应用方案的前提下，如果新建工资类别中的人员与已建工资类别人员信息相同，可利用该功能将已建工资类别中的人员信息复制到新建工资类别中。

汇总工资类别：在多个工资类别中，以部门编号、人员编号、人员姓名为标准，将此三项内容相同人员的工资数据做合计。例如，需要统计所有工资类别本月发放工资的合计数，或某些工资类别中的人员工资都由一个银行代发，希望生成一套完整的工资数据传到银行，则可使用此项功能。

数据接口管理：可有效地将相关数据从外部系统中导入工资管理系统中，例如，在水电、房租系统、考勤系统、人事系统以及其他与工资管理有关系统中，将水电费扣缴、房租扣缴、考勤时数等数据导入工资系统的对应工资项目。

四、账表管理

账表主要用于对工资管理系统中所有的报表进行管理,包括工资表和工资分析表两种报表类型。

选择"账表"菜单下的"我的账表"选项,进入"账表管理"窗口。

修改工资表:选中需要修改的账表,单击"修改表"选项,进入"修改表"窗口。可直接修改栏目名称及栏目宽度,也可增加或删除栏目,并为选中的栏目设置计算公式。

重建工资表:单击"重建表"按钮,显示"重建表选择"窗口。选择需要重新生成的系统原始表,单击"确定"按钮,即可重新生成系统原始表,操作结果如图 5-4-12 所示。

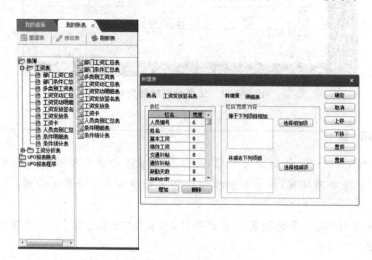

图 5-4-12 重建工资表

1. 工资表

工资表用于本月工资的发放和统计,本功能主要完成查询和打印各种工资表的工作。工资表包括由系统提供的工资发放签名表、工资发放条、工资卡、部门工资汇总表、人员类别工资汇总表、部门条件汇总表、条件明细表、条件统计表、工资变动明细表、工资变动汇总表等。

2. 工资分析表

工资分析表是以工资数据为基础,对部门、人员类别的工资数据进行分析和比较,产生各种分析表,供决策人员使用。工资分析表包括分部门各月工资构成分析表、分类统计表(按部门、按项目、按月)、工资项目分析(按部门)、工资增长情况、部门工资项目构成分析表、员工工资汇总表、员工工资项目统计表等。

3. 凭证查询

工资核算的结果以转账凭证的形式传输到总账系统,在总账系统可以进行查询、审核、记账等操作,但不能修改、删除。要删除、冲销转账凭证,需执行工资管理系统中的凭证查询功能。

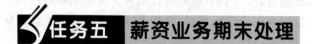

任务五 薪资业务期末处理

一、月末处理

月末结转是将当月数据经过处理后结转至下月。每月工资数据处理完毕后均可进行月末结转。由于在工资项目中,有的项目是变动的,即每月的数据均不相同,在每月工资处理时,均需将其数据清零,而后输入当月的数据,此类项目即为清零项目。若不进行清零操作,则下月项目将完全继承当前月数据。如当前工资类别启用审核控制,则所有数据都审核后,才允许进行月末处理。

选择"业务处理"菜单下的"月末处理"选项,进入"月末处理"窗口,如图 5-5-1 所示。单击"确定"按钮,即可进行月末结转,操作结果如图 5-5-2 所示。

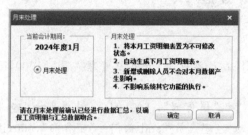
图 5-5-1　月末处理

图 5-5-2　项目清零

在薪资管理系统结账后,若发现还有一些业务或其他事项需要在已结账月进行账务处理,此时需要使用反结账功能取消已结账标志。

操作步骤如下。

选择"业务处理"菜单下的"反结账"选项,进入"反结账"窗口。在列表中选择需要进行反结账操作的账套。单击"确定"按钮,系统就会进行反结账处理。操作结果如图 5-5-3 所示。

注意事项如下。

(1) 月末处理只有在会计年度的 1—11 月进行。

(2) 如果处理多个工资类别,则应打开工资类别,分别进行月末处理。

(3) 如果本月工资未汇总,系统将不允许进行月末处理。

(4) 进行月末处理后,当月数据将不再允许变动。

(5) 月末处理功能只有账套主管才能执行。

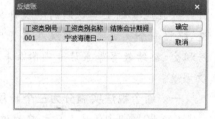
图 5-5-3　薪资系统反结账

(6) 在进行月末处理后,如果发现还有一些业务或其他事项要在已进行月末处理的月份进行账务处理,可以由账套主管使用反结账功能,取消已结账标记。

(7) 有下列情况之一不允许反结账:总账系统已结账;汇总工资类别的会计月份与反结账的会计月相同,并且包括反结账的工资类别。

本月工资分摊、计提凭证传输到总账系统,如果总账系统已审核并记账,需做红字冲销后,才能反结账;如果总账系统未做任何操作,只需删除此凭证即可。如果凭证已由出纳签字或主管签字,应在取消出纳签字或主管签字,并删除该张凭证后才能反结账。

二、年末结转

年末结转是将工资数据经过处理后结转至下年。进行年末结转后,新年度账将自动建立。

若在处理完所有工资类别的工资数据,对多工资类别,应关闭所有工资类别,然后在系统管理中选择"年度账"菜单,进行上年数据结转。其他操作与月末处理类似。

提示如下。

(1) 年末结转只有在当月工资数据处理完毕后才可进行。
(2) 若当月工资数据未汇总,系统将不允许进行年末汇总。
(3) 若本月无工资数据,用户进行年末处理时,系统将给予操作提示。
(4) 进行年末结转后,本年各月数据将不允许再做变动。
(5) 若用户跨月进行年末结转,系统将给予警告提示。

思考题

1. 企业核算账套、工资账套、工资类别的区别?
2. 说出下列公式的含义:

(1) iff(人员类别="经理人员",1600,iff(人员类别="开发及管理人员",1000,iff(人员类别="营销人员",800,0)))。

(2) iff(人员类别="经理人员" and 部门="销售部",600,iff(人员类别="经理人员" and 部门<>"销售部",300,iff(人员类别<>"经理人员" and 部门="销售部",400,iff(人员类别<>"经理人员" and 部门<>"销售部",100))))。

数智价值导航

个税新政,你跟上了吗

2019年1月1日,新修改的《中华人民共和国个人所得税法》(以下简称"新个税法")正式实施。新个税法实行个人所得税专项附加扣除新政,新增六项专项附加扣除项目:子女教育、继续教育、大病医疗、住房贷款利息或住房租金、赡养老人。此六项扣除项目均为税前扣除项目。并在此基础上实行新的个税计算方法——累计预扣法。U8工资管理系统完成了升级改造,根据新个税法要求,系统在工资项目设置节点预置子女教育、赡养老人、住房贷款利息、住房租金、继续教育等累计专项附加扣除项目,实现一键自动计算,后续根据政策变化产品会同步调整。

一、新个税法实施分为三个阶段

(1) 2018年10月1日之前为过渡期政策准备阶段。

(2) 2018年10月1日—12月31日为过渡期政策执行以及综合与分类相结合的个人所得税制实施准备阶段。

(3) 2019年1月1日起为新税制全面实施阶段。

二、新个税政策解读

(1) 2018年10月1日起,减除费用从3 500元,调整到5 000元,税率表同时也做了调整。

(2) 2019年1月1日起,纳税人计算个税应纳税所得额时,在5 000元基本减除费用扣除和"三险一金"等专项扣除外,还可以享受子女教育、继续教育、大病医疗、住房贷款利息或住房租金、赡养老人6项专项附加扣除。

(3) 对工资薪金、劳务报酬、稿酬以及特许权使用费4项收入,按年计税。

(4) 年终奖代扣税计算。2021年12月31日前,居民个人取得全年一次性奖金还可以继续享受年终奖个税优惠政策,即可不并入当年综合所得计税。但自2022年1月1日起,应并入当年综合所得计算缴纳个人所得税。

三、优惠继续

(1) 自2021年1月1日起,对上一完整纳税年度内每月均在同一单位预扣预缴工资、薪金所得个人所得税且全年工资、薪金收入不超过6万元的居民个人,扣缴义务人在预扣预缴本年度工资、薪金所得个人所得税时,累计减除费用自1月起直接按照全年6万元计算扣除。

(2)《财政部、税务总局关于个人所得税法修改后有关优惠政策衔接问题的通知》(财税〔2018〕164号)规定的全年一次性奖金单独计税优惠政策,执行期限延长至2023年12月31日;上市公司股权激励单独计税优惠政策,执行期限延长至2022年12月31日。

(3)2023年国务院发布《关于提高个人所得税有关专项附加扣除标准的通知》,提高3岁以下婴幼儿照护等三项个人所得税专项附加扣除标准。

(4)2023年财政部、税务总局发布《关于延续实施全年一次性奖金个人所得税政策的公告》,规定全年一次性奖金个人所得税优惠政策延续实施至2027年12月31日。

国家通过完善个人所得税制,既在为居民合理减负,也在为构建更加科学的财税体制筑基。人们今天关注征多少税,也关注怎么征税、给谁减税、用在哪里,更对如何在利益平衡中推进税制改革有了新的理解,而这本身就是公共生活的进步。

拓展阅读

U8保险福利管理系统:五险一金管理

社保是生活中与我们息息相关的事,你可以不购买商业保险,但是一定要有社保。社保作为基础保障,是每个人都必须拥有的。从2020年1月1日起社保由税务部门统一征收。那么,在U8软件中,社保是如何管理的呢?

一、保险福利管理系统简介

U8保险福利管理系统是对法定基本社会保险(包括基本养老保险、基本医疗保险、失业保险、工伤保险、住房公积金等)以及单位内部为职工设立的福利性质的基金(如补充养老保险、补充医疗保险等)的管理。对于临时性或一次性的福利项目(如过节费、高温补贴等)可通过福利业务单进行录入管理,然后在薪资模块以项目取数方式获取。

二、操作步骤

首先要启用HR基础设置和人事管理模块,然后启用保险福利管理模块。

(1)从用友U8企业应用平台进入公司窗口。

(2)单击"业务工作"→"保障福利管理"→"福利项目设置"选项,单击"添加"按钮,增加福利项目信息并保存。

(3)单击"业务工作"→"保障福利管理"→"福利类别设置"选项,系统预置了基本养老保险、基本医疗保险、失业保险、工伤保险、生育保险及住房公积金等法定福利。如果想设置具体福利类别的缴费基数核定方法、个人或单位缴费比例等项目的数值或计算规则,请调用福利方案设置功能。

(4)打开"业务工作"→"保障福利管理"→"分摊类型设置"选项,设置企业支付的福利费用的分摊规则,如将为车间工人支付的福利费分摊到生产成本,将为职能部门职工支付的福利费分摊到管理费用。国家或地方一般都规定,企业为员工缴纳的福利费用(包括法定福利、企业福利,如基本养老保险、补充养老保险、补充医疗保险等),如果不超过一定的数额,在税前列支;对于超出部分,则要在税后列支。因此,对同一福利费用,有时需要设置多个分摊规则。

(5)单击"业务工作"→"保障福利管理"→"福利业务"→"福利档案"选项,选择各个福利类别,单击"业务"按钮并开户,选择全部部门并计算。

(6) 单击"业务工作"→"保障福利管理"→"福利业务"→"福利缴交"选项,按照各个福利类别进行缴费金额计算。

(7) 单击"业务工作"→"保障福利管理"→"福利业务"→"费用分摊"选项,单击"查询"按钮,选择部门并制单生成"记账凭证"传入总账。

(8) 单击"业务工作"→"保障福利管理"→"福利业务"→"凭证查询"选项,可查询已做凭证。

保障福利管理的计算结果,可以直接传递到总账生成凭证,支持与薪资管理的集成应用。

项目六 固定资产业财一体化应用

知识目标

1. 知道固定资产子系统的功能和意义。
2. 描述固定资产子系统的业务流程、数据处理流程及与其他子系统集成运行时的数据传递流程。
3. 知道固定资产卡片的建立、变动资料录入、折旧方法的设置和折旧计提以及固定资产自动凭证的生成等过程的处理规则。

能力目标

1. 能根据企业管理要求,建立固定资产账套及初始化设置。
2. 能根据企业固定资产管理规范,完成企业固定资产的增减变动、折旧计提、盘点评估等工作,并完成账务处理。

素养目标

1. 具备实事求是、严谨务实的工作态度。
2. 具备维护资产的安全性、完整性和效率性的意识。

工作情景描述

宁波海德日用电器有限公司启用固定资产系统,企业组织人员对公司的资产进行盘查,清点了所有固定资产,然后按照国家标准进行固定资产分类与代码、整理编号,由财务人员统一录入系统,开启固定资产信息化管理。

本项目案例企业资料如下。

企业固定资产业务资料

一、固定资产初始设置

1. 建立固定资产账套

账套启用日期:2024年1月1日。

主要折旧方法:平均年限法(一)。

折旧汇总分配周期:1个月。当月初已计提月份=可使用月份-1时,将剩余折旧全部提足。

编码方式:资产类别编码方式"2112"。

固定资产编码方式：按"类别＋部门＋序号"自动编码，序号3位。

财务接口：固定资产对账科目"1601 固定资产"，累计折旧对账科目"1602 累计折旧"，勾选"在对账不平的情况下允许固定资产系统结账"复选框。

2. 设置部门对应折旧科目

总经理室、仓储部、采购部、人事部、财务部五个部门的资产折旧记入"管理费用/折旧费"科目，营销部的资产折旧记入"销售费用/折旧费"科目，生产车间、组装车间、生产管理部三个部门的资产折旧记入"制造费用/折旧费"科目，技术开发部资产折旧记入"研发支出"科目。

3. 设置固定资产类别

根据公司资产性质，设置固定资产类别，见表6-0-1，卡片样式为含税样式。

表6-0-1 资产类别

类别编码	类别名称	使用年限	净残值率/%	计提属性	折旧方法	卡片样式
01	房屋及建筑物	50	5	正常计提	平均年限法（一）	含税卡片样式
011	办公楼	50	5	正常计提	平均年限法（一）	含税卡片样式
012	厂房	50	5	正常计提	平均年限法（一）	含税卡片样式
013	仓库	50	5	正常计提	平均年限法（一）	含税卡片样式
02	生产设备	10	5	正常计提	平均年限法（一）	含税卡片样式
03	交通运输设备	10	5	正常计提	平均年限法（一）	含税卡片样式
04	办公设备	5	5	正常计提	平均年限法（一）	含税卡片样式

4. 固定资产原始卡片

所有资产开始使用时间是2019年12月20日，固定资产原始卡片见表6-0-2。

表6-0-2 固定资产原始卡片

编号	名称	类别编码	使用部门	增加方式	原值/元	累计折旧/元
1	办公楼	011	总经理室 10% 财务部 15% 营销部 20% 采购部 20% 人事部 15% 技术开发部 20%	在建工程转入	20 000 000	1 520 000
2	仓库	013	仓储部	在建工程转入	5 500 000	418 000
3	厂房A	012	生产车间 90% 生产管理部 10%	在建工程转入	8 100 000	615 600
4	厂房B	012	组装车间 90% 生产管理部 10%	在建工程转入	2 000 000	152 000
5	奔驰轿车	03	总经理室	直接购入	300 000	114 000
6	吉利轿车	03	营销部	直接购入	150 000	57 000
7	卡车	03	仓储部	直接购入	330 000	125 400
8	除湿机生产线	02	生产车间	在建工程转入	8 000 000	3 040 000
9	暖风机流水线	02	生产车间	在建工程转入	3 000 000	1 140 000

续表

编号	名　　称	类别编号	使用部门	增加方式	原值/元	累计折旧/元
10	小家电组装流水线	02	组装车间	在建工程转入	300 000	114 000
11	注塑机	02	生产车间	在建工程转入	980 000	372 400
12	高速冲床	02	生产车间	在建工程转入	650 000	247 000
13	台式计算机	04	总经理室	直接购入	5 000	3 800
14	台式计算机	04	财务部	直接购入	5 000	3 800
15	台式计算机	04	营销部	直接购入	5 000	3 800
16	台式计算机	04	采购部	直接购入	5 000	3 800
17	台式计算机	04	人事部	直接购入	5 000	3 800
18	台式计算机	04	仓储部	直接购入	5 000	3 800
19	台式计算机	04	生产管理部	直接购入	5 000	3 800
20	台式计算机	04	生产车间	直接购入	5 000	3 800
21	台式计算机	04	组装车间	直接购入	5 000	3 800
22	台式计算机	04	技术开发部	直接购入	5 000	3 800
23	打印复印一体机	04	总经理室10% 财务部10% 营销部10% 采购部10% 人事部10% 仓储部10% 生产管理部10% 生产车间10% 组装车间10% 技术开发部10%	直接购入	30 000	22 800

二、日常业务

2024年1月、2月发生以下固定资产业务。

(1) 1月5日,总经理室购买联想笔记本电脑1台,取得增值税专用发票一张,不含税价格为7 200元/台,可抵扣进项税额为936元,款项用转账支票支付,支票号65324582。

(2) 1月10日,组装车间购入一套需要安装的家电测试机,取得增值税专用发票一张,价值为70 000元,进项税额为9 100元,款项通过网银支付。

(3) 1月18日,安装完毕,达到预定可使用状态,转入固定资产,支付安装费用价款3 396.23元,进项税额203.77元,网银转账。

(4) 计提折旧,并进行账务处理。

(5) 1月末结账。

(6) 2月5日,计提本月固定资产折旧,不做账务处理。

(7) 2月8日,出售台式计算机1台,编号20,出售不含税价格为200元/台,增值税26元,款项已经收到并存入工商银行。

(8) 2月9日,由于公司运营需要,总经理的台式计算机转移到生产车间,进行固定资产变动处理。

(9) 2月15日,为除湿机生产线更换价值8 000元配件,增值税1 040元,用工行支票支付,配件计入固定资产成本,做固定资产原值变动处理。

(10) 2月28日,折旧做账务处理。

任务一　认识固定资产管理系统

企业的固定资产是企业资产的重要组成部分,固定资产具有价值高、使用周期长、使用地点分散、管理难度大等特点。固定资产系统能够帮助企业进行固定资产净值、累计折旧数据的动态管理,协助企业进行部分成本核算,协助设备管理部门做好固定资产管理工作。该系统的主要作用是完成企业固定资产日常业务的核算和管理,生成固定资产卡片,按月反映固定资产的增加、减少、原值变化及其他变动,并输出相应的增减变动明细账,按月自动计提折旧,生成折旧分配凭证,同时输出相关的报表和账簿。

一、固定资产系统的特点

企业固定资产的种类繁多、构成复杂,固定资产用于企业的生产经营活动而不是为了出售,因此与其他核算子系统相比,固定资产管理子系统具有以下特点。

1. 数据存储量大,保留时间长

企业所拥有的固定资产数量一般较多。为了便于企业各部门随时掌握固定资产的详细情况,系统内需要保留每一固定资产的详细资料。为了加强企业对固定资产的管理,保留必要的审计线索,即使是已淘汰的固定资产的资料,也必须保留。因此系统需要保留的数据量较大,所有资料需要跨年度长期在系统中保留。

2. 日常数据处理量较少

由于固定资产价值高,使用时间长,一经建造或购置,平时增减变动比较少。一般经过固定资产管理系统的初始化,把固定资产的有关数据全部一次性录入计算机中,以后固定资产变动数据处理较少。

3. 数据处理方式较单纯

固定资产系统的数据处理主要是折旧的计算和各种统计分析报表的输出。因此,系统数据处理比较简单、单纯。

4. 数据综合查询和统计要求较强

为了满足企业对固定资产核算和管理的多方面需要,固定资产管理系统应该具有较强的查询和分类统计功能。

二、固定资产子系统与其他子系统之间的关系

固定资产子系统与其他子系统的关系主要涉及总账系统。固定资产系统资产增加(录入新卡片)、资产减少、卡片修改(涉及原值或累计折旧时)、资产评估(涉及原值或累计折旧变化时)、原值变动、累计折旧调整、计提减值准备调整、转回减值准备调整、折旧分配都要将有关数据通过记账凭证的形式传输到总账系统,同时通过对账保持固定资产账目的平衡。各系统之

间的数据传递关系如图 6-1-1 所示。

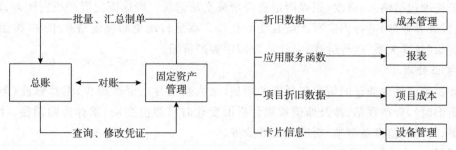

图 6-1-1 固定资产子系统与其他子系统之间的关系

1. 固定资产子系统与总账子系统的关系

固定资产子系统自动制作凭证，并传送到总账子系统，提供固定资产系统和总账的对账功能。

2. 固定资产子系统与采购管理子系统的关系

如果启用采购系统采购固定资产，采购管理的入库单传递到固定资产子系统后结转生成采购资产卡片。采购资产卡片可联查入库单列表、结算单列表。

3. 固定资产子系统与其他子系统的关系

固定资产子系统为成本管理子系统和报表管理子系统提供数据支持，向项目成本系统传递项目的折旧数据，向设备管理系统提供卡片信息，同时还可以从设备管理系统导入卡片信息。

三、固定资产子系统的功能

固定资产子系统的主要功能如图 6-1-2 所示。

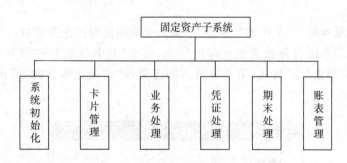

图 6-1-2 固定资产子系统的主要功能

1. 系统初始化

系统初始化包括账套参数、部门、资产类别、增减方式及对应折旧科目、资产使用状况、折旧方法定义、卡片项目、部门对应折旧科目等内容的设置及原始卡片录入。

2. 卡片管理

设置固定资产卡片样式，对固定资产卡片进行存储和管理，使操作者能够灵活地进行增加、删除、修改、查询，按月汇总输出"分部门""分类别"的固定资产汇总数，打印固定资产卡片等。

3. 业务处理

业务处理包括输入、修改、删除固定资产增减变动记录。根据固定资产投资转入、购建、转入清理、报废等业务，进行固定资产增减变动核算。系统自动更新固定资产卡片，按照系统初始化设置的"运算关系"进行运算，自动计算固定资产折旧。

4. 凭证处理

需要制单或修改凭证的情况包括资产增加（录入新卡片）、资产减少、卡片修改（涉及原值或累计折旧时）、资产评估（涉及原值或累计折旧变化时）、原值变动、累计折旧调整、计提减值准备调整、转回减值准备调整、折旧分配等业务。

5. 期末处理

期末处理包括固定资产系统与总账对账和月末结账两部分。

6. 账表管理

固定资产管理过程中，需要及时掌握资产的统计、汇总和其他方面的信息。系统根据用户的日常操作，自动提供这些信息，以报表的形式提供给财务人员和资产管理人员。系统提供的报表分为五类：账簿、折旧表、汇总表、分析表、减值准备表。另外，如果所提供的报表不能满足要求，系统提供自定义报表功能。

任务二　建立固定资产账套

固定资产管理在企业中分为两部分：一是固定资产卡片台账管理，负责登记固定资产增加、减少、折旧，记录使用部门、是否在用等所有有关固定资产的信息；二是固定资产的会计处理，包括确定固定资产的折旧方法和使用年限、每月计提固定资产折旧、固定资产清理等。所以，在使用管理软件管理固定资产时，要考虑这两方面的使用习惯和管理的科学性。下面介绍账套参数设置方法。

业务举例：详见本项目"工作情景描述"中案例企业固定资产业务资料。

操作步骤：以刘敏的身份登录企业应用平台，单击"业务导航"→"财务会计"→"固定资产"→"选项"选项，单击"是"按钮，第一次进入固定资产"初始化账套向导"窗口，操作结果如图 6-2-1 所示。

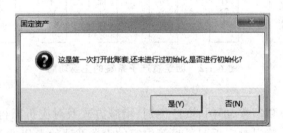

图 6-2-1　建立固定资产账套

在已经建立的单位核算账套的基础上，设置单位进行固定资产核算的必须参数或判断，包括设定折旧方法、制单方式、对账科目、编码方式等。

账套初始化中设置的参数，包括账套编号、名称、账套启用的时间、是否计提折旧等基本信息。

第一步:约定及说明。选中"我同意"单选项,单击"下一步"按钮,操作结果如图 6-2-2 所示。

图 6-2-2　初始化账套——约定及说明

第二步:输入"账套启用月份"。操作结果如图 6-2-3 所示。

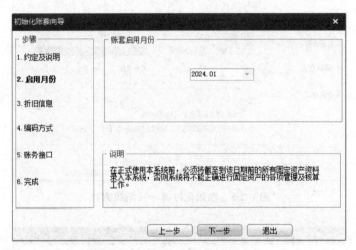

图 6-2-3　初始化账套——启用月份

第三步:折旧信息。包括本账套主要折旧方法、折旧周期及发生变动时折旧处理方式的选择,设置主要折旧方法的目的是便于系统的其他操作,只是一个缺省的内容,操作结果如图 6-2-4 所示。

第四步:编码方式。固定资产编码是资产管理者给固定资产所编制的编号,固定资产的编码一般采用群码方式,由类别码、使用情况码、使用部门码、每项固定资产的顺序码等多组基本编码组成,这样的编码方式反映了固定资产之间的类别和所属关系。编码方式包括资产类别、固定资产、资产组及卡片编号、变动单编号等,操作结果如图 6-2-5 所示。

第五步:账务接口。固定资产的增加、减少以及原值和累计折旧的调整、折旧计提等数据都要通过记账凭证的形式传输到总账系统,同时,通过"对账"保持固定资产系统与总账系统的账目平衡。与账务系统接口是判断参数,可以修改。包括制单的方式、制单对应的科目、与总账系统对账的科目、对账方式等选择,操作结果如图 6-2-6 所示。

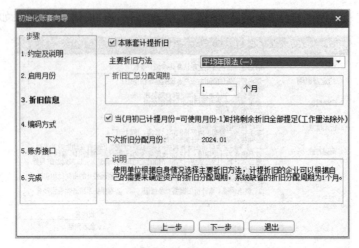

图 6-2-4 初始化账套——折旧信息

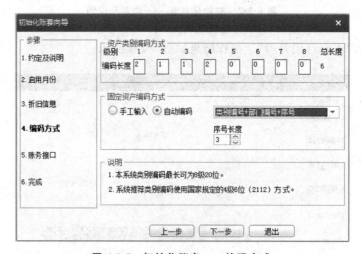

图 6-2-5 初始化账套——编码方式

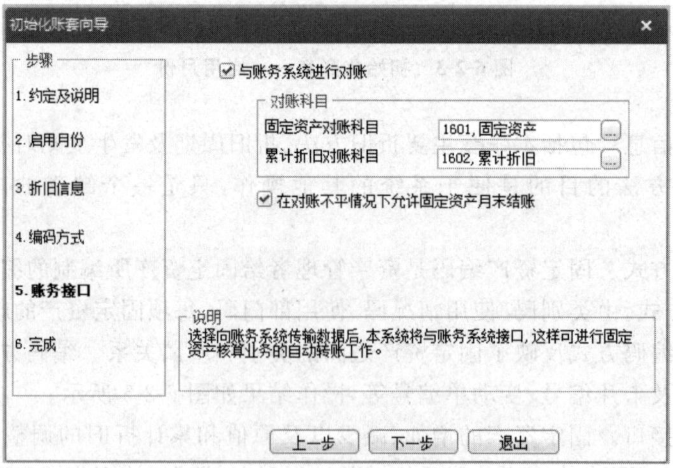

图 6-2-6 初始化账套——账务接口

第六步：完成参数设置。操作结果如图 6-2-7 所示。

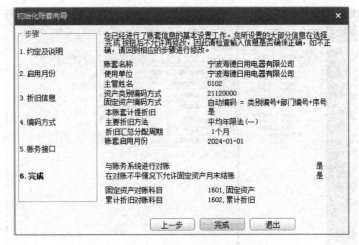

图 6-2-7　初始化账套——完成

单击"完成"按钮，系统提示是否保存新账套设置，如图 6-2-8 所示。单击"是"按钮，完成初始化，结果如图 6-2-9 所示，单击"确定"按钮。

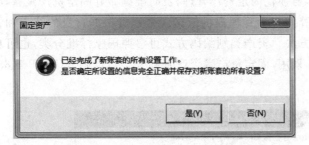

图 6-2-8　保存固定资产初始化设置

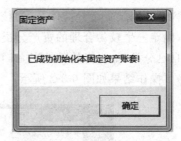

图 6-2-9　固定资产初始化完成

任务三　固定资产账套初始设置

一、基础设置

固定资产管理系统基础设置工作主要包括部门对应折旧科目设置、类别设置、使用状况定义、折旧方法定义、增减方式定义、卡片项目定义、卡片样式定义等，这是固定资产管理系统运行的基础，通过初始化设置，可将一个通用的固定资产管理软件变为单位的专用固定资产管理系统。

1. 部门对应折旧科目

固定资产计提折旧后必须把折旧归入成本或费用，根据不同使用者的具体情况按部门或按类别归集。当按部门归集折旧费用时，某一部门所属的固定资产折旧费用将归集到一个比较固定的科目，所以部门对应折旧科目设置就是给部门选择一个折旧科目，录入卡片时，该科目自动显示在卡片中，不必一个一个输入，可提高工作效率。然后在生成部门折旧分配表时每一部门按折旧科目汇总，生成记账凭证，操作结果如图 6-3-1 所示。

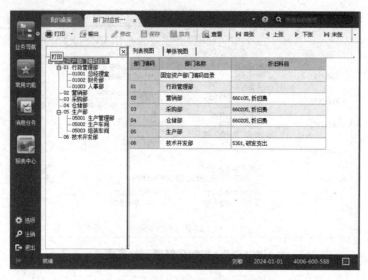

图 6-3-1　部门对应折旧科目设置

2．资产类别

固定资产的种类繁多，规格不一，要强化固定资产管理，及时准确做好固定资产核算，必须建立科学的固定资产分类体系，为核算和统计管理提供依据。企业可根据自身的特点和管理要求，确定一个较为合理的资产分类方法。资产类别编码方式可参照国家标准分类，也可根据需要自己分类，如没有特殊情况，推荐采用《固定资产等资产基础分类与代码》(GB/T 14885—2022)。操作结果如图 6-3-2 所示。

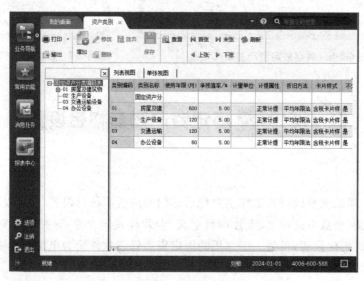

图 6-3-2　资产类别设置

3．增减方式

增减方式包括增加方式和减少方式两类。增加的方式主要有直接购入、投资者投入、捐赠、盘盈、在建工程转入、融资租入。减少的方式主要有出售、盘亏、投资转出、捐赠转出、报废、毁损、融资租出、拆分减少等。

4. 使用状况

从固定资产核算和管理的角度，需要明确资产的使用状况，一方面可以正确地计算和计提折旧，另一方面便于统计固定资产的使用情况，提高资产的利用效率。使用状况有使用中、在用、季节性停用、经营性出租、大修理停用、未使用、不需用等。

5. 折旧方法

折旧方法设置是系统自动计算折旧的基础。系统给出了常用的五种方法：不提折旧、平均年限法（一和二）、工作量法、年数总和法、双倍余额递减法。如果这几种方法不能满足企业的使用需要，可以定义适合自己的折旧方法的名称和计算公式。

6. 卡片项目和样式

卡片项目是固定资产卡片上显示的用来记录资产资料的栏目，如原值、资产名称、使用年限、折旧方法等卡片最基本的项目，也可以自定义卡片项目。

卡片样式是指卡片的整个外观，包括其格式（是否有表格线、对齐形式、字体大小、字形等）、所包含的项目和项目的位置。不同的企业所设的卡片的样式可能不同，同一企业对不同的资产，企业管理的内容和侧重点也可能不同，所以系统提供卡片样式定义功能，增大灵活性。

二、初始数据录入

初始数据录入即录入原始卡片，原始卡片是指卡片记录的资产开始使用日期的月份先于其录入系统的月份，即已使用过并已计提折旧的固定资产卡片。在使用固定资产系统进行核算前，必须将原始卡片资料录入系统，保持历史资料的连续性。原始卡片的录入不限制必须在第一个期间结账前，任何时候都可以录入原始卡片。

微课：原始卡片输入：建立固定资产台账

业务举例：详见本项目"工作情景描述"中案例企业固定资产资料。

案例中的固定资产是从 2019 年 12 月 20 日开始使用，2024 年 1 月 1 日录入系统，则该卡片是原始卡片，该卡片应通过"录入原始卡片"功能录入系统。

从"卡片"菜单中选择"录入原始卡片"选项，显示资产类别参照窗口，从中选择要录入的卡片所属的资产类别，双击选中的资产类别或单击"确定"按钮，显示"固定资产卡片"窗口，可在此录入或参照选择各项目的内容。操作结果如图 6-3-3 所示。

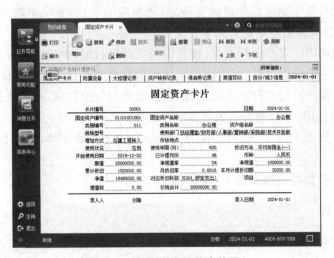

图 6-3-3　固定资产原始卡片录入

任务四 固定资产业务处理

一、固定资产子系统的业务流程及数据流程

1. 固定资产核算系统的业务流程

固定资产核算的内容可分为固定资产增减变动的核算与固定资产折旧的核算两个方面。在手工会计核算中,固定资产的明细分类核算是通过设置"固定资产卡片"和"固定资产登记簿"进行的。

根据固定资产增减变动原始凭证,登记固定资产卡片和固定资产明细账。

根据固定资产卡片和明细账,分析计算固定资产折旧,编制固定资产折旧计算表。

根据固定资产增减变动原始凭证和折旧计算表编制记账凭证,据以登记固定资产总账。

固定资产子系统的业务流程如图 6-4-1 所示。

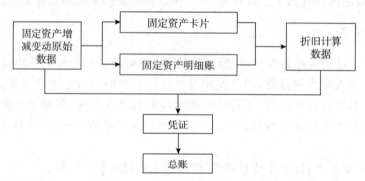

图 6-4-1 固定资产子系统的业务流程

2. 固定资产子系统的数据流程

（1）首次投入运行时,需要将企业所有固定资产卡片全部输入,建立固定资产卡片文件,形成基础数据。

（2）系统启用后发生固定资产增减变动时,将相应的卡片、变动单输入系统,生成固定资产增加减少变动文件,并更新固定资产卡片文件。

（3）根据月初的固定资产卡片文件,按设定公式计提折旧,生成固定资产折旧文件。

（4）根据固定资产折旧文件、固定资产增加减少变动文件自动生成凭证并转入总账系统。

（5）根据固定资产折旧文件分类统计、汇总折旧费用分配数据,将该数据传送到成本核算系统供计算成本时使用,并为报表系统提供数据服务。

（6）根据固定资产卡片文件,折旧文件,增加、减少、变动文件,编制固定资产各类统计报表。

固定资产子系统数据流程如图 6-4-2 所示。

二、日常业务处理

固定资产子系统的日常处理包括资产增减、资产变动、资产评估、减值准备、资产盘点、折旧处理、凭证处理等。

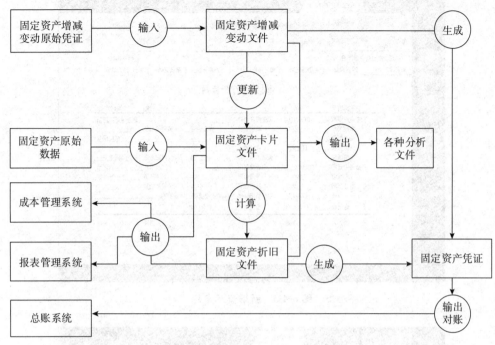

图 6-4-2 固定资产子系统数据流程

（一）资产增加

1. 资产增加操作

资产增加操作也称"新卡片录入"，与"原始卡片录入"相对应。在日常使用过程中，可能会购进或通过其他方式增加企业资产，该部分资产通过"资产增加"操作录入系统。资产通过哪种方式录入，在于资产的开始使用日期，只有当开始使用日期的期间与录入的期间相等时，才能通过资产增加录入。

微课：资产增加：新增固定资产

原值录入的一定要是卡片录入月月初的价值，否则将会出现计算错误。

如果录入的累计折旧、累计工作量不是零，说明是旧资产，该累计折旧或累计工作量是在进入本企业前的值。

已计提月份必须严格按照该资产在其他单位已经计提或估计已计提的月份数，不包括使用期间停用等不计提折旧的月份，否则不能正确计算折旧。

业务举例：详见本项目"工作情景描述"中案例企业固定资产业务资料。

操作步骤如下。

单击"卡片"菜单中的"资产增加"选项。选择要录入的卡片所属的资产类别，先选择资产类别是为了确定卡片的样式。确定后显示单张卡片编辑窗口，进行资产增加录入，操作结果如图 6-4-3 所示。

保存卡片后，单击"凭证"按钮，生成凭证，如图 6-4-4 所示。凭证也可以在"凭证处理"菜单的"批量制单"中生成。

2. 采购资产

同时使用采购管理系统和固定资产系统时，采购系统中业务类型为固定资产采购的入库单，结算后可以传到本系统结转生成卡片，该部分操作称作"采购资产"，也称"采购资产卡片录

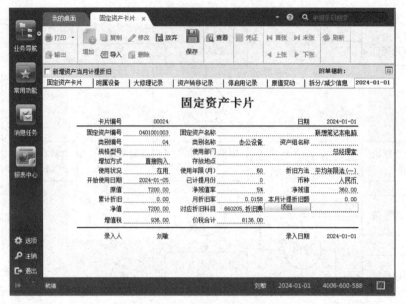

图 6-4-3　新增资产卡片

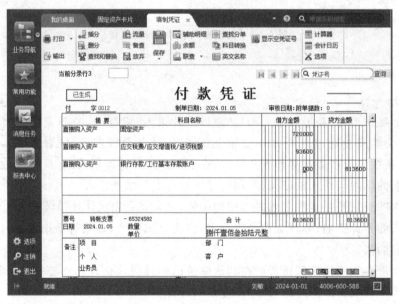

图 6-4-4　新增资产的凭证

入",此业务将在项目九业务中介绍。

(二) 资产减少

资产在使用过程中,总会由于各种原因,如毁损、出售、盘亏等,退出企业,该部分操作称为"资产减少"。

1. 资产减少操作

业务举例:详见本项目"工作情景描述"中案例企业固定资产业务资料。

操作步骤如下。

单击"资产处置"菜单中的"资产减少"选项,打开"资产减少"窗口,选择要

微课:固定资产减少及折旧计提

减少的资产,输入"清理收入"和"清理费用",单击"确定"按钮减少资产,操作结果如图6-4-5所示。

图6-4-5 资产减少

2. 查询已减少的资产

根据会计档案管理规定,原始单据要保留一定时间供查阅,只有过了该期间的才可以销毁。系统对已减少的资产的卡片提供查阅,并且在选项中用户可以定义从系统中将这些资料完全删除的时限。在"卡片管理"窗口中,从卡片列表上边的下拉框中选择"已减少资产",则列示的是已减少的资产集合,双击任一行,可查看该资产的卡片,操作结果如图6-4-6所示。

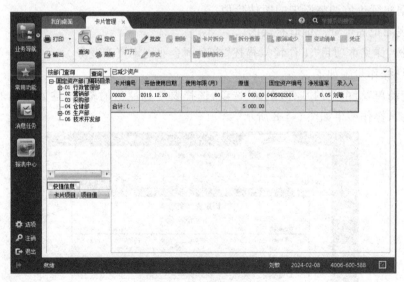

图6-4-6 查询已减少的资产

3. 撤消已减少资产

资产减少的恢复是一个纠错的功能,当月减少的资产可以通过本功能恢复使用。通过资产减少的资产只有在减少的当月可以恢复,选中已减少的资产,单击"撤消减少"按钮,操作结果如图6-4-7所示。

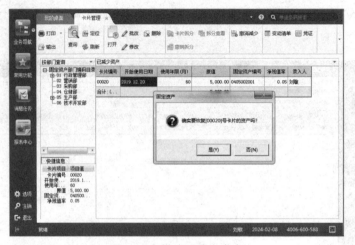

图 6-4-7　撤消已减少资产

（三）资产变动

因为资产发生原值变动、部门转移、使用状况调整、折旧方法调整、累计折旧调整、净残值（率）调整、工作总量调整、使用年限调整、类别调整、计提减值准备、转回减值准备、增值税调整、资产评估，需制作变动单或评估单，该部分主要是制作变动单和评估单的操作。

1. 原值增加或减少

资产在使用过程中，发生下列情况，价值会引起变动。

（1）根据国家规定对固定资产重新估价。

（2）增加补充设备或改良设备。

（3）将固定资产的一部分拆除。

（4）根据实际价值调整原来的暂估价值。

（5）发现原记固定资产价值有误的。

业务举例：详见本项目"工作情景描述"中案例企业固定资产业务。

原值增加操作步骤如下。

单击"变动单"菜单中的"原值增加"选项，选择要增加原值的资产，输入增加的价值等，单击"保存"按钮，操作结果如图 6-4-8 所示。

图 6-4-8　固定资产原值增加

2. 部门转移

资产在使用过程中,因内部调配而发生的部门变动,通过部门转移功能实现。

业务举例:详见本项目"工作情景描述"中案例企业固定资产业务资料。

操作步骤如下:单击"变动单"菜单中的"部门转移"选项,选择要变动的资产,输入变动后的部门等,单击"确定"按钮,操作结果如图 6-4-9 所示。

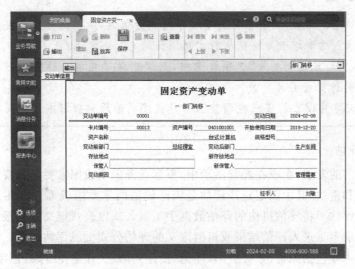

图 6-4-9　固定资产部门转移

3. 使用状况调整

资产在使用过程中,使用状况发生的变化,通过使用状况调整功能实现。

4. 折旧方法调整

资产在使用过程中,资产计提折旧所采用的折旧方法的调整通过折旧方法调整功能实现。

5. 累计折旧调整

资产在使用过程中,由于补提折旧或多提折旧需要调整已经计提的累计折旧,通过累计折旧调整功能实现。

6. 调整资产的使用年限

资产在使用过程中,资产的使用年限的调整通过使用年限调整功能实现。

7. 工作总量调整

使用工作量法计提折旧的资产在使用过程中发生的工作总量的变动通过工作总量调整功能实现。

8. 资产净残值(率)调整

资产在使用过程中,修改原来预计的净残值或净残值率通过净残值(率)调整功能实现。

9. 资产类别调整

资产在使用过程中,有可能因为企业调整资产分类或其他原因调整该资产所属类别,该操作通过资产类别调整功能实现。

10. 增值税调整

资产在使用过程中,增值税的变动通过增值税调整功能实现。

11. 位置调整

资产在使用过程中,使用部门没有变动,仅存放位置发生变化时,可通过位置变动功能实现。

12. 保管人调整

资产在使用过程中,使用部门没有变动,仅保管人发生变化时,可通过保管人变动功能实现。

> **知识点拓展**
>
> (1) 变动单不能修改,只有当月的变动单可删除重做,所以请仔细检查后再保存。
> (2) 当月录入的新增卡片不能执行本功能。
> (3) 若"本变动单当期生效"选项被选中,则该变动单在本月计提折旧时生效;反之,该变动单在下月计提折旧时生效。
> (4) 按折旧方法调整的资产在调整的当月就按调整后的折旧方法计提折旧。

(四) 资产评估

随着市场经济的发展,企业在经营活动中,根据业务需要或国家要求需要对部分资产或全部资产进行评估和重估,其中固定资产评估是资产评估的重要组成部分。在系统中将固定资产评估简称资产评估。将评估机构的评估数据手工录入或以公式定义方式录入系统中。

根据国家要求手工录入评估结果或根据定义的评估公式生成评估结果。资产评估功能提供可评估的资产内容包括原值、累计折旧、净值、使用年限、工作总量、净残值率。

(五) 减值准备

1. 减值准备期初

在系统启用之前,对于原始卡片,通常已经计提固定资产减值准备,而且这些减值准备都已经记账,因此需要在系统中录入固定资产减值准备的期初金额,以便进行正确的统计查询。由于这些减值准备已经登记账簿,所以不需要再记账。

2. 计提减值准备

企业应当在期末至少每年年度终了,对固定资产逐项进行检查,如果由于市价持续下跌,或技术陈旧等原因导致其可回收金额低于账面价值的,应当将可回收金额低于账面价值的差额作为固定资产减值准备。固定资产减值准备按单项资产计提。

如果需要按资产组计提减值准备,应先选中"按资产组计提减值准备",再输入资产组编号,系统自动带出资产组名称、原值、累计折旧及累计减值准备金额等信息。

3. 转回减值准备

如已计提的固定资产价值又得以恢复,应在原已计提的减值准备范围内转回。

(六) 资产盘点

企业要定期对固定资产进行清查,至少每年清查一次,清查通过盘点实现。本系统将固定资产盘点简称资产盘点,是在对固定资产进行实地清查后,将清查的实物数据录入固定资产系统与账面数据进行比对,并由系统自动生成盘点结果清单的过程。

企业进行资产的盘点之后,要对盘盈盘亏结果进行审核。

(七) 折旧处理

自动计提折旧是固定资产系统的主要功能之一。系统每期计提折旧一次,根据录入系统的卡片自动计算每项资产的折旧,并自动生成折旧分配表,然后制作记账凭证,将本期的折旧费用自动登账。

业务举例：详见本项目"工作情景描述"中案例企业固定资产业务资料。

计提折旧操作步骤如下：单击"折旧计提"菜单中的"计提本月折旧"选项，出现计提折旧提示，操作结果如图 6-4-10 所示。单击"是"按钮，操作结果如图 6-4-11 所示。单击"是"按钮，出现折旧清单，操作结果如图 6-4-12 所示。

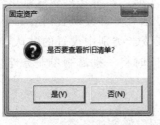
图 6-4-10 计提折旧提示(1)

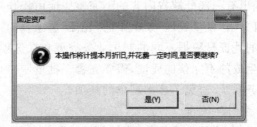
图 6-4-11 计提折旧提示(2)

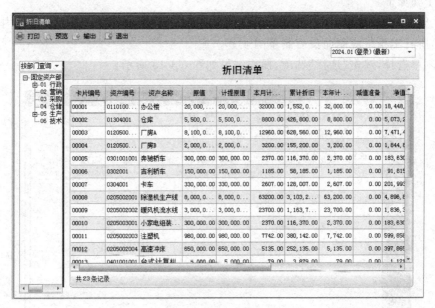
图 6-4-12 折旧清单

知识点拓展

在一个期间内可以多次计提折旧，每次计提折旧后，只是将计提的折旧累加到月初的累计折旧，不会重复累计。

如果上次计提折旧已制单把数据传递到账务系统，则必须删除该凭证，才能重新计提折旧。

计提折旧后又对账套进行了影响折旧计算或分配的操作，必须重新计提折旧，否则系统不允许结账。

如果自定义的折旧方法月折旧率或月折旧额出现负数，自动中止计提。

（八）凭证处理

固定资产系统向总账系统传递记账凭证，系统需要制作记账凭证的情况包括资产增加（录入新卡片)、资产减少、卡片修改(涉及原值或累计折旧时)、资产评估(涉及原值或累计折旧变化时)、原值变动、累计折旧调整、计提减值准备调整、转回减值准备调整、增值税调整、折旧分配等业务。如在选项设置中设置了"业务发生后立即制单",则在资产增加(录入新卡片)、资产减少、卡片修改(涉及原值或累计折旧时)、资产评估(涉及原值或累计折旧变化时)、原值变动、累计折旧调整、计提减值准备调整、转回减值准备调整、增值税调整、折旧分配等业务完成后,自动调出有一部分缺省内容的不完整凭证由操作员完成。如果在选项设置没有选择立即制单,则可单击"批量处理"菜单中的"凭证"选项,屏幕显示有一部分缺省内容的不完整凭证,窗口显示的凭证是根据不同的制单业务类型和在选项或资产类别中设置的默认资产科目、折旧科目等生成的不完整的凭证,需要完善。批量制单可同时将一批需制单业务连续制作凭证传输到账务系统,避免了多次制单的烦琐。

1. 批量制单操作

业务举例:详见本项目"工作情景描述"中案例企业固定资产业务资料。

操作步骤如下。

单击"凭证处理"菜单中的"批量制单"选项,显示"批量制单"窗口,表中列示的内容是直至本次制单,所有本系统应制而没有制单的业务。

进行制单选择,双击"选择"选项,操作结果如图 6-4-13 所示。

图 6-4-13 批量制单选择

然后单击"制单设置"页签,切换到"制单设置"窗口,输入缺省的借贷方科目和金额,单击凭证,单击"保存"按钮,操作如图 6-4-14 所示。然后单击"凭证"按钮,生成凭证,操作如图 6-4-15 所示。

批量制单时,对方科目为外币辅助核算。制单不合并时,将卡片、变动单上的汇率带入凭证中;制单合并时,根据显示的本位币金额、外币金额自动计算汇率显示凭证中。

2. 修改、删除凭证

本系统制作的传送到总账系统的凭证的修改和删除只能在本系统中完成,总账系统无权删除和修改本系统制作的凭证。

当修改已制单的原始单据中的有关金额时(如修改卡片的原值或累计折旧、修改评估单使原值或累计折旧的评估前后差额发生变化),本系统限制不能无痕迹修改该单据,必须对凭证做相

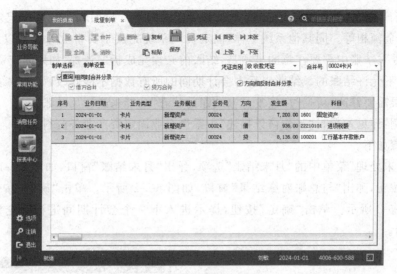

图 6-4-14　批量制单设置

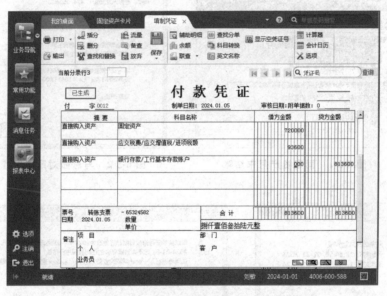

图 6-4-15　资产增加凭证

应的处理,如删除或做红字对冲后,才允许修改。如果要删除已制作凭证的卡片、变动单、评估单,或重新计提、分配折旧,进行资产减少的恢复等操作,必须先删除相应的凭证,否则系统禁止这些操作。修改本系统的凭证时,能修改的内容仅限于摘要、由用户增加的分录、系统缺省的分录的折旧科目,系统缺省的分录的金额是与原始单据相关的,不能修改。

任务五　固定资产业务期末处理

固定资产系统在结账之前,应该保证固定资产系统所记录的固定资产价值和总账系统中固定资产有关科目的数值相等,即固定资产账套所记录的固定资产原值和总账系统记录的

"1601固定资产"账户金额相等,固定资产账套所记录的累计折旧和总账系统记录的"1602累计折旧"账户金额相等。同其他系统一样,固定资产系统完成了日常业务处理以后,要进行月末结账。在月末结账中需要注意的事项是,结账前必须完成折旧计提,如果固定资产没有计提折旧,系统是不允许结账的。结账以后本会计期间的所有数据不能修改,如果在结账后发现会计数据有错误需要修改,可通过"恢复月末结账前状态"功能来进行反结账。

业务举例:详见本项目"工作情景描述"中案例企业固定资产业务资料。

操作步骤如下。

单击"月末处理"菜单中的"月末结账"选项,弹出"月末结账"窗口,如图6-5-1所示。单击"开始结账"按钮,弹出"与总账对账结果"窗口,如图6-5-2所示。单击"确定"按钮,显示结账成功,如图6-5-3所示。单击"确定"按钮,提示进入下一个会计期间进行固定资产业务,如图6-5-4所示。

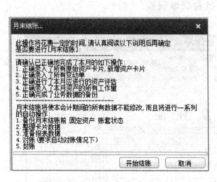

图6-5-1 固定资产月末结账

图6-5-2 与总账对账结果

图6-5-3 固定资产月末结账成功

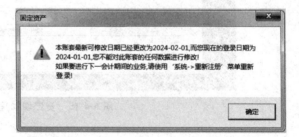

图6-5-4 进入下一个会计期间进行固定资产业务

思考题

1. 在计算机系统中,固定资产是如何计提折旧的?
2. 固定资产管理子系统进行折旧处理时需注意哪些问题?

数智价值导航

购进固定资产进项税额处理历史沿革

2008年11月5日,国务院修订了《中华人民共和国增值税暂行条例》,决定在全国范围内实施转型改革。伴随增值税转型的改革，纳税人固定资产进项税抵扣的处理也发生变化，增值税转型改革允许企业抵扣新购入设备所含的增值税，同时取消进口设备免征增值税和外商投资企业采购国产设备增值税退税政策，有利于促进企业技术进步，推动企业经济的发展。

(1) 自2009年1月1日起，增值税一般纳税人外购的用于生产经营的固定资产(有形动产，作为纳税人自用消费品的汽车、摩托车、游艇除外)，其进项税额可以抵扣。

(2) 自2013年8月1日起，纳税人购进应征消费税的汽车、摩托车、游艇自用，可以抵扣购进时的增值税进项税额。

(3) 2016年5月1日后取得并在会计制度上按固定资产核算的不动产，以及2016年5月1日后取得的不动产在建工程，其进项税额应按照有关规定分2年从销项税额中抵扣，第一年抵扣比例为60%，第二年抵扣比例为40%。

(4) 自2019年4月1日起，纳税人取得不动产或者不动产在建工程的进项税额不再分2年抵扣。

(5) 固定资产一次性扣除的政策：财政部规定企业在2018年1月1日—2023年12月31日期间新购进的设备、器具，单位价值不超过500万元的，允许一次性计入当期成本费用在计算应纳税所得额时扣除，不再分年度计算折旧，税务汇算清缴时的一次性扣除，不需要企业在财务账面体现的，只是计提的时候，财务账面计提折旧，年终汇算清缴时再调整应纳税所得额。既然税法规定一次性税前扣除，就不要留残值了，否则会计处理和税务处理还产生差异。

拓展阅读

如何利用固定资产模块实现无形资产摊销

无形资产需要在固定资产模块通过卡片进行管理，怎样操作呢？解决方案如下。

(1) 单击"固定资产"→"设置"→"选项"→"与账务系统接口"选项，勾选"按资产类别设置折旧科目"和"按资产类别设置缺省科目"，"固定资产对账"科目选择"无形资产"，"累计折旧对账"科目选择"累计摊销"。

(2) 单击"固定资产"→"设置"→"资产类别"选项，增加无形资产类别，勾选"新增资产当月计提折旧"复选框，维护固定资产缺省入账科目为"无形资产"科目，累计折旧缺省入账科目为"累计摊销"科目，减值准备缺省入账科目为"无形资产减值准备"科目，固定资产对应折旧科目为费用类科目。

(3) 录入固定资产卡片，"资产类别"选择"无形资产"，注意勾选"新增资产当月计提折旧"复选框。

(4) 计提本月摊销，单击"折旧计提"→"计提本月折旧"选项。

注意：若卡片上维护了无形资产对应折旧科目，但计提本月摊销生成的凭证没有带出摊销科目，可以在折旧分配表里单击修改并切换成按部门、按类别分配，刷新数据。

(5) 生成凭证，在"凭证处理"→"批量制单"中选中制单记录，单击制单设置，维护好对应科目后单击凭证，将凭证保存即可。

项目七 报表管理系统应用

知识目标

1. 了解报表管理系统的功能结构及数据来源,知道报表管理系统的基本结构、基本术语。
2. 描述报表格式、计算公式和审核公式的设置方法,掌握定义关键字的作用与方法。
3. 掌握报表生成,报表审核的原理及方法,掌握输出报表操作。

能力目标

1. 能运用模板并根据账簿数据生成资产负债表、损益表和现金流量表。
2. 能根据企业实际工作需要,设计适用的财务报表,并根据账簿数据生成报表。

素养目标

1. 具备实事求是、严谨务实的工作态度。
2. 具备一定的数据分析能力。
3. 具备适应新技术和工具的能力。

工作情景描述

月末,财务部门要编制报表,由总账会计根据模板设置报表格式,编制资产负债表、利润表和现金流量表,另外,总经理室需要公司各部门管理费用的数据,总账会计根据自定义报表模板,编制管理费用明细表,报表经财务主管审核后,报送总经理室。

本项目案例企业资料如下。

企业报表资料

编制宁波海德日用电器有限公司管理费用明细表,见表7-0-1。

表7-0-1　宁波海德日用电器有限公司管理费用明细表

2024年1月31日　单位:元

项　目	总经理室	财务部	人事部	采购部	仓储部	技术开发部	小计
职工薪酬							
办公费							
业务招待费							
差旅费							

续表

项　目	总经理室	财务部	人事部	采购部	仓储部	技术开发部	小计
折旧费							
研发费用							
小　计							

制表人：

任务一　认识报表管理系统

报表管理系统是 ERP 系统中的一个独立的子系统,它为企业内部各管理部门及外部相关部门提供综合反映企业一定时期财务状况、经营成果和现金流量的会计信息。

一、报表管理系统概述

报表管理系统既可编制对外报表,又可编制各种各样的内部报表。它的主要任务是设计报表的格式和编制公式,从总账系统或其他业务系统中取得有关会计信息,自动编制各种会计报表,对报表进行审核、汇总,生成各种分析图,并按预定格式输出各种会计报表。

报表管理系统是一个综合性较强的相对独立的系统,通过编制会计报表,能够对单位核算的结果作出概括性说明。报表管理系统的数据来源于账务处理系统和其他各单项核算系统的有关会计信息,与其他核算子系统有着复杂而紧密的关系。所以,必须在做好日常核算工作的基础上,才能充分发挥报表管理系统的作用。

用友 UFO 报表是报表事务处理的工具,与总账等各系统之间有完善的接口,是真正的三维立体表,提供了丰富的实用功能,完全实现了三维立体表的四维处理能力。

二、报表管理系统的主要功能

用友 UFO 报表管理系统具有文件管理、格式管理、数据处理、图形、打印、二次开发等功能,并提供各行业报表模板。

(1) 文件管理功能：UFO 报表提供了创建新文件、打开已有的文件、保存文件、备份文件的文件管理功能,并且能够进行不同文件格式的转换。UFO 报表的文件可以转换为 Access 文件、MS Excel 文件、Lotus1-2-3 文件、文本文件、XML 格式文件、HTML 格式文件。文件管理器,以类似 Windows 资源管理器的风格,将 UFO 的文件统一管理,同时支持按预先设置的邮件地址将相应文件发送到对应邮件地址。

(2) 格式管理功能：UFO 报表提供了丰富的格式设计功能。例如,设置表尺寸、画表格线(包括斜线)、调整行高列宽、设置字体和颜色等,可以制作符合各种要求的报表。并且内置了 11 种套用格式和 21 个行业的标准财务报表模板,可以轻轻松松制表。

(3) 数据处理功能：UFO 报表以固定的格式管理大量不同的表页,能将多达 99 999 张具有相同格式的报表资料统一在一个报表文件中管理,并且在每张表页之间建立有机的联系。此外,还提供了排序、审核、舍位平衡、汇总功能；提供了绝对单元公式和相对单元公式,可以方便、迅速地定义计算公式；提供了种类丰富的函数,可以从总账、应收、应付、薪资、固定资产、销售、采购、库存等模块中提取数据,生成财务报表。

（4）图形功能：UFO报表提供了很强的图形分析功能，可以很方便地进行图形数据组织，制作包括直方图、立体图、圆饼图、折线图等10种图式的分析图表。可以编辑图表的位置、大小、标题、字体、颜色等，并打印输出图表。

（5）打印功能：报表和图形以及插入对象都可以打印输出，提供"打印预览"，可以随时观看报表或图形的打印效果。打印报表时，可以设置财务表头和表尾，可以打印格式或数据，可以在0.3~3倍缩放打印，可以横向或纵向打印等。

（6）二次开发功能：提供批命令和自定义菜单，自动记录命令窗中输入的多个命令，可将有规律性的操作过程编制成批命令文件。提供了Windows风格的自定义菜单，综合利用批命令，可以在短时间内开发出本企业的专用系统。

（7）支持多窗口操作：采用亲切友好的图形界面，界面设计和操作流程符合Windows习惯，使用过Windows的用户将很容易掌握UFO报表操作。支持多个窗口同时显示和处理，可同时打开的文件和图形窗口多达40个，并有拆分窗口功能，可以将报表拆分为多个窗格，便于同时显示报表的不同部分。

（8）提供各行业报表模板：提供了多个行业的标准财务报表模板，可以轻松生成复杂报表。提供自定义模板的新功能，可以根据本单位的实际需要定制模板。

报表管理的工作过程基本可以分为报表的格式和公式设置，报表的数据处理，报表输出。

三、报表管理数据流程

在信息化下，报表管理数据处理流程如图7-1-1所示。

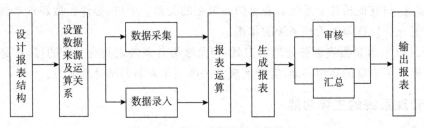

图 7-1-1　报表管理数据处理流程

（1）设置报表的结构格式，形成报表结构格式文件。
（2）将报表数据来源和运算关系输入计算机。
（3）根据报表数据来源的规定，从账务处理等系统中采集有关数据，同时根据需要通过键盘输入有关数据，经运算处理后生成报表文件。
（4）根据报表文件，输出各种报表（如利润表、资产负债表等）。

微课：轻松编制报表

四、报表结构与基本术语

1. 报表结构

简单表的格式一般由标题、表头、表体和表尾四个基本要素组成。

（1）标题。用来描述报表的名称。报表的标题可能不止一行，有时会有副标题、修饰线等内容。

（2）表头。用来描述报表的编制单位名称、日期等辅助信息和报表栏目。特别是报表的表头栏目名称，是表头的最主要内容，它决定报表的纵向结构、报表的列数以及每一列的宽度。

有的报表表头栏目比较简单，只有一层，而有的报表表头栏目却比较复杂，需分若干层次。

（3）表体。表体是报表的核心，决定报表的横向组成。它是报表数据的表现区域，是报表的主体。表体在纵向上由若干行组成，这些行称为表行；在横向上，每个表行又由若干个栏目构成，这些栏目称为表列。

（4）表尾。表尾是指表体以下进行辅助说明的部分以及编制人、审核人等内容。

2. 基本术语

（1）格式状态和数据状态。报表系统将含有数据的报表分为两大部分来处理，即报表格式设计工作与报表数据处理工作。报表格式设计工作和报表数据处理工作是在不同的状态下进行的。实现状态切换的是一个特别重要的选项——"编辑"菜单中的"格式/数据状态"选项，选择这个选项可以在设计格式状态和处理数据状态之间切换。

① 格式状态。在格式状态下设计报表格式，如表尺寸、行高列宽、单元属性等。可以定义报表的三类公式，即单元公式（计算公式）、审核公式、舍位平衡公式。在格式状态下所做的操作对本报表所有的表页都发生作用。在格式状态下不能进行数据的录入、计算等操作。

② 数据状态。在数据状态下处理报表数据。主要进行数据输入、增加或删除表页、报表审核数据舍位平衡、做图形、汇总等。在数据状态下不能修改报表的格式。

（2）单元、单元属性及单元类型：报表中由表行和表列确定的方格称为单元。单元是组成报表的最小单位，单元名用所在行和列的坐标表示。单元属性包括单元类型、对齐方式、字体颜色、表格边框等。单元类型有数值型、字符型和表样型。

① 数值单元是报表的数据，在数据状态下（格式/数据按钮显示为"数据"时）输入。数值单元的内容可以是 $1.7*(10E-308)\sim1.7*(10E+308)$ 的任何数（15 位有效数字），数字可以直接输入或由单元中存放的单元公式运算生成。

② 字符单元是报表的数据，在数据状态下（格式/数据按钮显示为"数据"时）输入。字符单元的内容可以是汉字、字母、数字及各种键盘可输入的符号组成的一串字符，一个单元中最多可以输入 31 个汉字、数字、英文字母、标点符号等。字符单元的内容也可由单元公式生成。

③ 表样单元是报表的格式，是定义一个没有数据的空表所需的所有文字、符号或数字。一旦单元被定义为表样，那么在其中输入的内容对所有表页都有效。表样在格式状态下（格式/数据按钮显示为"格式"时）输入和修改，在数据状态下（格式/数据按钮显示为"数据"时）不允许修改。

格式状态如图 7-1-2 所示，屏幕显示为格式下的情形，此时用户看到的没有数据的空表内容就是表样。单击"格式/数据"按钮切换到数据状态后，屏幕如图 7-1-3 所示，这时可以看到表中显示的数据。这个资产负债表中的"年初数"和"期末数"两列所包含的单元就是数值单元。

（3）区域。区域也叫块，是由一组相邻的单元组成的矩形块。最大的区域是一个表页的所有单元（整个表页），最小的区域是一个单元。区域一般用起点单元和终点单元来表示，中间用"："连接，例如，单元 B2 到单元 D4 的矩形区域可以用"B2:D4"来表示。

（4）组合单元。由同行（或同列）相邻的两个或两个以上的单元组成的区域，这些单元必须是同一种单元类型（表样、数值、字符）。系统在处理报表时将组合单元视为一个单元。可以组合同一行相邻的几个单元，可以组合同一列相邻的几个单元，也可以把一个多行多列的平面区域设为一个组合单元。组合单元的名称可以用区域的名称或区域中的单元的名称来表示。例如，把 B2 到 B4 定义为一个单元，这个组合单元可以用"B2、B3、B4"或"B2：B4"表示。

图 7-1-2　格式状态　　　　图 7-1-3　数据状态

(5) 表页。一个 UFO 报表最多可容纳 99 999 张表页。一个报表中的所有表页具有相同的格式,但是其中的数据不同。表页在报表中的序号在表页的下方以标签的形式出现,称为"页标"。页标用"第 1 页~第 99 999 页"表示。

(6) 关键字。关键字是游离于单元之外的特殊数据单元,可以唯一标识一个表页,用于在大量表页中快速选择表页。通过对表页中定义关键字并对其取值,可以确定表页所反映的会计主体和会计期间,报表的单元公式也是根据每张表页的关键字取值来确定公式中变量的值,从而采集相应会计期间会计数据的。

(7) 二维表、三维表和四维表:报表中确定某一数据位置的要素称为"维",按照确定数据位置所需的要素数量,可以把报表分为二维表、三维表和四维表。如果将一张有方格的纸称为表,那么这个表就是二维表,通过行(横轴)和列(纵轴)可以找到这个二维表中的任何位置的数据。如果将多个相同的二维表叠在一起,找到某一个数据的要素需增加一个,即表页号(Z轴)。这一叠表称为一个三维表。

如果将多个不同的三维表放在一起,要从这多个三维表中找到一个数据,又需增加一个要素,即表名。三维表中的表间操作即称为"四维运算"。

任务二　编制自定义报表

定义一张报表,首先应该定义报表数据的载体——报表格式。不同的报表,格式定义的内容也会有所不同,但在一般情况下报表格式应该包括报表表样、单元类型及单元风格等内容。

业务举例:详见本项目"工作情景描述"中案例企业报表资料。

操作步骤:以账套主管林峰的身份登录企业应用平台,单击"业务导航"→"财务会计"→"UFO 报表"选项。

一、创建新表

在使用 UFO 报表系统处理会计报表之前,应首先启动 UFO 系统,并建立一张空白的报表,然后在这张空白报表的基础之上设计报表的格式。

启动:启动 UFO 报表。

创建报表文件：单击"文件"菜单中的"新建"选项，将自动创建一个空的报表文件，文件名显示在标题栏中(report1)，操作结果如图7-2-1所示。

二、设计表样

设计表样主要包括设计报表的表格、输入报表的表间项目及定义项目的显示风格、定义单元属性。通过设置报表表样可以确定整张报表的大小和外观。

报表表样设置的具体内容一般包括设置报表尺寸、画表格线、定义组合单元、定义单元属性、输入表间项目、设置关键字等。

1. 设置报表尺寸

设置表尺寸是指设置报表的行数和列数。

设置表尺寸操作步骤如下。

单击"格式"菜单中的"表尺寸"选项，弹出"表尺寸"窗口，在"行数"框中输入"12"，在"列数"框中输入"8"，单击"确认"按钮，操作结果如图7-2-2所示。

图 7-2-1　新建空表

图 7-2-2　定义报表尺寸

设置完报表的尺寸之后，还可以单击"格式"菜单中"插入"或"删除"选项增加或减少行或列来调整报表大小。

定义报表的行高和列宽操作步骤如下。

行高和列宽的定义，可以通过菜单操作，也可以直接利用鼠标指针拖动某行或某列来调整行高和列宽。

选定整张表，选择"格式"→"行高"选项，打开"行高"窗口，输入报表行高"8"，单击"确认"按钮，操作结果如图7-2-3所示。选择"格式"→"列宽"选项，打开"列宽"窗口，输入报表列宽"20"，单击"确认"按钮，操作结果如图7-2-4所示。

图 7-2-3　定义行高

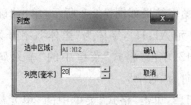

图 7-2-4　定义列宽

2. 画表格线

设置完报表的尺寸,在数据状态下,该报表是没有任何表格线的,所以为了满足查询和打印的需要,还需要画上表格线。画好的表格线在格式状态下变化并不明显。操作完成后,可以在数据状态下查看效果。

画表格线操作步骤如下:选择一个区域,如 A3:G11 区域,单击"格式"菜单中的"区域画线"选项,弹出"区域画线"窗口,选择"网线"单选项,单击"确认"按钮,操作结果如图 7-2-5 所示。

3. 定义组合单元

有些内容(如标题、编制单位、日期及货币单位等信息)可能在一个单元中容纳不下,所以为了实现这些内容的输入和显示,需要定义组合单元。

组合单元可以用该区域名或者区域中的任一单元名来加以表示。

组合单元实际上就是一个大的单元,所有针对单元的操作对组合单元均有效。

若所定义的组合单元取消,可以在"组合单元"窗口中,单击"取消组合"按钮实现。

设置组合单元操作步骤如下:按需要选择一定区域,如 A1:H1 区域,单击"格式"菜单中的"组合单元"选项,将弹出"组合单元"窗口,单击"整体组合"按钮。操作结果如图 7-2-6 所示。

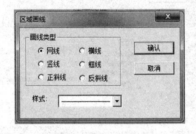
图 7-2-5　区域画线

图 7-2-6　组合单元

4. 定义单元属性

单元属性主要是指单元类型、数字格式、边框样式等内容的设置。设置单元属性会使报表更符合阅读习惯,更加美观清晰。

(1) 设置单元属性操作步骤。

选中整张表,单击"格式"菜单中的"单元属性"选项,弹出"单元格属性"窗口,在"单元类型"中选择"数值"选项,在"格式"中选择"逗号"和"小数位数",操作结果如图 7-2-7 所示。

(2) 设置字体操作步骤。

选择单元 A2:H11,单击"格式"菜单中的"单元属性"选项,弹出"单元格属性"窗口,在"字体图案"页签中选择字体为"宋体",字号为"16";在"对齐"页签中选择水平方向为"居左",垂直方向为"居中",操作结果如图 7-2-8 所示,单击"确定"按钮。

同理设置单元 A1:H1,字体为"黑体",字号为"16",水平方向为"居中"。

选择单元 H2,单击"格式"菜单中的"单元属性"选项,在"对齐"页签中选择水平方向为"居右",垂直方向为"居中"。

选择单元 H12,单击"格式"菜单中的"单元属性"选项,在"字体图案"页签中选择字体为"宋体",字号为"12";在"对齐"页签中选择水平方向为"居右",垂直方向为"居下"。

项目七 报表管理系统应用

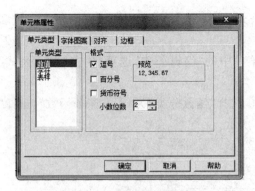

图 7-2-7 定义单元属性

图 7-2-8 定义字体

5. 输入表间项目

报表表间项目是指报表的文字内容,主要包括表头内容、表体项目和表尾项目等。

在输入报表项目时,编制单位、日期一般不需要输入,UFO 系统将其单独设置为关键字。输入表样文字,操作结果如图 7-2-9 所示。

6. 设置关键字

关键字在格式状态下定义,关键字的值则在数据状态下录入。

关键字(如年、月等)会随同报表数据一起显示,在定义关键字时,既要考虑编制报表的需要,又要考虑打印的需要。

关键字主要有:单位名称、单位编号、年、季、月、日六种。另外,还可以自定义关键字,即可以根据自己的需要设置相应的关键字。

设置关键字操作步骤如下。

组合单元 A2:D2,选中组合后的单元,单击"格式"菜单中的"关键字"选项,在下拉菜单中选择"设置"选项,弹出"设置关键字"窗口,选择"单位名称",单击"确认"按钮。

重复上述操作,分别选择单元 E2、F2、G2,设置关键字"年""月""日"。

单击"格式"菜单中的"关键字""偏移"选项,弹出"偏移关键字"窗口,输入"年"偏移量为"50","月"偏移量为"20",单击"确认"按钮,操作结果如图 7-2-10 所示。

图 7-2-9 管理费用明细表空表

图 7-2-10 定义关键字

三、编辑公式

在 UFO 表中,由于各种报表之间存在着密切的数据间的逻辑关系,所以报表中各种数据的采集、运算的钩稽关系的检测就用到不同的公式,这些公式主要有计算公式、审核公式和舍位平衡公式。

定义单元公式,选择单元B4,单击"格式"菜单中的"编辑公式"选项,单击"单元公式"按钮,弹出"定义公式"窗口。

单击"函数向导"按钮,打开"函数向导"窗口,选择"函数分类"为"用友账务函数",选择"函数名"为"发生(FS)"函数,操作结果如图7-2-11所示。

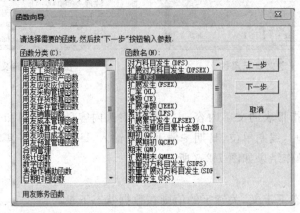

图7-2-11 利用函数向导录入公式(1)

单击"下一步"按钮,打开"用友账务函数"窗口。

单击"参照"按钮,打开"账务函数"窗口。系统显示:"账套号"默认,"会计年度"默认,"期间"默认为"月","方向"默认,将会计"科目"修改或选择为"660201(管理费用——职工薪酬)",在"辅助核算"下"部门编码"栏选择"总经理室",操作结果如图7-2-12所示。

单击"确定"按钮,返回"定义公式"窗口,操作结果如图7-2-13所示。

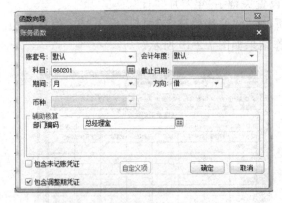

图7-2-12 利用函数向导录入公式(2)　　　　图7-2-13 定义公式框

单击"确认"按钮,单元B4公式定义完成。系统会自动在单元B4中显示"公式单元"字样,当光标停在该单元时,在工具栏显示该单元的计算公式。

重复上述步骤,完成单元B4:G10公式。

选择单元B11,选择"数据"→"编辑公式"→"单元公式"选项,在打开的"定义公式"窗口中输入数据公式"B4+B5+B6+B7+B8+B9+B10"。

复制单元B11公式,设置单元C11:G11公式。

选择单元 H4,选择"数据"→"编辑公式"→"单元公式"选项,在打开的"定义公式"窗口中输入数据公式"B4+C4+D4+E4+F4+G4"。

复制单元 H4 公式,设置单元 H5:H11 公式。

管理费用明细表公式设置完成状态如图 7-2-14 所示,单击"保存"按钮。

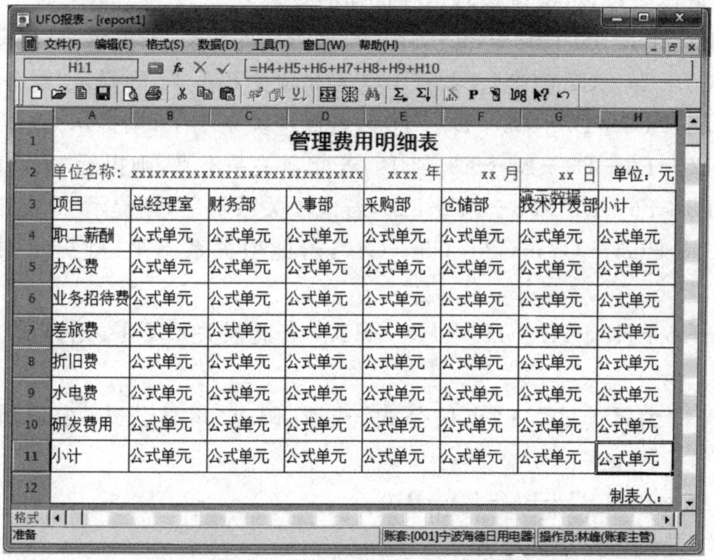

图 7-2-14 管理费用明细表格式状态

知识点拓展

在上述管理费用明细表中,单元 B5:G10 的公式也可以通过复制单元 B4,然后根据单元所对应的部门和项目修改。例如,设置单元 B5 的公式,可复制单元 B4 的公式,然后双击单元 B5,打开"定义公式"窗口,将公式中的部门编码"01001"修改为"01002",单元 B5 设置完成;单元 C4 的公式,可以把复制后公式中的科目编码"660201 管理费用——职工薪酬"修改为"660202 管理费用——办公费",其他单元同理。

在单元公式编辑框中输入的各种标点符号必须为英文半角状态输入的,否则会导致公式输入失败。

四、审核公式

报表中的各个数据之间一般都存在某种钩稽关系,利用这种钩稽关系可以定义审核公式,可以进一步检验报表编制的结果是否正确,审核公式可以检验表页中数据的钩稽关系,也可以验证同表不同表页的钩稽关系,还可以验证不同报表之间的数据钩稽关系。

审核公式由验证关系公式和提示信息组成,定义报表审核公式,首先要分析报表中各单元之间的关系,来确定审核关系,然后根据确定的审核关系定义审核公式。其中审核关系必须确定正确,否则审核公式会起到相反的效果,即由于审核关系不正确导致一张数据正确的报表被审核为错误,而编制报表者又无法修改。

在经常使用的各类财经报表中,每个数据都有明确的经济含义,并且各个数据之间一般都有一定的钩稽关系。例如,在一个报表中,小计等于各分项之和;而合计又等于各个小计之和等。在实际工作中,为了确保报表数据的准确性,经常用这种报表之间或报表之内的钩稽关系对报表进行钩稽关系检查。一般来讲,称这种检查为数据的审核。

UFO 系统对此特意提供了数据的审核公式,它将报表数据之间的钩稽关系用公式表示出来,称为审核公式。

该表有以下审核关系,希望审核时达到这样的效果。

B11=B4+B5+B6+B7+B8+B9+B10,若此项关系不平,则提示"总经理室小计不等!"。
C11=C4+C5+C6+C7+C8+C9+C10,若此项关系不平,则提示"财务部小计不等!"。
D11=D4+D5+D6+D7+D8+D9+D10,若此项关系不平,则提示"人事部小计不等!"。
E11=E4+E5+E6+E7+E8+E9+E10,若此项关系不平,则提示"采购部小计不等!"。
F11=F4+F5+F6+F7+F8+F9+F10,若此项关系不平,则提示"仓储部小计不等!"。
G11=G4+G5+G6+G7+G8+G9+G10,若此项关系不平,则提示"技术开发部小计不等!"。
H11=H4+H5+H6+H7+H8+H9+H10,若此项关系不平,则提示"合计不等于各项小计之和!"。

单击"数据"→"编辑公式"→"审核公式"选项,调出"审核公式"窗口,输入该表的审核公式:

B11=B4+B5+B6+B7+B8+B9+B10
MESSAGE "总经理室小计不等!"
C11=C4+C5+C6+C7+C8+C9+C10
MESSAGE"财务部小计不等!"
D11=D4+D5+D6+D7+D8+D9+D10
MESSAGE"人事部小计不等!"
E11=E4+E5+E6+E7+E8+E9+E10
MESSAGE"采购部小计不等!"
F11=F4+F5+F6+F7+F8+F9+F10
MESSAGE"仓储部小计不等!"
G11=G4+G5+G6+G7+G8+G9+G10
MESSAGE"技术开发部小计不等!"
H11=H4+H5+H6+H7+H8+H9+H10
MESSAGE"合计不等于各项小计之和!"

操作结果如图 7-2-15 所示。

图 7-2-15 审核公式

五、舍位平衡公式

在报表汇总时,各个报表的数据计量单位有可能不统一,这时,需要将报表的数据进行位数转换,将报表的数据单位由个位转换为百位、千位或万位。如将"元"单位转换为"千元"或"万元"单位,这种操作可称为进位操作。进位操作后,原来的平衡关系重新调整。使舍位后的数据符合指定的平衡公式,这种用于对报表数据进位及重新调整报表进位之后平衡关系的公式称为舍位平衡公式。

平衡公式编写规则如下。

(1)倒顺序写,首先写最终运算结果,然后一步一步向前推。

(2)每个公式一行,各公式之间用逗号","隔开,最后一条公式不用写逗号。

(3)公式中只能使用"+""-"符号,不能使用其他运算符及函数。

(4)等号左边只能为一个单元(不带页号和表名)。

(5)一个单元只允许在等号右边出现一次。

定义舍位平衡公式需要指明要舍位的表名、舍位范围、舍位位数,并且必须输入平衡公式。如果要将"源表.rep"的数据单位由"元"转换成"千元",并挤平数据,将舍位平衡后的舍位表存入"舍位表.rep"。

单击"数据"→"编辑公式"→"舍位公式"选项,调出"舍位平衡公式"窗口,即可在各编辑框中输入本报表的舍位平衡关系。

编辑舍位平衡公式如下:

$$B11=B4+B5+B6+B7+B8+B9+B10$$
$$C11=C4+C5+C6+C7+C8+C9+C10$$
$$D11=D4+D5+D6+D7+D8+D9+D10$$
$$E11=E4+E5+E6+E7+E8+E9+E10$$
$$F11=F4+F5+F6+F7+F8+F9+F10$$
$$G11=G4+G5+G6+G7+G8+G9+G10$$
$$H11=H4+H5+H6+H7+H8+H9+H10$$

在"舍位平衡公式"窗口中输入舍位平衡公式,舍位平衡公式编辑完毕,检查无误后,单击"完成"按钮,系统将保存舍位平衡公式,按 Esc 键或选择"取消"按钮,将放弃此次操作。操作结果如图 7-2-16 所示。

六、保存报表模板

在定义这些报表后,可以将其定制为报表模板,以后使用时可以直接调用这个模板。".rep"为用友报表文件专用扩展名。操作结果如图 7-2-17 所示。

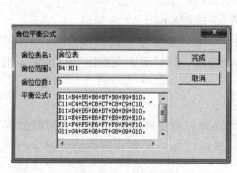

图 7-2-16 舍位平衡

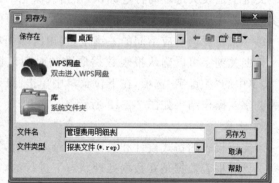

图 7-2-17 保存模板

七、报表数据处理

报表数据处理主要包括生成报表数据、审核报表数据和舍位平衡操作等工作,数据处理工作必须在数据状态下进行。处理时,计算机会根据已定义的单元公式、审核公式和舍位平衡公式自动进行取数、审核及舍位等操作。

报表数据处理一般是针对某一特定表页进行的,因此,在数据处理时还涉及表页的操作,如增加、删除、插入、追加表页等。

1. 进入报表数据状态

进入报表数据处理状态,既可以使用菜单进入,也可以直接使用"数据/格式"切换按钮进入。

(1) 单击"格式/数据"按钮,进入数据状态。

(2) 选择要录入关键字的值所在表页的页标,使它成为当前表页。

操作结果如图 7-2-18 所示。

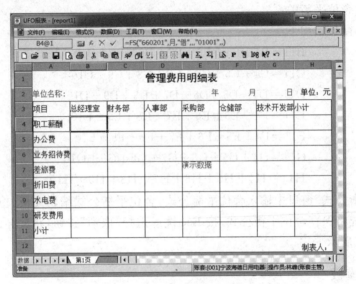

图 7-2-18 管理费用明细表数据状态

2. 录入关键字

关键字是表页定位的特定标识,在格式状态下设置完成关键字以后,只有在数据状态下对其实际赋值才能真正成为表页的鉴别标志,为表页间、表间的取数提供依据。

每一张表页均对应不同的关键字,输出时随同单元一起显示。

日期关键字可以确认报表数据取数的时间范围,即确定数据生成的具体日期。单击"数据"菜单中的"关键字"选项,在下拉菜单中单击"录入"选项,弹出"录入关键字"窗口,录入相应的关键字。操作结果如图 7-2-19 所示。

3. 计算

当完成报表的格式设计和关键字的录入之后,可以计算指定账套并指定报表时间的报表数据。计算报表数据是在数据处理状态下进行的,它既可以在录入完成报表的关键字后直接计算,也可以使用菜单功能计算。

选择"数据"→"表页重算"选项,可以选择整表计算或表页重算。整表计算是将该表的所有表页全部进行计算,而表页重算仅是指对具体某一页的数据进行计算。选择后,出现如图 7-2-20 所示提示。重算结果如图 7-2-21 所示。

4. 审核

在数据处理状态中,当报表数据录入完毕或进行修改后,应对报表进行审核,以检查报表各项数据钩稽关系的准确性。

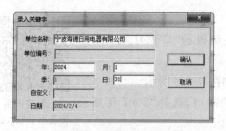

图 7-2-19　录入关键字

图 7-2-20　重算提示

图 7-2-21　重算结果

审核时,执行审核功能后,系统将按照审核公式逐条审核表内的关系。当报表数据不符合钩稽关系时,系统会提示错误信息。导致审核出现错误的原因有单元公式出现语法等错误,审核公式本身错误,账套变量找不到或账套数据源错误等。出现错误提示,应按提示信息修改相关内容后,重新计算,并再次进行审核,直到不出现任何错误信息,在屏幕底部的状态栏中出现"审核完全正确"提示信息,表示该报表各项钩稽关系正确。

进入数据处理状态。选择"数据"→"审核"选项,可实施报表的审核。

八、报表输出

当财会人员利用会计报表系统编制好报表后,这些报表就以文件形式保存起来。为了企业的管理者、投资人、债权人、财政及税务等部门能按其需要查看会计报表,就需要进行报表输出。

报表输出一般有以下几种方式:①屏幕显示(查询);②打印机输出;③磁盘输出;④网络传输。

输出报表数据时往往会涉及表页的相关操作,如表页排序、查找、透视等。

任务三　报表模板的应用

利用报表模板可以迅速建立一张符合企业需要的财务报表,UFO 提供了 11 种报表格式和 17 个行业的标准财务报表模板,可以直接调用它,如果所需要的报表格式或公式与调用的模板有所不同,可以在格式状态下直接修改,然后再进行系统初始录入关键字、计算报表数据。

一、生成资产负债表

(一) 业务举例

编制宁波海德日用电器有限公司 2024 年 1 月的资产负债表。

操作步骤:以账套主管林峰的身份登录企业应用平台,单击"业务导航"→"财务会计"→

"UFO 报表"选项。

选择"UFO 报表"选项,打开"UFO 报表"窗口,系统提示"日积月累",单击"关闭"按钮。

单击"新建"按钮,打开一张空白表页,操作结果如图 7-3-1 所示。

选择"格式"→"报表模板"选项,打开"报表模板"窗口,选择"2007 年新会计制度科目"和"资产负债表",操作结果如图 7-3-2 所示。

微课:资产负债表不平怎么办

单击"确认"按钮,操作结果如图 7-3-3 所示。

将报表调整为"格式"状态。在单元 A3"编制单位"中录入"宁波海德日用电器有限公司"。

因为在基础设置时,增设了一个半成品一级科目,报表系统的模板是系统事先预制好的,没有那么智能,不会自动添加,因此要修改报表公式。

双击单元 C15,打开"定义公式"窗口,如图 7-3-4 所示。将光标移到公式最后,输入

图 7-3-1 建立空表

图 7-3-2 选择资产负债表模板

	A	B	C	D	E	F	G	H
1					资产负债表			
2								会企01表
3	编制单位:		xxxx 年	xx 月	xx 日			单位:元
4-5	资　产	行次	期末余额	年初余额	负债和所有者权益（或股东权益）	行次	期末余额	年初余额
6	流动资产：				流动负债：			
7	货币资金	1	公式单元	公式单元	短期借款	32	公式单元	公式单元
8	交易性金融资产	2	公式单元	公式单元	交易性金融负债	33	公式单元	公式单元
9	应收票据	3	公式单元	公式单元	应付票据	34	公式单元	公式单元
10	应收账款	4	公式单元	公式单元	应付账款	35	公式单元	公式单元
11	预付款项	5	公式单元	公式单元	预收款项	36	公式单元	公式单元
12	应收利息	6	公式单元	公式单元	应付职工薪酬	37	公式单元	公式单元
13	应收股利	7	公式单元	公式单元	应交税费	38	公式单元	公式单元
14	其他应收款	8	公式单元	公式单元	应付利息	39	公式单元	公式单元
15	存货	9	公式单元	公式单元	应付股利	40	公式单元	公式单元
16	一年内到期的非流动资产	10			其他应付款	41	公式单元	公式单元
17	其他流动资产	11		演示数据	一年内到期的非流动负债	42		
18	流动资产合计	12	公式单元	公式单元	其他流动负债	43		
19	非流动资产：				流动负债合计	44	公式单元	公式单元

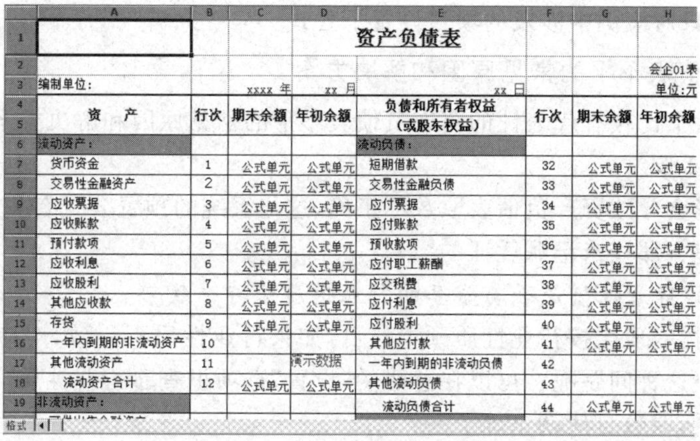

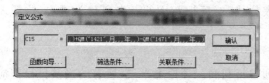

图 7-3-3　资产负债表模板

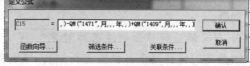

图 7-3-4　打开定义公式框

图 7-3-5　修改公式

“＋QM("1409",月,,,年,,)”,操作结果如图 7-3-5 所示，单击“确认”按钮。

同理,在单元 D15 公式中加上 QC("1409",全年,,,年,,)。

因年初生产成本有余额,再加上 QC("5001",全年,,,年,,)。

报表从“格式”状态切换到“数据”状态。

出现如图 7-3-6 所示提示框。

图 7-3-6　重算提示

单击“是”按钮确认,系统自动计算表中各项目数据,计算结果如图 7-3-7 所示。

资产负债表

会企01表

编制单位:　　2024 年　　1月　　31 日　　单位:元

资　产	行次	期末余额	年初余额	负债和所有者权益（或股东权益）	行次	期末余额	年初余额
流动资产:				流动负债:			
货币资金	1	6,516,408.77	5,749,661.92	短期借款	32	5,000,000.00	5,000,000.00
交易性金融资产	2	478,000.00		交易性金融负债	33		
应收票据	3			应付票据	34		
应收账款	4	1,775,522.28	928,022.28	应付账款	35	1,133,520.00	1,048,770.00
预付款项	5			预收款项	36		
应收利息	6			应付职工薪酬	37	-164,064.42	106,582.99
应收股利	7			应交税费	38	271,530.05	677,753.68
其他应收款	8	5,300.00	2,000.00	应付利息	39	2,500.00	
存货	9	9,183,271.00	10,186,358.00	应付股利	40		
一年内到期的非流动资产	10			其他应付款	41	32,310.78	32,310.78
其他流动资产	11			一年内到期的非流动负债	42		
流动资产合计	12	17,958,502.05	16,866,042.20	其他流动负债	43		
非流动资产:				流动负债合计	44	6,275,796.41	6,865,417.45
可供出售金融资产	13			非流动负债:			
持有至到期投资	14			长期借款	45	8000000.00	8000000.00
长期应收款	15			应付债券	46		
长期股权投资	16			长期应付款	47		
投资性房地产	17			专项应付款	48		
固定资产	18	41,413,800.00	41,413,800.00	预计负债	49		
在建工程	19			递延所得税负债	50		
工程物资	20			其他非流动负债	51		
固定资产清理	21			非流动负债合计	52	8000000.00	8000000.00
生产性生物资产	22			负债合计	53	14275796.41	14865417.45
油气资产	23			所有者权益（或股东权益):			
无形资产	24	228,000.00	228,000.00	实收资本（或股本）	54	40,505,440.00	39,000,000.00
开发支出	25	34,586.00		资本公积	55	2,530,000.00	2,530,000.00
商誉	26			减：库存股	56		
长期待摊费用	27			盈余公积	57	1,260,000.00	1,260,000.00
递延所得税资产	28			未分配利润	58	1,063,651.64	852,424.75
其他非流动资产	29			所有者权益（或股东权益)合计	59	45,359,091.64	43,642,424.75
非流动资产合计	30	41676386.00	41641800.00				
资产总计	31	59634888.05	58507842.20	负债和所有者权益(或股东权益)总计	60	59,634,888.05	58,507,842.20

图 7-3-7　宁波海德日用电器有限公司 2024 年 1 月的资产负债表

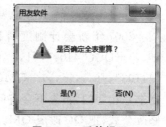

本例模板中,只对案例中涉及的项目设置了公式。

(二) 资产负债表不平的常见原因和解决方案

下面列出了六个比较有代表性的资产负债表不平的常见原因和解决方案。

1. 凭证是否记账

凭证没有记账会导致资产负债表取数不正确,这与系统的预置公式有关系,因为系统的预置公式默认是不包含那些未记账凭证的。

2. 报表模板的行业性质是否与账套的行业性质保持一致

在建立账套时,一般会按行业性质预置科目,如果行业性质不一致,对应的预置科目也会不一样。如何解决这种问题呢?可以在总账的"设置"选项里查看行业性质,在新建报表时,选择相应的行业性质,取数自然就正确了。

3. 新增一级科目的时候,是否有序调整报表的预置公式

如果新增了一级科目,应该先手工修改报表公式,然后把新增的一级科目放进去,这样才能取到数。

4. 期间损益科目余额没有结转完

损益类的科目每个月都要进行结转,结转到本年利润。理论上来说,所有的损益科目都应该结转掉,余额应该是零的,但是会出现有个别科目没有结转,这种情况就会导致资产负债表不平。

5. 系统的一个未分配利润的默认公式需要修改

2007年新会计制度科目下资产负债表未分配利润默认的公式是QM("4103",月,,,年,,)+QC("4104",月,,,年,,),如果本年度4104科目有发生额,此公式应该修改为QM("4103",月,,,年,,)+QM("4104",月,,,年,,),利润分配是4104,如果没有发生额,期初与期末是相等的,报表不会有问题,但是它一旦有发生额,期初与期末就不相等了,这个时候需要修改公式,把QC改成QM。

6. 制造费用没有结转到生产成本

如果制造费用有余额,资产负债表肯定不平,因为资产负债表的默认公式里没有制造费用,解决的方式包括结转完制造费用和修改公式,把制造费用加入存货项目即可。

二、生成利润表

(一) 业务举例

编制宁波海德日用电器有限公司2024年1月的利润表。新建利润表操作步骤如下。

在企业应用平台中单击"UFO报表"选项,打开UFO报表,系统提示"日积月累",单击"关闭"按钮。

单击"新建"按钮,打开一张空白表页。

选择"格式"→"报表模板"选项,打开"报表模板"窗口,选择"2007新会计制度科目""利润表",单击"确认"按钮,操作结果如图7-3-8所示。

微课:如何新建利润表

(二) 修改表格

在打开利润表之后,默认的利润表左边一列是本期金额,而右边一列是上期金额,大多数单位希望利润表能取到的是本月数据和本年的累计数据,可以修改上一期金额列的标题和公式。

图 7-3-8 利润表模板

（1）修改标题，将"上期金额"修改为"累计金额"。

（2）把本期一系列的公式复制到累计列，之后把复制后的公式里面所有涉及 fs 的公式修改为 Lfs 的即可。

操作结果如图 7-3-9 所示。

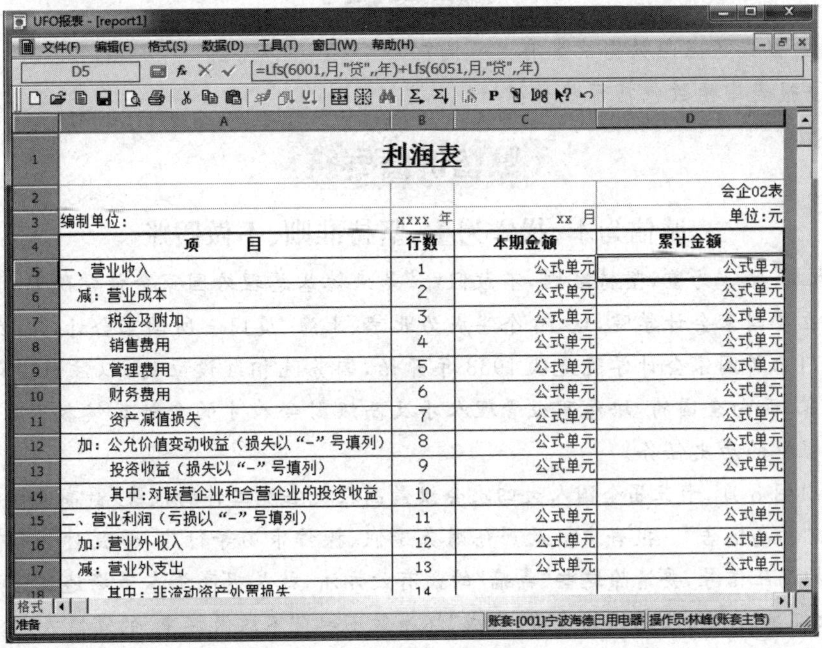

图 7-3-9 修改利润表模板

（3）报表再切换成数据格式，选择"数据"→"关键字"→"录入关键字"选项，录入对应的年和月就可以取到数了，操作结果如图 7-3-10 所示。

利润表

会企02表

编制单位：　　　　　　　　　　2024 年 1 月　　　　　　　　单位：元

项目	行数	本期金额	累计金额
一、营业收入	1	1,515,000.00	1,515,000.00
减：营业成本	2	1,188,000.00	1,188,000.00
税金及附加	3		
销售费用	4	2,100.00	2,100.00
管理费用	5	856.00	856.00
财务费用	6	42,449.62	42,449.62
资产减值损失	7		
加：公允价值变动收益（损失以"-"号填列）	8		
投资收益（损失以"-"号填列）	9		
其中：对联营企业和合营企业的投资收益	10		
二、营业利润（亏损以"-"号填列）	11	281594.38	281594.38
加：营业外收入	12		
减：营业外支出	13		
其中：非流动资产处置损失	14		
三、利润总额（亏损总额以"-"号填列）	15	281594.38	281594.38
减：所得税费用	16		
四、净利润（净亏损以"-"号填列）	17	281594.38	281594.38
五、每股收益：	18		
（一）基本每股收益	19		
（二）稀释每股收益	20		

图 7-3-10　宁波海德日用电器有限公司 2024 年 1 月的利润表

思考题

1. 报表的格式状态与数据状态有何不同？
2. UFO 报表中函数包括哪些类？

数智价值导航

诚信为本，操守为重，坚持准则，不做假账

"诚信为本，操守为重，坚持准则，不做假账"是朱镕基总理给国家会计学院题词，如今这个石碑巍然矗立在国家会计学院，这 16 个字成为北京、上海、厦门三所国家会计学院的校训。北京、上海、厦门三所国家会计学院是从 1988 年开始，国务院相继设立的，以注册会计师相关知识为培训内容，面向全国的，培养高级管理人才及高级财会人才的会计后续教育培训基地，肩负着光荣而艰巨的历史任务。

2021 年 3 月 8 日，十三届全国人大四次会议最高人民法院工作的报告、最高人民检察院工作的报告，俗称"两高报告"。报告中提及严惩财务造假、操作市场等行为，释放对资本市场违法活动"零容忍"的高压信号，要清除这些"毒瘤"的最有效方法，就是提高资本市场违法违规犯罪行为的成本，让做坏事的人付出高昂的代价，形成"坏事做不起""不敢做坏事"的震慑效应。

会计信息造假直接侵犯了国家和有关方的利益，扰乱了社会经济秩序，是一种严重的违法、违纪行为。根据我国《会计法》第四十三条规定，伪造、变造会计凭证、会计账簿，编制虚假财务会计报告，构成犯罪的，依法追究刑事责任。会计行业本身的性质决定了所有会计人员必须以诚信为本，操守为重，遵循准则，保证会计信息的真实、可靠。正因为会计行业有诚信、真实、可靠的职业本质，才获得社会的信赖与赞誉。

拓展阅读

U8 软件如何表间取数

(1) 保存已有的报表，例如，放在 D 盘，则路径为 D:\report1.rep。

(2) 在要设置表间取数的 UFO 报表中格式状态下设置关键字"月"，单击"数据"→"关键字"→"设置"菜单进行设置。

(3) 在格式状态下单击 fx，选择关联条件，"当前关键值"和"关联关键值"都选择"月"，"关联表名"选择刚刚保存的那张报表，路径为 D:\report1.rep。

(4) 确认后，公式显示为 Relation 月 with "D:\report1.rep"一>月。

(5) 复制"D:\report1.rep"一>月，放在 Relation 月 with "D:\report1.rep"一>月 之前，并修改"月"为所指定的单元，如 C7"如需要跨表取某个单元格的数值，就写那个单元格"，公式最后显示为"D:\report1.rep"一>C7 Relation 月 with "D:\report1.rep"一>月。

(6) 确认，在数据状态下进行取数，即完成用友财务软件跨 UFO 报表取数的操作。

注意：被取数的表最好不要放在桌面，避免公式中出现中文，有时候会取不到数。

项目八 供应链初始设置

知识目标

1. 掌握供应链系统环境参数设置与系统运行要素设置的方法,知道选项开关对业务处理流程的影响。
2. 掌握供应链各模块期初数据录入与试算平衡的原理、程序与技巧。
3. 描述ERP软件进行业务处理的程序与方法。

能力目标

1. 能根据企业管理需要正确设置供应链系统环境参数与系统运行要素。
2. 能准确输入供应链各模块期初数据。

素养目标

1. 具备一定的沟通协调能力。
2. 具备一定的信息收集、分析和处理能力。

工作情景描述

宁波海德日用电器有限公司启用供应链系统管理业务,公司的营销部、采购部与财务部核对业务数据,另外公司组织人员对仓库的库存进行盘点清查,以便准确输入存货数据,经过一个月的实地盘查,存货数据整理完毕,数据统一由账套主管录入。

本项目案例企业资料如下。

企业供应链期初业务资料

一、采购管理期初余额录入

1. 采购单据输入

(1) 2023年12月从供应商宁波宝新金属材料有限公司采购内螺纹铜管20kg、光管20kg,材料已验收入原材料库,到月底时未收到发票,暂估入账,内螺纹铜管暂估单价53元/kg,光管暂估单价49元/kg。

(2) 2023年12月从供应商美的日用电器制造有限公司采购温控器1 000个,不含税单价25元,发票收到,货未到,款已付。

2. 采购期初记账

对期初采购数据进行记账。

二、销售管理期初数据录入

2023 年 12 月向客户杭州奥尔电器有限公司销售 100 台家用浴室防水电暖器,货物已发出,不含税单价为 630 元/台,截至 12 月底尚未向对方开具销售发票。

三、库存与存货期初余额录入

库存数据见表 8-0-1。

表 8-0-1 库存数据

仓 库	编码	名 称	计量单位	单价	数量	金额/元
原材料	HA-0001	光管	kg	48	30	1 440
	HB-0001	内螺纹铜管	kg	60	20	1 200
	HK-0002	电脑板	只	102	10	1 020
	HC-0001	毛细管	kg	31.5	30	945
	HC-0002	铝箔	kg	17	500	8 500
	HD-0001	风扇电机	只	29	100	2 900
	HD-0002	电容器	只	35	100	3 500
	HE-0001	压缩机	台	225	10	2 250
	HF-0001	塑料粒子	kg	14	1 000	14 000
	HW-0001	高压开关	个	20	100	2 000
	HS-0001	辅材套件	套	50	200	10 000
半成品	p-001	蒸发器	台	196	3 000	588 000
	B-0001	电加热器	个	300	10	3 000
产成品	EB-001	家用静音卧室除湿机	台	1 030	2 500	2 575 000
	EB-002	家用地下室大功率除湿机	台	1 220	1 500	1 830 000
	EB-003	智能变频家用除湿机	台	1 130	2 000	2 260 000
	A601	家用节能电暖器	台	650	1 000	650 000
	A602	家用浴室防水电暖器	台	515	1 200	618 000
	A603	家用智能温控电暖器	台	578	1 000	578 000
	P3001	电煮锅	台	132	600	79 200
	P3002	电水壶	台	125	900	112 500

任务一　认识供应链系统

供应链管理子系统是 ERP 应用软件的重要组成部分,它以企业供应链业务环节中的各项活动为对象,记录各项业务的发生,有效跟踪其发展过程,为财务核算、业务分析、管理决策提供依据,并实现财务业务一体化全面管理,实现物流、资金流、信息流管理的统一。

供应链管理系统主要涉及六个模块,即采购管理、销售管理、库存管理、存货核算和应收应付管理。各个模块之间存在复杂的数据传递关系。在初始设置中,不仅要考虑模块内部的数据联系与提取,还要充分利用系统外部资源,使供应链管理之间数据链接,各部门能共享系统数据,从而使信息资源的综合利用更为有效和充分。因此,在供应链管理系统初始化时,必须先设置六个模块统一的公用参数,按照系统规定的启用顺序依次进行相应的初始设置。供应链管理系统的初始化工作主要包括基础信息设置、系统参数设置、基础科目设置和期初余额录入四项内容。

微课:供应链管理系统有什么用

一、基础信息设置

在基础信息设置中,主要设置各个系统公用的及各自特有的基本信息,这些基本信息确定系统的模块结构、管理组织、业务和财务信息,以及系统各模块运行的前提。设置时,要充分考虑本企业业务发展的情况,要为今后业务扩展留有余量。这些子系统共享公用的基础信息主要包括机构设置、客商信息设置、存货设置、财务信息设置、收付结算设置及业务基础设置等。基础信息在基础设置中已详细介绍,在此不再详述。仓库档案、采购类型和销售类型的设置是应用供应链管理模块的前提,收发类别会影响存货系统的科目设置,所以企业应根据实际情况建立仓库档案,设置收发类别、采购类型和销售类型。

二、系统参数设置

系统选项也称系统参数、业务处理控制参数,是指在企业业务处理过程中所使用的各种控制参数,系统参数的设置将决定用户使用系统的业务流程、业务模式、数据流向。企业在进行选项设置之前,一定要详细了解选项开关对业务处理流程的影响,并结合企业的实际业务需要进行设置。由于有些选项在日常业务开始后不能随意更改,因此企业最好在业务开始前进行全盘考虑,尤其某些对其他系统有影响的选项设置更要考虑清楚。供应链管理初始化设置对后续日常产供销业务的实物流和资金流的管理起重要的作用,因此应该掌握初始化设置的关键,高质量地完成初始化设置工作。

三、基础科目设置

基础科目设置功能主要用于设置系统中生成凭证所需要的各种存货科目、对方科目、运费科目、结算科目、税金科目等。因此,企业在制单之前应先在存货核算系统中将存货科目设置正确、完整,否则生成的凭证无法自动带出科目。

四、期初余额录入

在供应链管理系统基础设置中,期初数据录入是一个非常关键的环节,数据种类和内容都比较繁杂,在期初数据录入系统以前,所有的期初数据都必须按照要求准备完毕,并在期初数据录入阶段有计划地安排录入工作。供应链期初数据录入内容及顺序见表8-1-1。

微课:供应链期初数据录入

表8-1-1 供应链期初录入内容及顺序

系统名称	操作	内容	说明
采购管理	录入	暂估入库 在途存货	暂估入库(货到票未到) 在途存货(票到货未到)
	期初记账	采购期初数据	无采购期初数据也要执行采购期初记账,否则无法进行日常采购业务

续表

系统名称	操作	内容	说明
销售管理	录入并审核	期初发货单 期初委托代销发货单	已经发货、出库，尚未开发票的业务，包括普通销售、分期收款发货单 已经发生但未完全结算的委托代销发货单
库存管理	录入并审核	期初结存 期初不合格品	库存和存货的期初数据可以相互取数，只需录入一个模块的数据
存货核算	录入并记账	期初余额 期初分期收款发出商品 期初委托代销发出商品 期初差异	期初余额可以从库存管理取数，期初分期收款发出商品和期初委托代销发出商品可以从销售系统取数 没有数据也要记账，否则无法开展日常业务

五、供应链各模块的数据流程

在企业的日常工作中，采购供应部门、仓库、销售部门、财务部门都涉及其核算的处理，各个部门的管理内容是不同的，工作间的延续性通过单据在不同部门之间的传递来完成。那么，这些工作在软件中是如何体现的呢？

采购部门采购货物后在采购管理系统中录入发票，传给应付系统形成应付账款并生成凭证，货物在库存管理中入库，经过采购结算，成本传给存货核算生成凭证。销售部门销售商品时在销售管理中发货并传给库存管理，还要在销售管理中开具发票，传给应收系统形成应收账款并生成凭证，销售出库（开票）之后，在存货核算系统中进行出库成本确认并生成凭证，最后，所有凭证传递到总账系统。

供应链数据流程如图 8-1-1 所示。

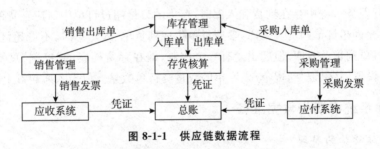

图 8-1-1 供应链数据流程

任务二 采购管理系统初始化

一、采购管理系统参数设置

采购管理系统参数设置包括"业务及权限控制""公共及参照控制""其他业务控制""预算控制"四个页签，每个页签都有若干参数。本任务对其中容易出现错误的"业务及权限控制"参数设置进行阐述，操作结果如图 8-2-1 所示。

1. 直运业务必有订单

有些企业有直运的业务，即产品不进行入库操作，企业在接到客户订单后向供应商订货，并且由供应商直接将商品发给企业的客户；结算时，企业分别与供应商和客户进行结算。此选

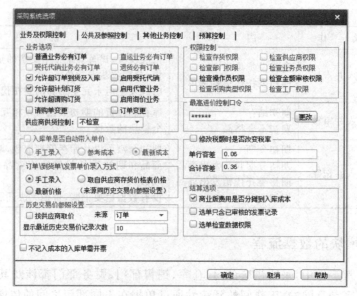

图 8-2-1　采购系统选项——业务及权限控制

项在采购管理系统中只作为显示,如果要修改,只能在销售管理系统中进行修改。当选择"直运业务必有订单"时,直运业务的起点为销售订单,在采购系统中,直运采购订单必须参照直运销售订单生成,直运采购发票只能参照直运采购订单生成,两者都不能手工新增。

2. 启用受托代销

只有在建账时企业类型选择为商业或医药流通时才可以选择此参数。

3. 允许超订单到货及入库

企业在实际业务过程中存在到货和入库时,存货的数量超过订单中对应存货的数量的业务。不选中,说明不允许超订单到货及入库,参照订单生成到货单、入库单时,不可超订单数量。选中则说明允许超订单到货及入库,但超出量有一个控制,即在存货档案的"控制"页签中的"入库超额上限"中进行设置,并保证"到货单/入库单的数量≤订单数量*(1+入库超额上限)"。

二、采购管理系统中期初数据准备

1. 暂估入库货物的整理

暂估入库是指货物已经入库,但尚未收到供货单位的发票,即货到票未到。存货若按批次、保质期进行管理,整理时,要把每种存货的各个批号及保质期一并整理,然后进行期初采购入库单的录入,以后取得采购发票后再进行结算。

2. 在途货物的整理

在途货物是指启用采购管理系统前已取得供货单位采购发票但没有办理入库的货物,即票到货未到,形成在途物资,把此发票录入采购管理系统中,目的是以后与采购入库单做结算。

三、采购管理期初数据录入流程

(一) 录入采购管理系统期初余额

1. 期初暂估入库录入

将经过整理的期初暂估入库单,通过采购管理系统的期初采购入库单录入,以待取得采购发票后进行结算,对采购成本进行确认。

业务举例:详见本项目"工作情景描述"中案例企业供应链期初业务数据。

操作步骤:以账套主管林峰的身份登录企业应用平台,单击"业务导航"→"供应链"→"采购管理"→"采购入库"→"采购入库单"选项,进入"期初采购入库单"窗口,单击"增加"按钮,选择空白单据,进行期初采购入库单的录入,录入采购期初数据第一笔业务,操作结果如图 8-2-2 所示,录入完成后,单击"保存"按钮。

图 8-2-2　期初采购入库单

2. 期初在途存货

企业将经过整理的期初在途存货表,通过采购管理系统的期初采购专用(普通)发票录入,以待货物办理入库后进行结算。

在用友 ERP-U8 采购管理系统中,单击"采购发票"→"专用采购发票"选项,进入"期初专用发票"窗口,单击"增加"按钮,选择空白单据,进行期初采购专用发票的录入,录入采购期初数据第二笔业务,如图 8-2-3 所示。录入完成后,单击"保存""复核"按钮。

图 8-2-3　期初采购专用发票

（二）采购期初记账

期初记账是将采购期初数据记入有关采购账中，它标识着采购管理系统期初数据录入工作的完结，接下来可以进行采购的日常业务处理。操作结果如图 8-2-4 所示。

图 8-2-4　采购期初记账

> **知识点拓展**
>
> （1）没有期初数据的用户，可以不录入期初数据，但也必须执行期初记账操作。
>
> （2）采购管理系统与存货核算系统集成使用时，必须在采购管理系统中进行期初记账后，存货核算系统才可进行期初记账。
>
> （3）期初记账后，期初数据不能增加、修改，若修改期初数据，必须取消期初记账。
>
> 以下情况不能取消期初记账：采购管理已经进行了采购结算；采购管理已做"月末结账"；存货核算已进行期初记账。

任务三　销售管理系统初始化

一、销售管理系统参数设置

销售管理系统参数设置包括"业务控制""其他控制""信用控制""可用量控制""价格管理"五个页签，每个页签有若干参数。本任务对其中容易出现错误的"业务控制"参数设置进行阐述。操作结果如图 8-3-1 所示。

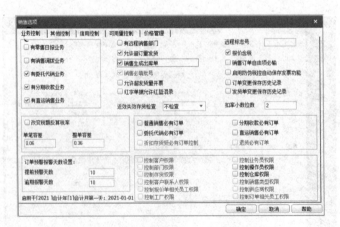

图 8-3-1　销售选项——业务控制

1. 有直运销售业务

此复选框影响"采购管理"中的直运业务。

2. 销售生成出库单

勾选此复选框,销售管理系统在销售发货单、销售发票审核/复核后,自动生成销售出库单。库存管理系统可以查询但不可修改,根据发货数量一次性出库。不勾选此复选框,销售出库单在库存管理系统中参照发货单生成,可以修改本次出库数量,即一次发货、多次出库。

二、销售管理期初数据录入流程

1. 销售管理系统中期初数据准备

整理系统启用日期以前已经发货、出库,但尚未开具销售发票的存货。企业如果有委托代销业务,需要整理启用日之前已经发生但未完全结算的存货。企业如果有分期收款发出商品业务,还需整理启用日之前已经发出的但尚未完全结算的存货。

2. 录入销售管理系统期初余额

业务举例:详见本项目"工作情景描述"中案例企业供应链期初业务数据。

操作步骤:以账套主管林峰的身份登录企业应用平台,单击"业务导航"→"供应链"→"销售管理"选项。

(1)期初发货单录入。在用友 ERP-U8 销售管理系统中,单击"设置"→"期初发货单"选项,进入"期初发货单"窗口,单击"增加"按钮,进行期初发货单的录入,操作结果如图 8-3-2 所示。录入完成后,依次单击"保存""审核"按钮。

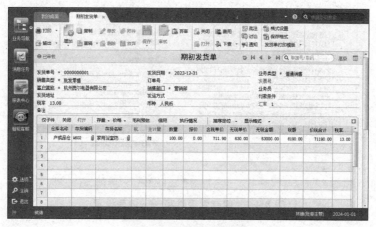

图 8-3-2 期初发货单

(2)期初发货单需要审核,才能在销售开票中进行参照,审核后的单据不能修改、删除,可取消审核。但当存货系统做了期初记账或是销售系统做了月末结账,不能取消审核。

(3)期初分期收款发货单被"存货核算"取数后就不允许再弃审。

> **知识点拓展**
>
> (1)在实际业务过程中,审核常常是对当前业务完成的确认。有些单据只有经过审核,才是有效单据,才能进入下一个流程,被其他单据参照或被其他功能、其他系统使用。
>
> (2)期初发货单经审核后可以弃审,但有下游单据生成,或被其他功能、其他系统使用,视为单据已经执行,已执行的单据不可弃审。例如,一张期初发货单已生成销售发票,或是在存货系统中做了期初记账等,那么该张期初发货单是不允许取消审核的。
>
> (3)在"销售管理"中已做"月末结账"的,也不能取消审核。

任务四 库存管理系统初始化

一、库存管理系统参数设置

库存管理系统参数设置包括"通用设置""专用设置""可用量控制""可用量检查""其他设置"五个页签,每个页签都有若干参数。本任务对其中容易出现错误的"通用设置"参数设置进行阐述。操作结果如图 8-4-1 所示。

图 8-4-1 库存管理选项——通用设置

1. 是否库存生成销售出库单

该复选框与销售管理系统中的"销售生成出库单"选项相对应。

在"销售管理"中生成销售出库单:"销售管理"中的发货单、销售发票、零售日报、销售调拨单在审核/复核时,自动生成销售出库单;"库存管理"中不可修改。

在"库存管理"中生成销售出库单:销售出库单由"库存管理"中参照上述单据生成,不可手工填制;在参照时,可以修改本次出库数量。

2. 有无受托代销业务

该选项可以在"库存管理"中设置,也可以在"采购管理"中设置,在其中一个系统的设置,同时改变在另一个系统中的相应选项。

二、库存管理系统期初数据准备

企业要对库房进行一次全面的盘点工作,进行仓库存货的实物数量和账面数量核对工作,做好手工数据一致性的校对工作,并将盘点表交给财务等相关部门,经有关部门批准后,进行相应的调整处理,调整存货账的实存数,使存货的账面记录与库存实物核对相符,实现启用初期账实相符。

由于库存系统主要是对存货的数量进行管理,所以不进行批次、保质期管理的企业,只需整理各存货期初结存的数量;进行批次管理、保质期管理、出库跟踪入库管理的企业,需整理存货期初结存的详细数据,如批号、生产日期、失效日期、入库单号等;进行货位管理的企业,还需整理货位。

库存管理系统期初数据录入,可以依照期初统计数据直接录入,也可以从存货系统取数。

三、库存期初余额录入

业务举例:详见本项目"工作情景描述"中案例企业供应链期初业务数据。

操作步骤:以账套主管林峰的身份登录企业应用平台,单击"业务导航"→"供应链"→"库存管理"选项。

在用友 ERP-U8 库存管理系统中,单击"设置"→"期初结存"选项,进入"库存期初数"窗口,选择"仓库",单击"选择存货"按钮,可批量增加存货,或者单击"修改"按钮直接录入存货。将该仓库所有期初数据录入完成后,单击"保存"按钮,操作结果如图 8-4-2 所示。

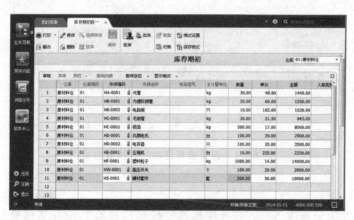

图 8-4-2　库存管理期初余额录入

库存期初数据录入完成之后,要进行审核工作。期初结存的审核实际是期初记账的过程,标明库存期初数据的录入工作的完结,被审核的期初数据不能修改、删除,必须取消审核后方可。

(1)单击"审核"按钮,可逐条对期初数据进行审核,或者单击"批审"按钮,批量审核该仓库所有期初结存存货。

(2)弃审单据:单击"弃审"按钮,可逐条取消审核,或者单击"批弃"按钮,批量取消该仓库所有期初数据审核状态。

(3)不合格品期初数据的录入与审核。

┌─────────────────────────────
│ **知 识 点 拓 展**
│
│ (1)审核针对的是一条存货记录,使用"批审"功能进行批量审核时,只能针对所选仓库的所有期初结存进行审核,而并不是对所有仓库的期初数据进行审核。
│ (2)"取消审核"功能在已经录入了日常单据后应该慎重使用,否则可能引起对账不平。
└─────────────────────────────

任务五 存货核算系统初始化

一、存货核算系统参数设置

存货核算系统参数设置包括"核算方式""控制方式""其他选项"三个页签,每个页签都有若干参数。本任务对其中容易出现错误的"核算方式"参数设置进行阐述。操作结果如图 8-5-1 所示。

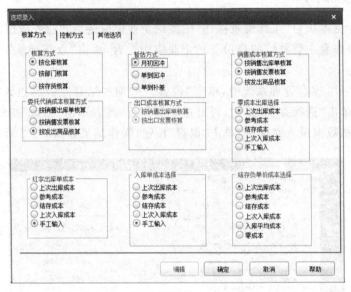

图 8-5-1　存货核算选项——核算方式

1. 核算方式

核算方式选项为单选项,包括"按仓库核算""按部门核算""按存货核算"等单选项。系统默认"按仓库核算",变更选项必须能在期初记账之前,否则不能变更。

2. 销售成本核算方式

根据收入和成本配比的原则,系统提供的销售成本核算方式包括"按销售出库单核算"和"按销售发票核算"两个单选项。如果采用"按销售出库单核算"进行结转销售成本,企业发生先发货、后开票的业务,即出库和开票是在不同会计月发生的,这样就可能会出现先结转销售成本、后确认销售收入的情况。

二、基础科目设置

在存货核算系统中可以生成一系列的物流凭证传入总账,为了简化在"生成凭证"窗口录入核算科目的工作,可以通过科目设置功能,根据不同业务类型所涉及入账科目进行相关的设置,这些科目会自动作为"生成凭证"窗口的默认入账科目。

三、存货核算系统中期初数据准备

财务人员与库管员一并对存货单价和金额等内容进行整理,核对企业财务的存货账与库房的实物账,不相符的要找到原因,进行相应的账务处理,整理完的数据总额要与财务账面的相应存货科目一致,实现启用初期账账相符。存货如果实行计划价,还需整理存货期初差异。如果企业已计提跌价准备,还要整理系统启用前已经计提的跌价准备余额。

四、存货核算系统期初数据录入

该数据可以依照期初统计数据直接录入,或者从库存系统取数。

(一)从库存系统中取数

业务举例:详见本项目"工作情景描述"中案例企业供应链期初业务数据。

操作步骤:以账套主管林峰的身份登录企业应用平台,单击"业务导航"→"供应链"→"存货核算"选项。

1. 期初余额取数

从库存管理系统中取期初数,这样可以快速录入期初数据,提高应用效率。

在用友 ERP-U8 存货核算系统中,单击"设置"→"期初余额"选项,进入"期初余额"窗口,选择"仓库",单击"取数"按钮,从库存系统中取期初数,将所有仓库取数完成。操作结果如图 8-5-2 所示。

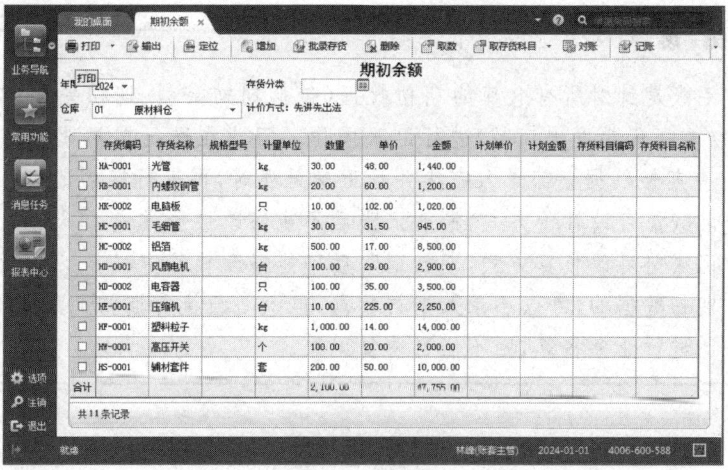

图 8-5-2 存货核算期初余额取数

2. 期初分期收款发出商品取数

该数据可以从销售系统中取数,在销售系统中录入"期初分期收款发货单"并审核后,方可取数。

3. 期初委托代销发出商品取数

该数据可以从销售系统取数,在销售系统中录入"期初委托代销发货单"并审核后,方可取数。

4. 期初差异

按计划价或售价核算出库成本的存货都应有期初差异账或差价账,初次使用时,应先输入此存货的期初差异余额或期初差价余额。

(二)期初记账

期初数据录入后,需执行期初记账,系统把期初差异分配到期初单据上,并把期初单据的数据记入存货总账、存货明细账、差异账、委托代销/分期收款发出商品明细账，期初记账后，才能进行日常业务、账簿查询、统计分析等操作。在用友 ERP-U8 存货核算系统中，单击"设置"→"期初余额"选项，单击"记账"按钮。操作结果如图 8-5-3 所示。

图 8-5-3 存货核算期初记账

（三）跌价准备的期初数据

该数据录入第一次在存货核算系统中计提存货跌价准备之前的跌价准备余额。

（四）对账

完成库存与存货模块的期数数据录入或取数后，应对库存与存货进行的期初数据进行对账，因为库存管理和存货核算可分别先后启用，即允许先启存货、再启库存或先启库存、再启存货。库存的期初数据可能与存货核算的期初数据不一致，为避免由于记账时间差和记账原则的不同，从而造成财务账与实物账不一致的问题，系统提供两边互相取数和对账的功能。对账是指将存货的期初数据与库存系统相同月份的期初数核对，如果对不上，则将对不上的数据显示出来。如果库存与存货的启用时间不一致，进行期初对账时，对账时点为后启用模块的启用时间。

> **知识点拓展**
>
> （1）期初记账是针对所有仓库的期初数据（包括期初余额、期初差异、期初分期收款发出商品、期初委托代销发出商品）进行记账操作。因此在进行期初数据记账前，必须确认各仓库的所有期初数据全部录入完毕并且正确无误时，再进行期初记账。
>
> （2）期初记账前可改计价方式，期初记账后不能修改计价方式。
>
> （3）期初记账前可改核算方式，期初记账后不能修改核算方式。
>
> （4）没有期初数据的，可以不录入期初数据，但也必须执行期初记账操作。
>
> （5）如果已进行业务核算，则不能再恢复记账。

思考题

1. 采购期初录入的注意事项是什么？
2. 库存存货的期初余额如何录入？如果期初余额有问题，该如果调整？

数智价值导航

做一个"有责任的智能供应链"

2017 年，国务院办公厅发布《关于积极推进供应链创新与应用的指导意见》，这是国务院首次就供应链创新发展出台指导性文件，立意高远，着眼于推动国家经济社会发展，将全面提升我国供应链发展水平，为供应链的发展指明了方向。国家市场管理监督总局和国家标准化管理委员会在 2022 年 10 月 14 日联合发布了国家标准文件——《信息化和工业化融合管理体系 供应链数字化管理指南》。

供应链管理服务在我国的战略规划中，"供应链"的概念第一次出现在"十三五"的规划中，对于供应链体系与金融、互联网行业形成协同效应提出了推进、加快发展的规划，"十四五"对于供应链管理的规划更加明确,提出要补齐国内供应体系短板,在供给方面加强整体效率,以提升整体国际竞争力,对加快国内大循环、大市场的建设作出重要贡献。

2022年5月20日,以"人间烟火气与有责任的供应链——618京东和你在一起"为主题的京东618启动发布会通过线上直播形式举行。会上,京东正式发布"有责任的供应链",并提出"两横四纵"的能力全景。

有责任的供应链是物流企业的社会责任的基本要求。科技企业一直是企业社会责任(corporate social responsibility,CSR)计划的早期推动者之一。像京东作为物流核心科技企业,具有强大的供应链垂直整合能力,可以带动小企业参与到供应链优化的进程之中。数字时代,需要有责任、敢担当的企业充当数字变革"领头雁",推动全球数字商业新标准、治理新模式。

拓展阅读

ERP系统从不同维度对采购进行管控

采购是供应链管理中很关键的一个环节,一个合格的采购者要做到产品的质量控制、成本控制以及供货周期控制,同时进行商品购销合同的管理、供应商信息的管理。U8系统从不同维度对采购进行管控。

1. 供应商管理与价格管控

采购系统从供应商建档审批、供应商供货资质管理,同时进行供应商供货准入控制、供应商价格管理、供应商配额管理、供应商询比价,对供应商业务做有关控制和约束。系统提供有关供应商价格、供应商供货质量、供应商供货进度、供货满足情况等分析,建立供货商评价分析,帮助合理评估供货商,规避采购风险,提高供应准确性。这样,企业可以基于数据决策,降低风险,提高采购效果,从而保证采购品质的稳定。

2. 物料管理

物料管理是ERP系统中的核心功能之一,供应链管理中物料管理的主要模块是库存与存货,生产企业还包括物料清单,物料管理中的库存控制是非常重要的,良好的库存控制能够保证物料及时配送,同时也能够避免错误发生。U8系统提供了完整的物料管理功能,包括物料计划、库存管理、批次管理等,能够帮助企业高效控制库存,并及时满足生产或销售需要。

3. 合同管理

在U8供应链系统中有合同管理模块,提供了合同资料的录入、生效、变更、结案的管理,同时对合同的执行、结算、收付款等一系列业务进行了管理及后续的跟踪,保证了合同的顺利履行,为企业规避了风险,实现了利益的最大化,确保合同的合规性和安全性。

4. 采购订单管理

采购订单管理是U8采购管理系统中不可或缺的一环。在创建采购订单时,应填写订单的相关信息,包括供应商、物料、数量、金额等。同时,还需要关联订单的付款方式和交货日期,以便在采购过程中能够及时掌握订单状态,并进行合理的供应链管理。此外,U8采购管理系统还支持订单的跟踪和审批,确保订单的及时交付和质量。采购订单通过采购计划单、库存规划方法(ROP计划)、请购单、销售订单、生产单作为采购下达的多种指令依据,保证采购严格按照需求进行执行,通过审批流、预算控制保证订单的内部确认和严格的事前成本控制。

项目九 采购业财一体化应用

知识目标

1. 知道信息化环境下采购业财一体化处理的程序与方法。
2. 描述采购业务的一般原理，订单、到货单、入库单、发票等各类单据的数据传递关系。
3. 理解订单、到货单、入库单、发票、付款单等各类单据的作用。

能力目标

1. 能根据业务流程完成普通采购业务业财一体化处理。
2. 能根据采购业务规范，完成对采购特殊业务的处理。

素养目标

1. 具备业财融合的思维。
2. 具备一定的数据思维能力。

工作情景描述

宁波海德日用电器有限公司启用供应链系统进行采购业务管理，主要通过采购管理、应付款管理、库存管理、存货核算等对采购业务进行管控，公司结合财政部《企业内部控制应用指引第7号——采购业务》文件，根据企业实际需要，设计了采购流程，从2024年1月起，按照流程用信息化进行业务管理。

本项目案例企业资料如下。

企业采购业务资料

一、普通采购

1. 普通采购业务

（1）普通采购业务（单货同行）。1日，根据生产计划，生产车间需要采购500台压缩机，遂提出采购申请，要求1月5日前到货。采购员楚琪峰向三家供应商询价，经过比价，宁波双发压缩机有限公司的价格最为合理，不含税单价237元/个，于1月2日与供应商签订购货合同。5日，收到货物，验收入库，随货收到公司开具的全额增值税专用发票和运费发票，运费发票金额1 000元，税率9%，由宁波双发压缩机有限公司代垫。6日，用网银转账付款。

（2）暂估业务（货到票未到）。2023年12月从供应商宁波宝新金属材料有限公司采购的内螺纹铜管和光管，2024年1月5日收到专用发票，内螺纹铜管单价54元/kg，光管50元/kg。

(3) 在途存货(票到货未到)。2023年12月从供应商美的日用电器制造有限公司采购的温控器1 000个,不含税单价25元,发票收到,货未到,款已付。2024年1月5日,收到货物,验收入库。

2. 溢余短缺业务

合理损耗:1月10日向宁波宝新金属材料有限公司下达采购订单,订购毛细管2 000支,单价10元/支,12日收到货物,在质检时发现有2支毛细管挤压变形,系合理损耗,损失由公司承担;当日收到宁波宝新金属材料有限公司开具的增值税专用发票,1月12日,通过网银转账的方式向供应商支付货款。

3. 采购退货

1月13日,向宁波欣容电容器有限公司采购辅材套件2 000套,单价53元/套,到货入库,因质量问题1月15日退货5套,17日收到发票,发票上记录的是1 995套,与入库单完成结算,18日用网银付款。20日又退货23套,收到红字采购发票,21日收到网银退款。

二、固定资产采购

1月23日,采购部向宁波海通汽车销售有限公司采购吉利轿车一辆,汽车售价10万元,增值税1.3万元,25日收到宁波海通汽车销售有限公司开具的增值税专用发票(宁波海通汽车销售有限公司税号:91330205736978056A;开户银行:招商银行股份有限公司宁波北仑支行;银行账号:4392253531310301),汽车到货,采购部随即向财务部办理了固定资产转资手续,该资产的使用部门为营销部,当日货款用网银支付。

任务一 认识采购管理系统

一、采购管理系统概述

采购是企业最接近市场的环节,对效益影响深远,采购管理是通过采购申请、采购订货、采购检验入库、采购退货、采购发票管理、采购结算、供应商档案管理、价格及供货信息管理等功能实现对采购过程和应付款结算的全程跟踪管理和控制。

采购管理系统既可以单独使用,又能与合同管理、主生产计划、需求规划、库存管理、销售管理、出口管理、存货核算、应付款管理、质量管理、售前分析等模块集成使用,实现完整全面的业务和财务流程处理。

二、采购管理子系统与其他子系统的关系

采购与应付款是企业物资供应部门根据物料需求部门的采购申请,取得企业生产经营活动所需的各种物资,同时进行往来核算的过程。当企业的购货活动与货款的支付在时间上不一致,即购进物资而未付款时,就形成了应付账款。采购管理系统与应付款管理系统紧密结合,可实现业务财务的一体化,实现对企业物流资金流的全面全过程管理。

实行信息化的采购与应付款系统,能够实现各种单据的快速传递,实现财务与业务的整合以及数据共享,实现资金流与业务流的双轨并行,提高工作效率,规范企业管理。

采购业务类型主要包括普通采购业务、代管采购业务、受托代销业务、直运业务和固定资产采购业务。

采购管理子系统与其他子系统的关系如图9-1-1所示。

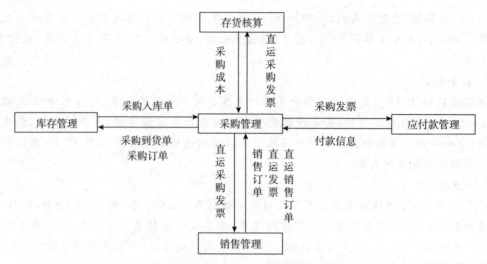

图 9-1-1 采购管理子系统与其他子系统的关系

任务二　采购业务流程与主要环节

一、采购标准流程

采购业务的标准流程如图 9-2-1 所示。

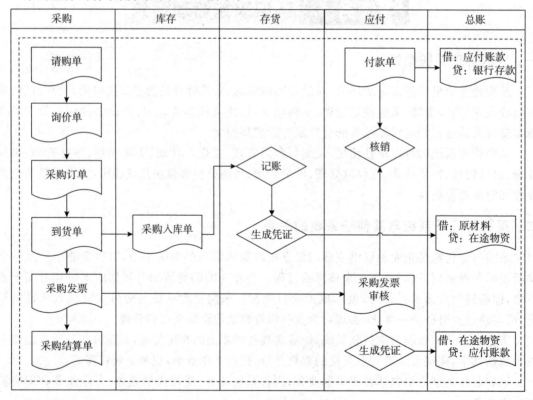

图 9-2-1　采购业务的标准流程

二、采购业务的主要操作环节

1. 采购请购

采购请购是指企业内部各部门向采购部门提出采购申请,或采购部门汇总企业内部采购需求,列出采购清单。对应的单据是请购单,请购是采购业务的起点。

在采购业务流程中,请购环节可省略。

2. 采购订货

采购订货是指企业与供应商签订采购合同或采购协议,确定要货需求。对应的单据是采购订单。在采购业务流程中,订货环节也是可选的。

3. 采购到货

采购到货是采购订货和采购入库的中间环节,一般由采购业务员根据供方通知或送货单填写,确定对方所送货物、数量、价格等信息,以到货单的形式传递到仓库,作为保管员收货的依据。对应的单据是到货单。

在采购业务流程中,到货处理是可选的。

4. 采购入库

采购入库是指将供应商提供的物料检验(也可以免检)确定合格后,放入指定仓库的业务。对应的单据是采购入库单。

当采购管理系统与库存管理系统集成使用时,采购入库单在库存管理系统中填制。当采购管理系统不与库存管理系统集成使用时,采购入库单在采购管理系统中填制。

在采购业务流程中,入库处理是必需的。

5. 采购开票

采购开票是在系统中填制由供应商开出的采购发票,采购发票是供应商开出的销售货物的凭证,系统根据采购发票确定采购成本,并据以登记应付账款。

对应的单据是采购发票。

在采购业务流程中,采购发票环节是必需的。

6. 采购结算

采购结算也称采购报账,在 ERP 系统中采购结算是针对采购入库单,根据发票确定其采购成本。采购结算的结果是生成采购结算单,它是记载采购入库单与采购发票对应关系的结算对照表。

对应的单据是采购发票和采购入库单。

生成的单据是采购结算单,采购结算分为自动结算和手工结算两种方式。自动结算是由计算机自动将相同供货单位的、相同数量存货的采购入库单和采购发票进行结算。手工结算支持采购入库单与采购发票上的采购数量不一样结算、正数入库单与负数入库单的结算、正数发票与负数发票的结算、正数入库单与正数发票结算、负数入库单与负数发票结算和费用发票单独结算等结算方式。

在采购业务流程中,采购结算环节是必需的。

7. 确认应付款

完成采购结算的电子发票会被自动传递到应付款管理系统中,由应付会计审核直接生成应付款确认凭证,生成的会计分录如下。

借:在途物资
    应交税费——应交增值税——进项税额
  贷:应付账款
在采购业务流程中,确认应付款的环节是必需的。

8. 确认采购成本

采购成本的核算工作是在存货核算系统中进行的。完成采购结算的入库单,其单价已经根据运费和损耗进行了调整,在存货核算中进行"正常单据记账"和相关财务核算工作后,可确认采购成本,然后生成采购成本的凭证,会计分录如下。

借:原材料(库存商品)
  贷:在途物资
在采购业务流程中,确认采购成本的环节是必需的。

9. 支付货款

采购付款是对采购货物进行付款的环节。采购付款在应付系统中完成。对应的单据是付款单。

采购部门根据合同签订的时间提交付款,经相关部门负责人审批后交会计人员,会计人员在应付款管理系统填写付款单,审核制证,同时由出纳支付货款,整个采购流程结束。本步骤所涉及的会计分录如下。

借:应付账款
  贷:银行存款
在采购业务流程中,采购付款环节是必需的。

任务三　普通采购业务操作

普通采购业务适合于大多数企业的日常采购业务,提供对采购请购、采购订货、采购入库、采购发票、采购成本核算、采购付款全过程管理。

按货物和发票到达的先后,将普通采购业务划分为单货同行(货物与发票在同一个月内到达)、货到票未到(暂估入库)、票到货未到(在途存货)三种类型。

一、单货同行采购业务(货物与发票在同一个月内到达)

单货同行采购业务操作流程如图9-3-1所示。

业务举例:详见本项目"工作情景描述"中案例企业资料普通采购业务(单货同行)。

操作步骤如下。

1. 录入请购单

以楚琪峰的身份登录企业应用平台,单击"业务导航"→"供应链"→"采购管理"→"请购"→"请购单"选项,进入"采购请购单"窗口,单击"增加"按钮,选择空白单据,录入"采购请购单",操作结果如图9-3-2所示,单击"保存"按钮,以提交审核,以郑乐贵的身份登录进行审核。

微课:普通采购业务

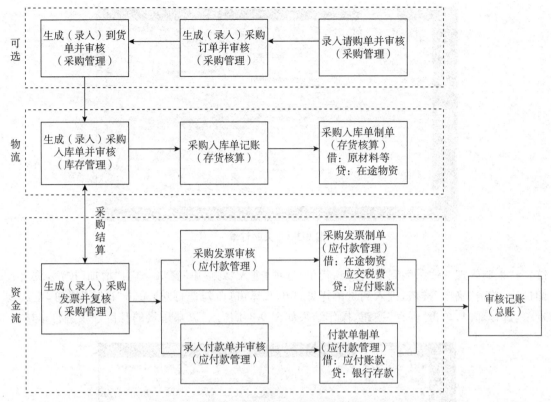

图 9-3-1　单货同行采购业务操作流程

图 9-3-2　采购请购单

2. 生成（录入）订单

楚琪峰进入企业应用平台，单击"业务导航"→"供应链"→"采购管理"→"采购订货"→"采购订单"选项，进入"采购订单"窗口，单击"增加"按钮，选择参照请购单，跳出查询过滤，单击"确定"按钮，进入订单拷贝请购单选择窗口，勾选请购单，单击"确定"按钮，生成订单，单击"保存"按钮，操作结果如图 9-3-3 所示，以郑乐贵的身份登录进行审核。

3. 生成（录入）到货单

到货后，质检人员对货物进行检验，楚琪峰进入企业应用平台，单击"业务导航"→"供应

图 9-3-3 采购订单

链"→"采购管理"→"采购到货"→"到货单"选项,进入"到货单"窗口,单击"增加"按钮,跳出查询过滤,单击"确定"按钮,进入到货单拷贝订单选择窗口,勾选订单,单击"确定"按钮,生成到货单,选择部门,单击"保存"按钮,操作结果如图 9-3-4 所示,以郑乐贵的身份登录进行审核。

图 9-3-4 到货单

4. 生成(录入)采购入库单

仓储人员对货物进行验收入库,陈福林进入企业应用平台,单击"业务导航"→"供应链"→"库存管理"→"采购入库"→"采购入库单"选项,进入"采购入库单"窗口,单击"增加"按钮,选择采购(采购到货)单,跳出查询过滤,单击"确定"按钮,进入到货单生单选择窗口,选择到货单,单击"确定"按钮,选择仓库,单击"保存"按钮,操作结果如图 9-3-5 所示。以陈国军的身份登录进行审核。

5. 录入采购发票与运费发票

(1) 收到供应商发票,楚琪峰进入企业应用平台,单击"业务导航"→"供应链"→"采购管理"→"采购发票"→"专用采购发票"选项,进入"专用发票"窗口,单击"增加"按钮,选择入库单,跳出查询过滤,单击"确定"按钮,进入发票拷贝入库单选择窗口,选择入库单,单击"保存""复核"按钮以提交审核,操作结果如图 9-3-6 所示。

项目九 采购业财一体化应用

图 9-3-5 采购入库单

图 9-3-6 专用发票

（2）运费发票需手工录入，单击"运费发票"按钮，打开"运费发票"窗口，单击"增加"按钮，选择空白单据，选择"供应商""税率""存货编码"，输入"数量""原币金额"，单击"保存""复核"按钮，操作结果如图 9-3-7 所示。

6. 采购结算

采购结算从操作处理上分为自动结算、手工结算两种方式，有运费发票的业务需采用手工结算方式，结算时，可以同时选择发票和运费，同时与入库单进行结算，将运费发票的费用按数量或按金额分摊到入库单中。此时将发票和运费分摊的费用写入采购入库单的成本中。

知识点拓展

如果运费发票开具时，对应的入库单已经与发票结算，运费发票可以通过费用折扣结算将运费分摊到入库单中，此时运费发票分摊的费用不再记入入库单中，需要到"存货核算"系统中进行结算成本的暂估处理，系统会将运费金额分摊到成本中。

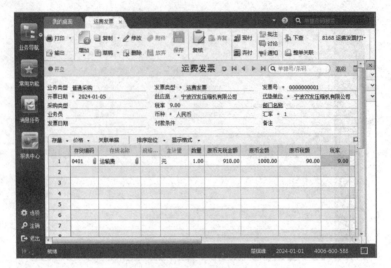

图 9-3-7 运费发票

楚琪峰进入企业应用平台,单击"业务导航"→"供应链"→"采购管理"→"采购结算"→"手工结算"选项,进入"手工结算"窗口,单击"选单"按钮,进入"发票列表"和"入库单列表",单击"查询"按钮,跳出查询过滤,单击"确定"按钮,勾选相匹配的采购发票、运费发票、入库单,操作结果如图 9-3-8 所示。单击"确定"按钮,跳出提示框,如图 9-3-9 所示。单击"是"按钮,返回"手工结算"窗口,如图 9-3-10 所示。

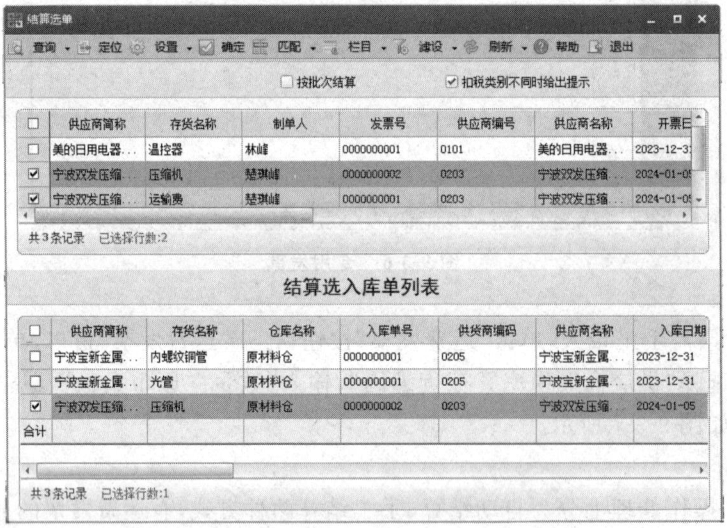

图 9-3-8 采购结算选单

选择运费分摊方式:按数量,单击"分摊"按钮,跳出提示框,如图 9-3-11 所示。单击"是"按钮,跳出提示框,如图 9-3-12 所示。单击"确定"按钮,返回"手工结算"窗口,单击"结算"按钮,如图 9-3-13 所示,完成结算。

7. 确认应付款

(1) 马超进入企业应用平台,单击"业务导航"→"财务会计"→"应付款管理"→"采购发票"→"采购发票审核"选项,进入"采购发票审核"窗口,单击"查询"按钮,跳出查询过滤,单击

"确定"按钮,进入"采购发票列表",操作结果如图 9-3-14 所示。

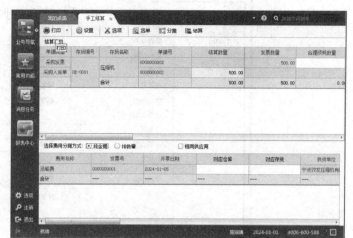

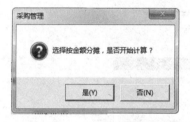

图 9-3-9 采购结算提示　　图 9-3-10 手工结算——选择费用分摊方式

图 9-3-11 运费分摊计算提示　　图 9-3-12 费用分摊完毕提示　　图 9-3-13 采购结算完成提示

图 9-3-14 采购发票审核

勾选要审核的发票,单击"审核"按钮。(注:以账套主管身份登录企业应用平台,在"系统服务"→"权限"→"数据权限控制"中设置,在"用户"前去掉勾选,马超才能审核。)

(2)对审核后的发票,单击"应付款管理"→"凭证处理"→"生成凭证"选项,打开"生成凭证"窗口,单击"制单"按钮,弹出"制单查询"窗口,勾选"发票"制单,操作结果如图 9-3-15 所示。单击"确定"按钮,进入"生成凭证"窗口的"发票列表",操作结果如图 9-3-16 所示。选择发票,单击"合并""制单"按钮,生成凭证,操作结果如图 9-3-17 所示。

图 9-3-15　应付系统凭证处理过滤单据

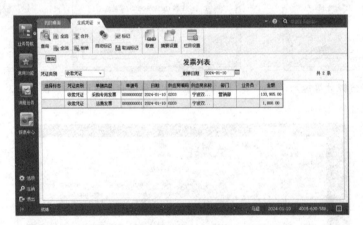

图 9-3-16　应付系统凭证处理选择制单单据

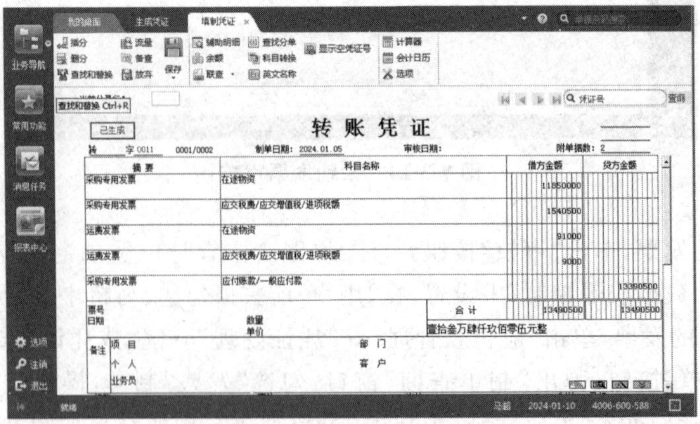

图 9-3-17　采购发票生成的凭证

> **知识点拓展**
>
> 如果在"应付款管理"→"初始设置"→"科目设置"中没有设置对应科目,科目不能自动带出。
>
> 审核发票时,可以双击打开发票,审核后可以立即制单。

8. 确认采购成本

(1) 李明进入企业应用平台,单击"业务导航"→"供应链"→"存货核算"→"记账"→"正常单据记账"选项,打开"未记账单据"窗口,进入"正常单据记账列表",单击"查询"按钮,过滤出未记账单据,选择要记账的单据,操作结果如图 9-3-18 所示(注:这个单价是运费分摊后的单价),单击"记账"按钮,完成记账。

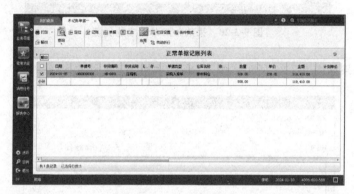

图 9-3-18　正常单据记账

(2) 完成记账操作后,单击"凭证处理"→"生成凭证"按钮,进入"生成凭证"窗口,过滤出"未生成凭证单据一览表",选择要制单的单据,单击"确定"按钮,弹出"生成凭证"窗口,设置科目,操作结果如图 9-3-19 所示。单击"制单"按钮,生成凭证,并单击"保存"按钮,操作结果如图 9-3-20 所示。

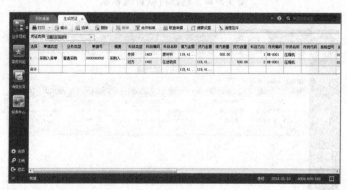

图 9-3-19　存货核算生成凭证

9. 付款

(1) 马超进入企业应用平台,单击"业务导航"→"财务会计"→"应付款管理"→"付款处理"→"选择付款"选项,进入"选择付款—条件"窗口,选择供应商,单击"确定"按钮,操作结果如图 9-3-21 所示。单击"确定"按钮,进入"选择付款列表",选择要付款的单据,操作结果如图 9-3-22 所示。单击"确定"按钮,跳出"选择付款—付款单"窗口,选择"结算方式""科目""业

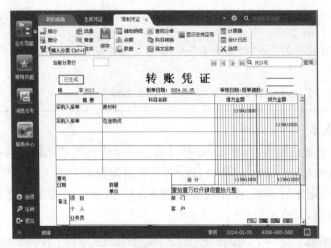

图 9-3-20 采购入库单生成的凭证

务员"等,操作结果如图 9-3-23 所示。单击"确定"按钮,完成付款。

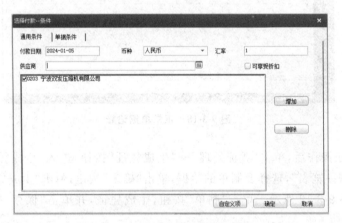

图 9-3-21 选择付款过滤单据

图 9-3-22 选择付款单据

微课:暂估业务

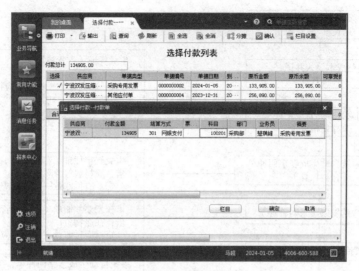

图 9-3-23 付款单录入

（2）单击"应付款管理"→"凭证处理"→"生成凭证"选项,进入"生成凭证"窗口,弹出"制单查询"窗口,选择收付款单制单,单击"确定"按钮,进入"生成凭证"窗口,选择单据,单击"制单"按钮,选择科目、现金流量项目,生成凭证,操作结果如图 9-3-24 所示。

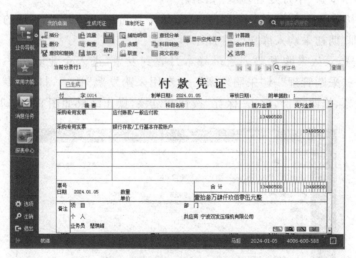

图 9-3-24 付款单生成的凭证

二、货到票未到(暂估入库)

存货暂估是指外购入库的货物发票未到,在无法确定实际的采购成本时,财务人员期末暂时按估计价格入账,待发票到达,并与采购入库单结算后,按结算金额调整暂估采购入库金额的处理。

暂估入库存货成本的回冲方式包括月初回冲、单到回冲、单到补差三种。

1. 月初回冲

月初回冲是指月初时系统自动生成红字回冲单,报销处理时,系统自动根据报销金额生成采购报销入库单,月初回冲操作流程如图 9-3-25 所示。

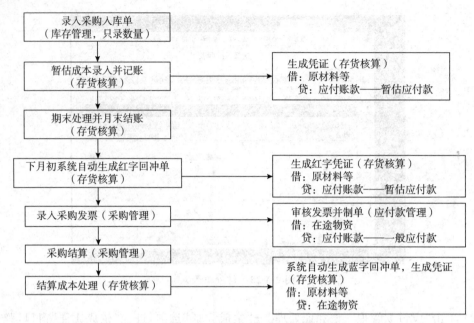

图 9-3-25　月初回冲操作流程

月初回冲操作步骤(本月处理步骤)如下。

(1) 录入期初采购入库单。本账套在 2024 年 1 月启用,2023 年 12 月的数据在初始化设置时已经录入,即"期初采购入库单",在此不再赘述。

(2) 收到发票,录入采购发票。楚琪峰本月收到发票,进入企业应用平台,单击"业务导航"→"供应链"→"采购管理"→"采购发票"→"专用采购发票"选项,打开"专用发票"窗口,参照入库单生成发票,修改单价,单击"保存"按钮并复核,操作结果如图 9-3-26 所示。

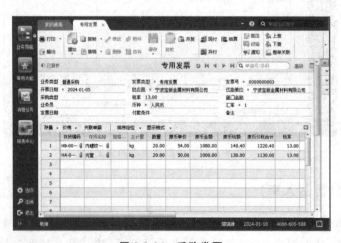

图 9-3-26　采购发票

(3) 进行采购结算。因发票是参照入库单生成,可以直接在发票上单击"结算"按钮,系统自动完成结算,操作结果如图 9-3-27 所示。

(4) 结算成本处理。李明进入企业应用平台,单击"业务导航"→"供应链"→"存货核算"→"记账"→"结算成本处理"选项,跳出"结算成本处理"窗口,选择原材料仓库,操作结果如

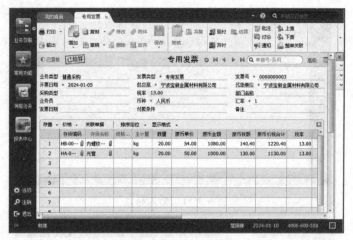

图 9-3-27　自动结算

图 9-3-28 所示。单击"确定"按钮,过滤出结算单,勾选单据,操作结果如图 9-3-29 所示。单击"结算处理"按钮,完成结算成本处理,系统自动生成蓝字回冲单。

图 9-3-28　结算成本处理过滤单据

图 9-3-29　结算成本处理

（5）生成凭证。单击"存货核算"→"凭证"→"生成凭证"选项,打开"生成凭证"窗口,过滤出未生成凭证的单据,选择红字回冲单和蓝字回冲单,操作结果如图 9-3-30 所示,单击"确定"按钮,输入科目,操作结果如图 9-3-31 所示(注:其中红字回冲单是月初自动生成的,蓝字回冲单是"结算成本处理"后生成的,红字回冲单和蓝字回冲单可以分别制单,或者合并制单),单击"合并制单"按钮,生成凭证,操作结果如图 9-3-32 所示。

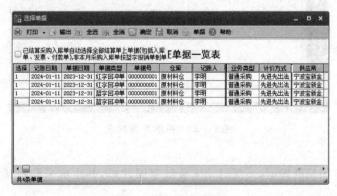

图 9-3-30　选择单据

图 9-3-31　输入科目

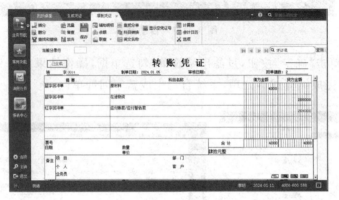

图 9-3-32　生成凭证

（6）确认应付账款。马超进入企业应用平台，单击"业务导航"→"财务会计"→"应付款管理"→"采购发票"→"采购发票审核"选项，打开"采购发票审核"窗口，查询过滤出发票，操作结果如图 9-3-33 所示。双击打开发票进行审核，并立即制单，操作结果如图 9-3-34 所示。生成的凭证如图 9-3-35 所示。

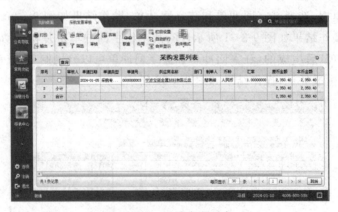

图 9-3-33　采购发票列表

2．单到回冲

单到回冲是指报销处理时，系统自动生成红字回冲单，并生成采购报销入库单，操作流程如图 9-3-36 所示。

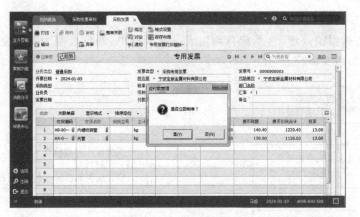

图 9-3-34 审核发票

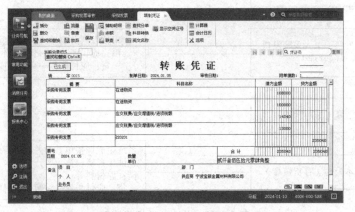

图 9-3-35 采购发票生成的凭证

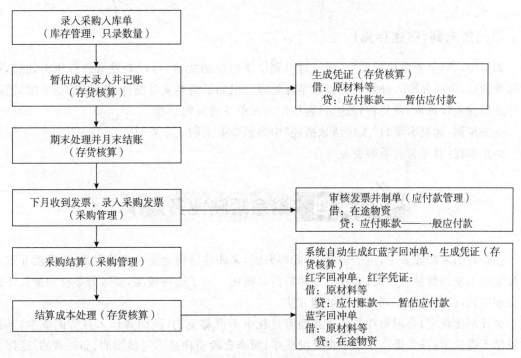

图 9-3-36 单到回冲操作流程

3. 单到补差

单到补差是指报销处理时,系统自动生成一笔调整单,调整金额为实际金额与暂估金额的差额,操作流程如图 9-3-37 所示。

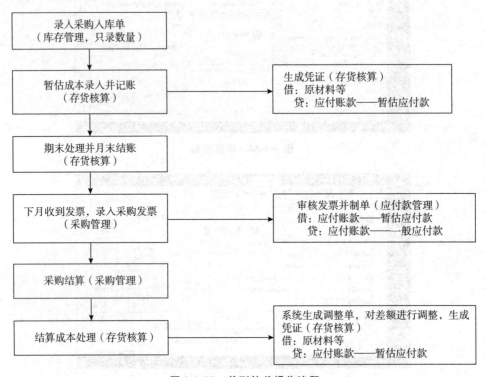

图 9-3-37 单到补差操作流程

三、票到货未到(在途存货)

如果先收到供货单位的发票,而没有收到供货单位的货物,可以对发票进行压单处理,待货物到达后,再一并输入计算机做报账结算处理。但如果需要实时统计在途货物的情况,就必须将发票输入计算机,待货物到达后,再填制入库单并做采购结算。

业务举例:详见本项目"工作情景描述"中案例企业采购业务资料。

操作步骤:参考普通采购业务操作。

任务四 溢余短缺业务操作

在企业的采购业务中,由于运输、装卸等原因,采购的货物会发生短缺毁损,这样就导致入库数量小于发票数量的情况,即发生了材料商品损耗。对于这种损耗,要区分是合理损耗还是非合理损耗,进而采取不同的会计处理方法。

会计制度规定:合理损耗是企业在经营过程中不可避免的,因而要计入存货的成本,其进项税额不得转出,只是提高了单个存货的成本;而非合理损耗是不可预知的、非正常的,这部分损失不得计入存货的成本,其进项税额要转出,这部分损失先在"待处理财产损溢"中归集,查明原因后,转入费用类科目,损耗业务操作流程如图9-4-1所示。

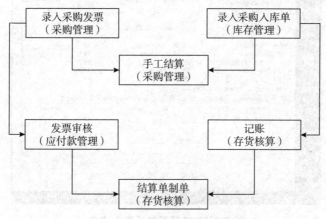

图9-4-1　损耗业务操作流程

一、确认为合理损耗的处理

属于定额内合理损耗的,视同提高入库货物的单位成本,不另做账处理。

业务举例:详见本项目"工作情景描述"中案例企业采购业务资料。

操作步骤:损耗的处理必须用手工结算,其他操作步骤与普通采购业务相同,不再赘述。

(1)采购发票与采购入库单进行手工结算。楚琪峰进入企业应用平台,单击"业务导航"→"供应链"→"采购管理"→"采购结算"→"手工结算"选项,进入"手工结算"窗口,单击"选单"按钮,"查询"过滤出采购入库单和发票,勾选进行匹配,在结算汇总的发票行录入合理损耗数量,只有发票数量=结算数量+合理损耗数量+非合理损耗数量,该条记录与发票记录才可以进行采购结算,操作结果如图9-4-2所示。

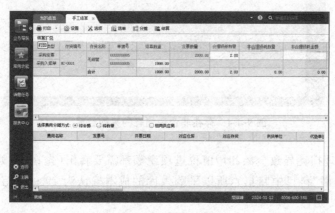

图9-4-2　手工结算

(2)因为相差的2个存货确认为合理损耗,系统会把2 000个存货的采购成本(发票金额)分摊到1 998个中。结算后,采购入库单上的单价提高,合理损耗结算后的采购入库单如图9-4-3所示。

(3)在应付系统中对采购发票进行审核,并制单。在存货核算系统中,对采购入库单记账后,生成相关的凭证即可。

图 9-4-3　结算后的采购入库单

二、确认为非合理损耗的处理

业务举例：沿上例，假定相差的 2 个确认为非合理损耗，原因待查。

（1）采购发票与采购入库单进行手工结算。楚琪峰进入企业应用平台，单击"业务导航"→"供应链"→"采购管理"→"采购结算"→"手工结算"选项，打开"手工结算"窗口，单击"选单"→"查询"按钮，勾选相匹配的采购发票、入库单，单击"确定"按钮，在"结算汇总"的发票行录入"非合理损耗数量""非合理损耗金额"，然后，进行"结算"，操作结果如图 9-4-4 所示。

图 9-4-4　存在非合理损耗的采购结算

（2）因为非合理损耗导致金额和增值税进项税额都需要转出（先在"待处理财产损溢——待处理流动资产损溢"科目中归集），所以采购入库的成本确认为 19 980 元，结算后的采购入库单的单价仍为 10 元。

（3）非合理损耗结算后的采购入库单。马超进入企业应用平台，单击"业务导航"→"财务会计"→"应付款管理"→"采购发票"→"采购发票审核"选项，打开"采购发票审核"窗口，"查询"过滤出未审核发票，选择要审核的发票，单击"审核"按钮，对审核后的发票不制单处理。

李明进入企业应用平台，单击"业务导航"→"供应链"→"存货核算"→"记账"→"正常单据记账"选项，打开"未记账单据"窗口，"查询"过滤出未记账单据，选择要记账的单据，单击"记账"按钮。

完成记账操作后，单击"凭证处理"→"生成凭证"选项，打开"生成凭证"窗口，"查询"过滤出已记账未生成凭证的单据,选择采购入库单(报销记账),同时选择"已结算采购入库单自动选择全部结算单上单据(包括入库单、发票、付款单),非本月采购入库单按蓝字报销单制单"复选框,操作结果如图 9-4-5 所示。单击"确定"按钮,输入科目,操作结果如图 9-4-6 所示。生成的凭证如图 9-4-7 所示。

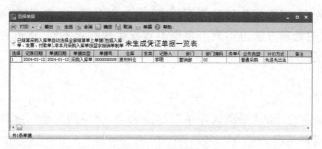

图 9-4-5　选择单据

图 9-4-6　输入科目

图 9-4-7　非合理损耗的凭证

知识点拓展

实际业务过程中,如果发生当月收到的发票数量小于入库数量,并且以后也不会再来发票,则可以通过手工结算在"合理损耗数量"中录入负数。假定本月入库 10 个,采购发票 8 个,单价都一样,此时应该按照 8 个的成本来确定,则采购入库单的单价要调减。合理损耗数量为−2,这样结算数量都是 10,把发票上的 8 个金额分摊到采购入库单的 10 个存货中。

任务五 采购退货业务操作

在企业日常业务中，因为货物质量等原因，会发生退货业务，在 ERP 系统中，由于退货发生的时点不同，采取的处理方法也不同。根据退货发生的时点不同，将退货分为结算前退货和结算后退货两种类型。

一、结算前退货

在库存管理系统中已录入"采购入库单"，但尚未录入"采购发票"，这种情况下又可分为全部退货和部分退货两种情况。

（一）全部退货

（1）填制一张全额数量的红字采购入库单。

（2）把这张红字采购入库单与原入库单进行结算，冲抵原入库单数据。

（二）部分退货

（1）填制一张部分数量的红字采购入库单。

（2）填制一张相对应的采购发票，其中发票上的数量＝原入库单数量－红字入库单数量。

（3）把这张红字入库单与原入库单、采购发票进行结算，冲抵原入库单数据。

业务举例：详见本项目"工作情景描述"中案例企业采购业务资料。

操作步骤如下。

1. 录入订单

楚琪峰进入企业应用平台，单击"业务导航"→"供应链"→"采购管理"→"采购订货"→"采购订单"选项，打开"采购订单"窗口，录入采购订单，单击"保存"按钮，以提交审核，操作结果如图 9-5-1 所示。

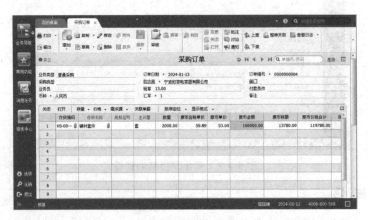

图 9-5-1 采购订单

2. 生成（录入）到货单

到货后，质检人员对货物进行检验，楚琪峰进入企业应用平台，单击"业务导航"→"供应链"→"采购管理"→"采购到货"→"到货单"选项，打开"到货单"窗口，生成或录入采购到货单，保存以提交审核，操作结果如图 9-5-2 所示。

项目九 采购业财一体化应用

图 9-5-2 到货单

3. 生成（录入）采购入库单

陈福林对货物进行验收入库，进入企业应用平台，单击"业务导航"→"供应链"→"库存管理"→"采购入库"→"采购入库单"选项，打开"采购入库单"窗口，生成或录入采购到货单，单击"保存"按钮以提交审核，操作结果如图 9-5-3 所示。

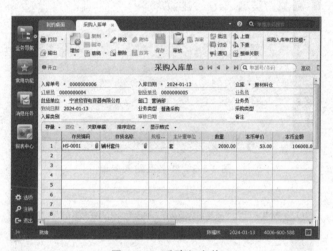

图 9-5-3 采购入库单

4. 录入退货单

楚琪峰进入企业应用平台，单击"业务导航"→"供应链"→"采购管理"→"采购到货"→"采购退货单"选项，打开"采购退货单"窗口，生成或录入采购退货单，单击"保存"按钮以提交审核，操作结果如图 9-5-4 所示。

5. 录入红字采购入库单

仓储人员对货物进行退货，陈福林进入企业应用平台，单击"业务导航"→"供应链"→"库存管理"→"采购入库"→"采购入库单"选项，打开"采购入库单"窗口，生成或录入红字采购入库单，单击"保存"按钮以提交审核，操作结果如图 9-5-5 所示。

6. 录入采购发票

采购人员进入企业应用平台，楚琪峰单击"业务导航"→"供应链"→"采购管理"→"采购发票"→"专用采购发票"选项，打开"专用发票"窗口，生成或录入专用采购发票，发票上的数量＝原入库单数量－红字入库单数量，单击"保存"按钮以提交审核，操作结果如图 9-5-6 所示。

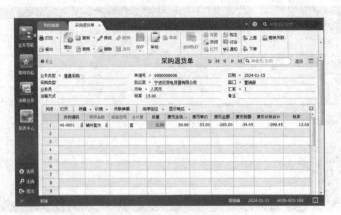

图 9-5-4 采购退货单

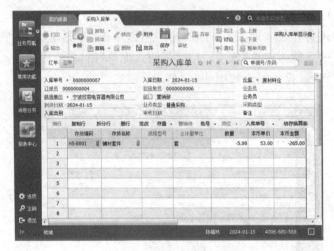

图 9-5-5 红字采购入库单

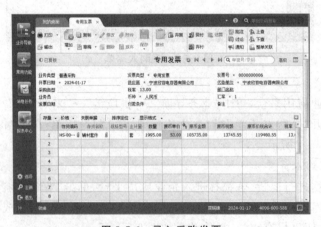

图 9-5-6 录入采购发票

7. 采购结算

选择红字采购入库单与原采购入库单、采购发票进行结算,操作结果如图 9-5-7 所示,结算结果如图 9-5-8 所示。

图 9-5-7　结算选单

图 9-5-8　结算结果

8. 确认采购成本

（1）李明进入企业应用平台，单击"业务导航"→"供应链"→"存货核算"→"记账"→"正常单据记账"选项，打开"未记账单据"窗口，"查询"过滤出未记账单据，选择要记账的单据，单击"记账"按钮，操作结果如图 9-5-9 所示。

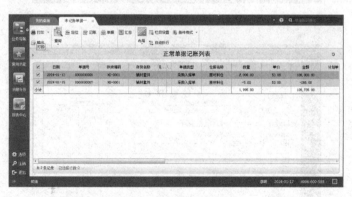

图 9-5-9　采购成本记账

（2）完成记账操作后，单击"凭证处理"→"凭证"选项，"查询"过滤出已记账未生成凭证的单据，选择要制单的单据，单击"确定"按钮，弹出"生成凭证"窗口，设置科目，生成凭证，并单击"保存"按钮，操作结果如图 9-5-10 所示。

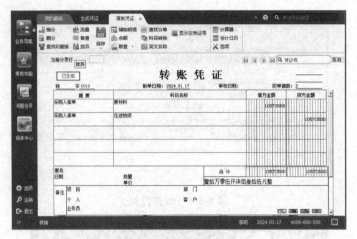

图 9-5-10　入库单生成的凭证

9. 确认应付款

马超进入企业应用平台,单击"业务导航"→"财务会计"→"应付款管理"→"采购发票"→"采购发票审核"选项,打开"采购发票审核"窗口,"查询"过滤出未审核发票,选择要审核的发票,单击"审核"按钮,对审核后的发票可立即制单处理,操作结果如图 9-5-11 所示,生成的凭证如图 9-5-12 所示。

图 9-5-11　发票审核并制单

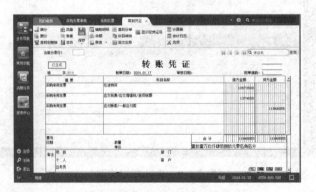

图 9-5-12　发票生成的凭证

10. 付款

马超进入企业应用平台,单击"业务导航"→"财务会计"→"应付款管理"→"付款单据录入"选项,打开"付款单据录入"窗口,录入付款的内容,单击"保存"按钮,操作结果如图 9-5-13

所示。审核后立即制单,操作结果如图 9-5-14 所示。

图 9-5-13　付款单

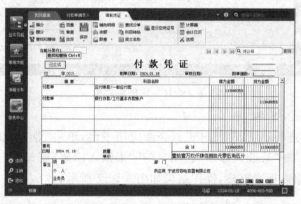

图 9-5-14　付款单生成的凭证

二、结算后退货

结算后退货是指在库存管理系统已录入"采购入库单",在采购管理系统已录入"采购发票"并执行了采购结算。结算后退货操作流程如图 9-5-15 所示。

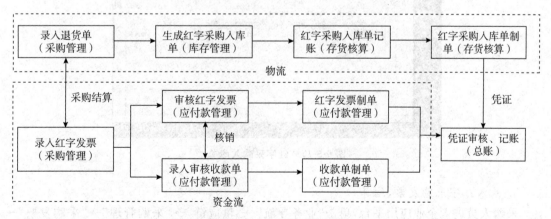

图 9-5-15　结算后退货流程

业务举例:详见本项目"工作情景描述"中案例企业采购业务资料。

操作步骤如下。

1. 录入退货单

采购人员进入企业应用平台,楚琪峰单击"业务导航"→"供应链"→"采购管理"→"采购到货"→"采购退货单"选项,打开"采购退货单"窗口,生成或录入采购退货单,单击"保存"按钮以提交审核,操作结果如图9-5-16所示。

图 9-5-16 采购退货单

2. 录入红字采购入库单

仓储人员对货物进行退货,陈福林进入企业应用平台,单击"业务导航"→"供应链"→"库存管理"→"采购入库"→"采购入库单"选项,打开"采购入库单"窗口,生成或录入红字采购入库单,单击"保存"按钮以提交审核,操作结果如图9-5-17所示。

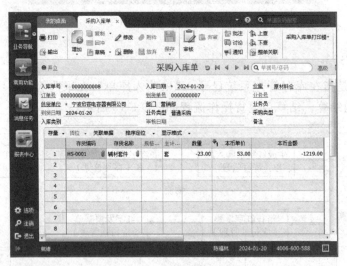

图 9-5-17 红字采购入库单

3. 录入红字采购发票,结算

采购人员进入企业应用平台,单击"业务导航"→"供应链"→"采购管理"→"采购发票"→"红字专用采购发票"选项,打开"专用发票"窗口,生成或录入红字专用采购发票,单击"保存""结算""复核"按钮以提交审核,操作结果如图9-5-18所示。

图 9-5-18　红字发票

4. 冲销采购成本

（1）李明进入企业应用平台，单击"业务导航"→"供应链"→"存货核算"→"记账"→"正常单据记账"选项，打开"未记账单据"窗口，"查询"过滤出未记账单据，选择要记账的单据，单击"记账"按钮。

（2）完成记账操作后，单击"凭证处理"→"凭证"选项，"查询"过滤出已记账未生成凭证的单据，选择要制单的单据，单击"确定"按钮，弹出"生成凭证"窗口，设置科目，生成凭证，并单击"保存"按钮，操作结果如图 9-5-19 所示。

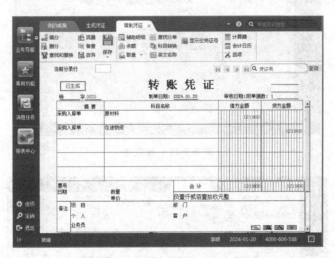

图 9-5-19　冲销采购成本红字凭证

5. 冲销应付款

马超进入企业应用平台，单击"业务导航"→"财务会计"→"应付款管理"→"采购发票"→"采购发票审核"选项，打开"采购发票审核"窗口，"查询"过滤出未审核发票，选择要审核的发票，单击"审核"按钮，对审核后的发票可立即制单处理，操作结果如图 9-5-20 所示。

6. 收款

马超进入企业应用平台，单击"业务导航"→"财务会计"→"应付款管理"→"付款单据录入"选项，打开"付款单据录入"窗口，将付款单转换为收款单，录入收款的内容，单击"保存"按钮，操

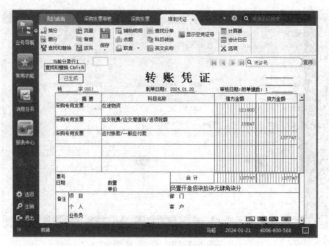

图 9-5-20 冲销应付款红字凭证

作结果如图 9-5-21 所示。并进行审核,可立即制单,生成凭证,操作结果如图 9-5-22 所示。

图 9-5-21 收款单

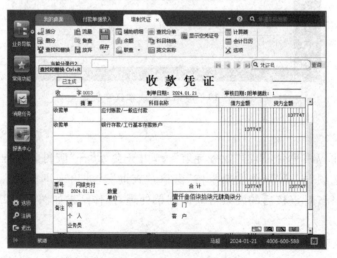

图 9-5-22 收款单生成的凭证

任务六 特殊采购业务操作

一、固定资产采购

企业既要管控资产的采购过程，还要对资产进行管理，可以通过固定资产采购功能实现，此项业务就是企业发生固定资产采购业务时，可以通过采购和库存系统实现对采购流程的管理，入库之后通过固定资产系统登记固定资产账，通过应付款管理系统实现对固定资产采购过程中发生的应付账款的管理。这种流程的优点在于能够完整体现整个资产的采购、入库、转资、付款的过程，便于加强控制与管理。

（一）启动模块

采购模块和固定资产模块都要启动，否则采购订单的业务类型无法选择到"固定资产"，这样采购系统就可以展现采购的流程、固定资产系统展现资产折旧及管理情况。

（二）业务举例

业务举例：详见本项目"工作情景描述"中案例企业采购业务资料。

操作流程如下。

1. 增加一个新仓库

由于固定资产与原材料、产成品的性质不同，不需要进行存货核算，因此需要单独建立仓库进行管理，新增一个仓库，并将"资产仓"选项选中，此仓库专门用来存放固定资产，由于资产仓属性和计入成本是否进行 MRP 运算互斥，需要勾选掉这两个选项。对于业务类型为"固定资产"的采购到货单、采购入库单，其仓库只能选择具有"资产仓"属性的仓库；资产仓的采购入库单不进行存货核算的相关处理。

2. 新增存货分类、存货档案

新增一个固定资产的存货分类及存货档案，用于固定资产采购。存货属性选择"采购"和"资产"，对于业务类型为"固定资产"的采购到货单、采购入库单，表体中的存货只能录入资产＋采购属性的存货；业务类型不是固定资产的采购到货单、采购入库单不能录入资产属性存货。

3. 新增供应商分类、供应商档案

新增一个供应商分类和供应商档案，用于固定资产采购。

4. 录入一张业务类型为"固定资产"的采购订单

楚琪峰进入企业应用平台，单击"业务导航"→"供应链"→"采购管理"→"采购订货"选项，进入"采购订单"窗口，新增一张采购订单，"业务类型"选择"固定资产"，选择供应商、要采购的资产，录入数量、单价等信息，保存以提交审核。固定资产采购业务必须以订单为核心，操作结果如图 9-6-1 所示。

5. 参照采购订单生成采购入库单

陈福林进入企业应用平台，单击"业务导航"→"供应链"→"库存管理"→"采购入库"选项，打开"采购入库单"窗口，新增一张采购入库单，参照采购订单生成采购入库单，选择"固定资产仓库"，单击"保存"按钮以提交审核，操作结果如图 9-6-2 所示。

6. 录入采购发票，把采购入库单与采购发票进行结算并现付

楚琪峰进入企业应用平台，单击"业务导航"→"供应链"→"采购管理"→"采购发票"→"专

图 9-6-1 固定资产采购订单

图 9-6-2 固定资产采购入库单

用采购发票"选项,打开"专用发票"窗口,新增一张专用采购发票,参照采购入库单生成采购发票,单击"保存"按钮,复核,进行结算,并现付,操作结果如图 9-6-3 所示。参照入库单生成的发票可以在发票上直接单击"结算"按钮,结果与手工结算一样,操作结果如图 9-6-4 所示。如需做手工结算,在手工结算的过滤条件—查询方案中显示隐藏条件"是否固定资产",该条件选择"是",才能过滤到固定资产采购的单据。

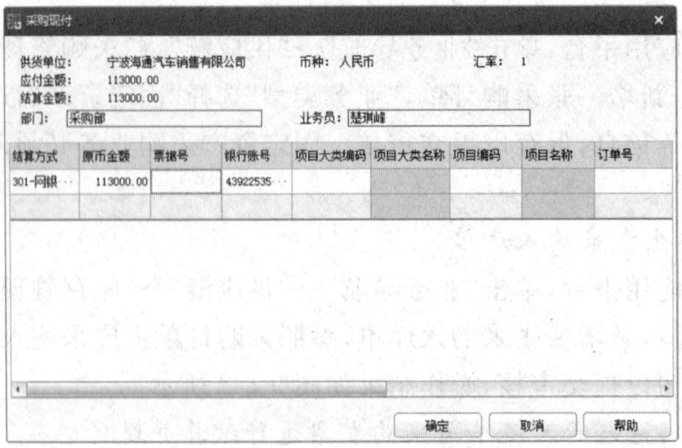

图 9-6-3 固定资产发票现付

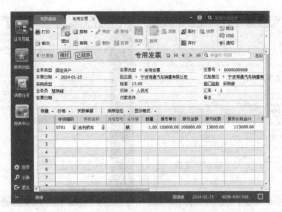

图 9-6-4　固定资产发票结算并现付

7. 在固定资产系统生成卡片

刘敏进入企业应用平台,单击"业务导航"→"财务会计"→"固定资产"→"卡片"→"采购资产"选项,打开"采购资产"窗口,选择要生成卡片的资产,操作结果如图 9-6-5 所示。单击"增加"按钮,生成采购资产分配设置,操作结果如图 9-6-6 所示。单击"采购资产分配设置"窗口中的"保存"按钮,生成固定资产卡片,操作结果如图 9-6-7 所示。

8. 在应付款管理系统中对采购发票制单

采购资产必须在应付款管理系统中对采购发票制单,生成固定资产采购凭证。

马超进入企业应用平台,单击"业务导航"→"财务会计"→"应付款管理"→"采购发票"→"采购发票审核"选项,打开"采购发票审核"窗口,"查询"过滤出未审核发票,选择要审核的发票,双击打开发票并审核,对审核后的发票可立即制单处理,生成的凭证如图 9-6-8 所示。

图 9-6-5　未转采购资产订单

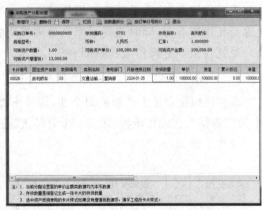

图 9-6-6　采购资产分配设置

> **知识点拓展**
>
> (1) 固定资产是必有订单业务。
>
> (2) 固定资产采购转卡片后不支持退货,若转卡片后需要退货,可按以下方式处理。
>
> ① 如果是本月转资产的业务,可以删除卡片和结算单,此时可以参照订单做红字入库单。
>
> ② 如果是以前月份转资产的业务,做其他出库单减少库存,做其他应付单冲减应付款,固定资产模块做资产减少。

图 9-6-7　固定资产卡片

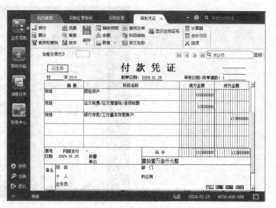

图 9-6-8　固定资产凭证

二、受托代销业务

受托代销业务是一种先销售、后结算的采购模式，是指商业企业接受其他企业的委托，为其代销商品，代销商品售出后，本企业与委托方进行结算，开具正式的销售发票，商品的所有权实现转移。受托代销通常有两种方式：一种是视同买断方式，另一种是收取手续费方式。视同买断方式是指受托方在销售商品时可以根据市场状况自行定价，赚取售价与接收价之间的差价。收取手续费方式是指受托方按委托方指定的售价销售受托代销商品，受托方只能收取委托方手续费。

只有在建账时选择企业类型为"商业"，才能处理受托代销业务。对于受托代销商品，必须在存货档案中将"受托代销"复选框选中，并且把存货属性设置为"采购""销售"，在仓库档案中增加受托代销仓库，在采购管理模块的选项中勾选"启用受托代销业务"复选框，确认系统可以处理受托代销业务，同时改变了库存管理模块的"有无受托代销业务"选项。

受托代销业务操作流程如图 9-6-9 所示。

（一）视同买断方式下受托方的业务操作

案例模拟企业是生产制造型企业，软件不提供此类业务的处理，所以不再举例，可以根据上述操作流程，建立一个商品流通企业的账套，自行学习和试验。

微课：受托代销业务

操作步骤如下。

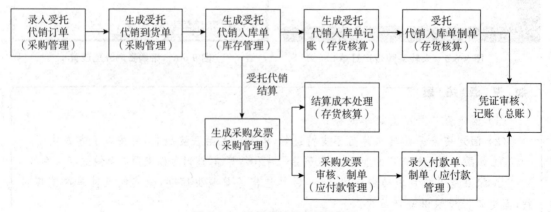

图 9-6-9　受托代销业务操作流程

1. 录入受托代销订单

采购人员单击"业务导航"→"供应链"→"采购管理"→"采购订货"→"采购订单"选项,打开"采购订单"窗口,新增一张采购订单,"业务类型"选择"受托代销",选择供应商、要采购的存货,录入数量、单价等信息,保存以提交审核。

2. 生成到货单

采购人员单击"业务导航"→"供应链"→"采购管理"→"采购到货"→"到货单"选项,打开"到货单"窗口,参照采购订单生成到货单,"业务类型"选择"受托代销",保存以提交审核。

3. 生成采购入库单

仓储人员单击"业务导航"→"供应链"→"库存管理"→"采购入库单"选项,进入"采购入库单"窗口,参照到货单生成采购入库单,"业务类型"选择"受托代销","仓库"选择"受代销仓",保存以提交审核。

4. 采购入库单记账并制单

(1) 财务人员单击"业务导航"→"供应链"→"存货核算"→"记账"→"正常单据记账"选项,打开"未记账单据"窗口,"查询"过滤出未记账单据,选择要记账的单据,单击"记账"按钮。

(2) 完成记账操作后,财务人员单击"凭证处理"→"生成凭证"选项,打开"生成凭证"窗口,过滤出已记账未生成凭证的单据,选择要制单的单据,单击"确定"按钮,弹出"生成凭证"窗口,设置科目,生成凭证,并单击"保存"按钮。生成的凭证会计分录如下。

借:受托代销商品
　　贷:受托代销商品款

5. 完成销售后,进行受托代销结算

销售确认:与普通销售业务相同,操作步骤详见项目十任务三"普通销售业务操作"。结转销售成本会计分录如下。

借:主营业务成本
　　贷:受托代销商品

采购人员单击"业务导航"→"供应链"→"采购管理"→"采购结算"→"受托代销结算"选项,打开"受托代销结算单"窗口,"查询"过滤出供应商,选择要结算的入库单,选择要生成的发票类型,输入发票号码,单击"结算"按钮。系统自动生成发票。

6. 在应付款管理系统中对采购发票进行审核、制单

财务人员单击"业务导航"→"财务会计"→"应付款管理"→"采购发票"→"采购发票审核"选项,打开"采购发票审核"窗口,"查询"过滤出未审核发票,选择要审核的发票,单击"审核"按钮,对审核后的发票可立即制单处理。

借:受托代销商品款
　　应交税费——应交增值税(进项税额)
　　贷:应付账款——一般应付款

7. 结算成本处理

财务人员单击"业务导航"→"供应链"→"存货核算"→"记账"→"结算成本处理"选项,打开"结算成本处理"窗口,选择"受托代销仓"选项,过滤出未处理的计算成本,选择要结算处理的成本,单击"结算处理"按钮,结算处理成本完成。

(二)手续费方式下受托方的业务操作

操作步骤如下。

1. 录入受托代销订单

采购人员单击"业务导航"→"供应链"→"采购管理"→"采购订货"→"采购订单"选项,打开"采购订单"窗口,新增一张采购订单,"业务类型"选择"受托代销",选择供应商、要采购的存货,录入数量、单价等信息,保存以提交审核。

2. 生成到货单

采购人员单击"业务导航"→"供应链"→"采购管理"→"采购到货"→"到货单"选项,打开"到货单"窗口,参照采购订单生成到货单,保存以提交审核。

3. 生成采购入库单

仓储人员单击"业务导航"→"供应链"→"库存管理"→"采购入库单"选项,进入"采购入库单"窗口,参照到货单生成采购入库单,"仓库"选择"受托代销仓",保存以提交审核。

4. 采购入库单记账并制单

(1)财务人员单击"业务导航"→"供应链"→"存货核算"→"记账"→"正常单据记账"选项,打开"未记账单据"窗口,"查询"过滤出未记账单据,选择要记账的单据,单击"记账"按钮。

(2)完成记账操作后,财务人员单击"凭证处理"→"生成凭证"选项,打开"生成凭证"窗口,过滤出已记账未生成凭证的单据,选择要制单的单据,单击"确定"按钮,弹出"生成凭证"窗口,设置科目,生成凭证,并单击"保存"按钮。生成的凭证会计分录如下。

借:受托代销商品

　　贷:受托代销商品款

5. 完成销售后,进行受托代销结算

销售确认:操作步骤详见项目十任务三"普通销售业务操作",但生成凭证需要修改科目,在应收款管理子系统中,不确认收入,而是确认为委托方的"应付账款——暂估应付款"。生成的凭证会计分录如下。

借:银行存款

　　贷:应付账款——暂估应付款

　　　　应交税费——应交增值税(销项税额)

结转销售成本:因为是收取手续费形式,存货核算中不确认成本,而是冲减受托代销商品款,冲减受托代销商品。生成的凭证的会计分录如下。

借:受托代销商品款

　　贷:受托代销商品

采购人员单击"业务导航"→"供应链"→"采购管理"→"采购结算"→"受托代销结算"选项,打开"受托代销结算单"窗口,"查询"过滤出供应商,选择要结算的入库单,输入结算数量,选择要生成的发票类型,输入发票号码,单击"结算"按钮。系统自动生成发票。

6. 在应付款管理系统中对采购发票进行审核、制单

财务人员单击"业务导航"→"财务会计"→"应付款管理"→"采购发票"→"采购发票审核"选项,打开"采购发票审核"窗口,"查询"过滤出未审核发票,选择要审核的发票,单击"审核"按

钮,对审核后的发票可立即制单处理。生成的凭证的会计分录如下。

　　借:应付账款——暂估应付款
　　　应交税费——应交增值税(进项税额)
　　贷:应付账款——一般应付款

7. 结算成本处理

财务人员单击"业务导航"→"供应链"→"存货核算"→"记账"→"结算成本处理"选项,打开"结算成本处理"窗口,选择"受托代销仓"选项,过滤出未处理的计算成本,选择要结算处理的成本,单击"结算处理"按钮,结算处理成本完成。

8. 支付货款,收取手续费

支付货款时,假设收取手续费在支付代销款的同时扣除,此时在销售系统中录入增值税专用发票,在应收款管理系统中审核制单。

　　借:应收账款
　　贷:其他业务收入
　　　应交税费——应交增值税(销项税额)

在应付款管理子系统中录入付款单,金额为已经扣除了手续费后的金额,然后执行核销操作和应付冲应收的操作。

　　借:应付账款——一般应付款
　　贷:应收账款
　　借:应付账款——一般应付款
　　贷:银行存款

思考题

1. 在采购与应付子系统中,有哪些主要的数据库文件?
2. 在采购业务处理时,已经参照采购订单生成了采购到货单、采购入库单、采购发票,并进行了采购结算,却发现采购订单有错,如何处理?

数智价值导航

采购业务的风险控制

2010年4月,财政部发布《企业内部控制应用指引第7号——采购业务》,对采购的主要流程进行了梳理,明确了采购业务的主要风险点,针对性地提出了相应的控制措施。6月财政部会计司解读《企业内部控制应用指引第7号——采购业务》,强化了采购风险管控,提高了企业采购效能。

在解读文件中指出:采购业务流程及风控主要涉及编制需求计划和采购计划、请购、选择供应商、确定采购价格、订立框架协议或采购合同、管理供应过程、验收、退货、付款、会计控制等环节,其中采购计划、供应商、验收是采购业务应当关注的风险。

管控措施包括以下内容。

(1) 准确、及时编制需求计划,科学安排采购计划,纳入采购预算管理,严格执行。

(2) 建立采购申请制度,严格按照预算执行进度办理请购手续。

（3）建立科学的供应商评估和准入制度，择优确定供应商，建立供应商管理信息系统和供应商淘汰制度。

（4）健全采购定价机制，定期开展价格分析，建立采购价格数据库。

（5）对合同对方主体资格、履约能力进行风险评估，对合同内容应当组织专业人员参与相关工作。

（6）建立严格的采购合同跟踪制度，科学评价供应商的供货情况。

（7）验收标准明确、验收程序规范，对验收中存在的异常情况按合同规定进行处理。

（8）严格审核采购预算、合同、相关单据凭证、审批程序等相关内容，审核无误后，按照合同规定，合理选择付款方式，及时办理付款。

（9）采取有效的采购会计系统控制，全面真实地记录和反映企业采购各环节的资金流和实物流情况，相关会计记录与相关采购记录、仓储记录保持一致。

资料来源：http://kjs.mof.gov.cn/zhengcejiedu/201006/t20100611_322435.htm.

拓展阅读

采购赠品业务应用

采购物品中有赠品时，怎么在软件中进行操作？

一、两种方式

方式一：将普通存货和赠品分开录入采购订单，赠品金额录入 0，后续开票，赠品以 0 金额结算。

方式二：使用采购单据上的赠品标识，在单据格式里设置采购订单表体上勾选赠品栏目。

二、操作步骤

方式一 将普通存货和赠品分开录入采购订单，赠品金额录入 0，后续开票，赠品以 0 金额结算，以采购 10 个物品赠送 1 个物品为例。

将赠品与普通存货分开录在采购订单上，赠品价税合计为 0，操作结果如下图所示。

采购订单

(1) 参照采购订单做采购入库单,操作结果如下图所示。

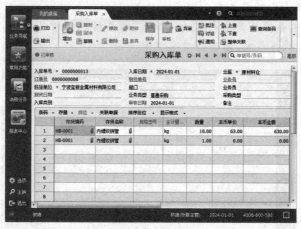

采购入库单

(2) 参照采购入库单做采购发票,并单击"结算"按钮进行采购结算,操作结果如下图所示。

采购发票

(3) 在存货核算管理系统中对采购入库单正常单据记账后,查询明细账。存货数量增加1个,存货总成本不变,单位成本变了,操作结果如下图所示。

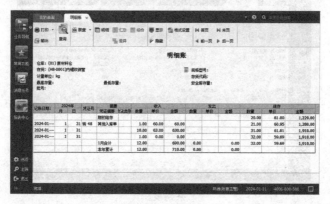

存货明细账

方式二　使用采购单据上的赠品标识,在单据格式里设置采购订单表体上勾选赠品栏目。以采购10个物品赠送1个物品为例。

(1) 将赠品与普通存货分开录在采购订单上,赠品行选择赠品标识,那么赠品价税合计自动会变为0,并且无法进行修改,操作结果如下图所示。

采购订单

(2) 参照采购订单做采购入库单,金额同样无法修改,操作结果如下图所示。

采购入库单

(3) 参照采购入库单做采购发票,金额同样无法修改,并单击"结算"按钮进行采购结算,操作结果如下图所示。

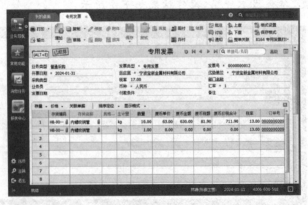

采购发票

（4）在存货核算管理系统中对采购入库单正常单据记账后，查询存货明细账，数量增加，单价改变，操作结果如下图所示。

存货明细账

项目十 销售业财一体化应用

知识目标

1. 知道信息化环境下销售业财一体化处理的程序与方法。
2. 描述销售业务的一般原理,订单、发货单、出库单、发票、收款单等各类单据的数据传递关系。
3. 理解订单、发货单、出库单、发票、收款单等各类单据的作用。

能力目标

1. 能根据业务流程完成普通销售业务业财一体化处理。
2. 能根据销售业务规范,完成对销售特殊业务的处理。

素养目标

1. 具备业财融合的思维。
2. 具备一定的逻辑推理能力。

工作情景描述

宁波海德日用电器有限公司启用供应链系统进行销售业务管理,主要通过销售管理、应收款管理、库存管理、存货核算等对销售业务进行管控,公司结合财政部《企业内部控制应用指引第9号——销售业务》文件,根据企业实际需要,设计了各种销售业务流程,从2024年1月起,按照流程用信息化进行业务管理。

本项目案例企业资料如下。

企业销售业务资料

一、普通销售业务

1. 先发货、后开票业务

1月2日,金华新力电器贸易有限公司拟向海德电器采购智能变频家用除湿机100台,营销部胡阳雪的报价为1 468元/台(不含税)。经与金华新力电器贸易有限公司协商,同意将售价调整为1 430元/台,税率13%,订货数量增加为150台,运费金额1 000元,由海德电器代为垫付运输费,1月10日,将150台产品送至客户处,并向客户开具了销售专用发票,11日货款网银收到。

2. 开票直接发货模式

1月13日，营销部胡阳雪向宁波明州贸易有限公司销售电煮锅80台，不含税单价160元/台，税率13%，当天开票并发货，货款尚未收到。

3. 现结业务

1月2日，公司营销部业务员胡阳雪向上海广凌实业有限公司销售家用静音卧室除湿机一批，数量200台，不含税单价1 300元/台，税率13%，当天收到货款（网银），当天安排发货并开具了增值税专用发票。

4. 销售退货业务

1月10日，营销部业务员胡阳雪向杭州奥尔电器有限公司销售家用浴室防水电暖器100台，不含税单价643元/台，货物已发出，未开具销售发票；1月12日，客户通知有2台因运输问题，予以退回，收到退回的2台后，于1月15日向客户开具了增值税发票98台，款项暂未收取，20日收到客户通知有1台因质量问题，予以退回，收到退回的1台后，开具红字专用发票。

二、特殊业务

1. 直运业务

1月5日，营销部接到客户上海广凌实业有限公司发来的订单，拟购买家用智能温控电暖器300台，要求当天发货，双方协定的价格为730元/台（不含税价）；税率13%，由于库存不足，营销部随即将该订单信息传递给了采购部，采购部向美的日用电器制造有限公司下达采购订单，双方协定的价格为580元/台（不含税价），由美的日用电器制造有限公司直接将该货物送至上海广凌实业有限公司处。1月6日，上海广凌实业有限公司收到货物后，随即企业收到了美的日用电器制造有限公司开具的增值税专用发票，同时企业也向上海广凌实业有限公司也开具了增值税专用发票。

2. 委托代销业务

（1）视同买断方式。1月5日，委托杭州奥尔电器有限公司代为销售家用节能电暖器100台，不含税价格为790元/台，货物已发出。1月28日，收到代销清单一张，当月实际销售95台，并退回了尚未销售的5台，向杭州奥尔电器有限公司开具一张增值税发票，暂未收到货款。

（2）收取手续费方式。1月6日，委托北京恒峰电器有限公司代为销售电水壶100只，协议指定零售价为165元/只，按售价（不含税）收取8%手续费，货物已发出，1月28日，收到代销清单一张，收到手续费发票，销售完成，向杭州奥尔电器有限公司开具一张增值税发票，暂未收到货款。

3. 分期收款业务

1月11日，营销部向北京恒峰电器有限公司销售家用节能电暖器600台，经双方协商并签订销售合同，由客户分3期（每一个月支付一次）支付货款，不含税单价为845元/台，收到商品时客户支付第一期货款。16日将货物送达客户处，并开具了增值税专用发票，当天客户通过网银转账支付第一期货款。

4. 零售日报业务

1月28日，公司新开设一个门市部，第一天开张，零售家用静音卧室除湿机5台，售价1 550元/台（不含税），家用地下室大功率除湿机3台，售价1 760元/台（不含税），货款收入银行。

任务一 认识销售管理系统

一、销售管理系统概述

销售是企业生存和发展的动力源泉,是企业实现资金回笼并获取利润的重要环节,销售管理系统可以与其他模块集成使用,也可以单独使用。

销售管理系统的主要任务是编制并审核销售订单、发货单、销售发票等单据,经审核的发货单可以自动生成销售出库单并冲减商品库存量,进行销售出库单的记账与制单,完成销售成本的核算,根据销售发票完成销售收入和税金的核算,并以销售发票为依据,记录应收账款的形成情况。

二、销售管理子系统与其他子系统的关系

销售管理系统与应收款管理集成使用,可以实现资金流的管理:依据销售发货单开具销售发票,发票审核后即形成应收账款,在"应收系统"可以查询制单,并因此收款。

销售管理系统作为供应链产品的组成部分,与库存管理、采购管理、质量管理、存货核算等集成使用,可以实现物流管理,根据销售订单填制销售发货单,并据此生成销售出库单,在库存管理系统办理出库。

销售管理系统也可以单独使用,对销售发货、销售开票进行简单的统计。

销售业务类型主要包括普通销售业务、直运业务、委托代销业务、分期收款。

销售管理子系统与其他子系统的关系如图10-1-1所示。

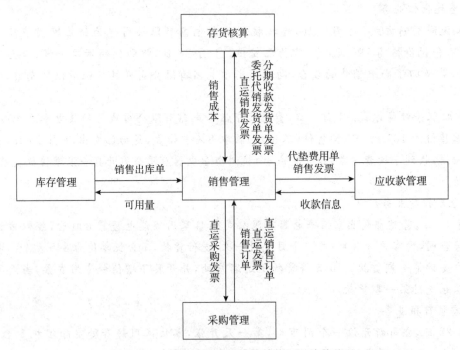

图10-1-1 销售管理子系统与其他子系统的关系

任务二 销售业务流程与主要环节

一、销售业务标准流程

销售业务标准流程如图 10-2-1 所示。

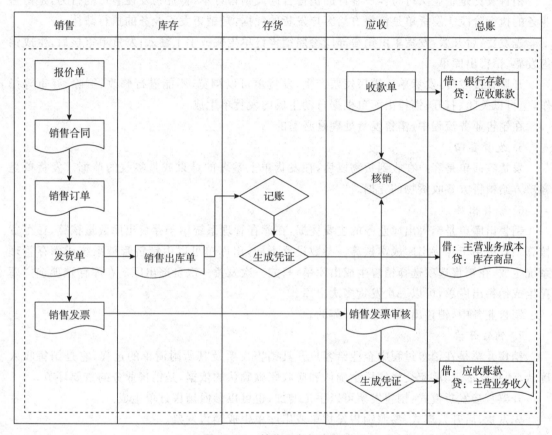

图 10-2-1 销售业务标准流程

二、销售与应收业务主要操作环节

1. 销售报价

销售报价是企业向客户提供货品、规格、价格、结算方式等信息,双方达成协议后,销售报价单可以转为有效力的销售合同或销售订单。销售报价单是可选单据,企业可根据业务的实际需要选用。

2. 销售预订

预订单是指非正式的、客户有意向的销售订单。预订单用于给生产计划人员来判断企业是否能满足此订单(即此订单是否能插到当前生产过程中),如果认为订单可以满足,则审批预订单,并在销售系统根据预订单生成正式的销售订单。此环节是可选环节。

3. 销售订货

销售订货是指由购销双方确认的客户的要货过程,企业根据销售订单组织货源,并对订单的执行进行管理、控制和追踪。若客户经常采购某产品,或客户是经销商,则销售部门无须经过报价环节即可输入销售订单。销售订单可以是企业销售合同中关于货物的明细内容,也可以是一种订货的口头协议。销售订单是可选单据,但必有订单时,销售订单必有。

在销售业务流程中,订货环节也是可选的。

4. 销售发货

销售发货是企业执行与客户签订的销售合同或销售订单,将货物发往客户的行为,是销售业务的执行阶段。发货单是销售方给客户发货的凭据,是销售发货业务的执行载体。

先发货、后开票:发货单由销售部门参照销售订单生成或手工输入;发货单审核后,生成销售发票、销售出库单。

开票直接发货:发货单由销售发票产生,发货单可以浏览,不能进行修改、删除、弃审等操作,但可以关闭、打开;销售出库单根据自动生成的发货单生成。

在销售业务流程中,销售发货处理是必需的。

5. 发货签回

发货签回单是客户在收到货物以后,在发货单上签署的结果或是签收的单据。发货单是客户方给销售方签收货物的凭据。

6. 销售出库

销售出库单是销售出库业务的主要凭据,在库存管理系统用于存货出库数量核算,在存货核算系统中用于存货出库成本核算。参数设置不同,出库单可以由销售管理系统或库存管理系统生成,在销售选项选择销售生成出库单,只能一次发货一次全部出库。在库存选项选择库存生成销售出库单,可以一次发货多次出库。

销售业务中,销售出库环节是必需的。

7. 销售开票

销售开票是在销售过程中企业给客户开具销售发票及其所附清单的过程,它是销售收入确认、销售成本计算、应交销售税金确认和应收账款确认的依据,是销售业务的重要环节。

开票直接发货模式:销售发票可以手工增加,也可以参照销售订单生成。

先发货、后开票模式:参照销售发货单或出库单生成销售发票。

销售业务中,销售开票是不可省略的。

8. 销售收款

及时进行应收账款确认及收款处理是财务核算工作的基本要求,由应收款管理系统完成。应收款管理系统主要完成对经营业务转入的应收款项的处理,复核后的销售发票会自动传递给应收款管理系统,在应收款管理系统审核后进行制单,形成应收账款并传递给总账系统,生成的凭证会计分录如下。

借:应收账款
　　贷:主营业务收入
　　　　应交税费——应交增值税(销项税额)

按收款条件向客户收取货款时,要在应收款管理系统录入收款单据,并与该客户以前的应收款进行核销,生成的凭证会计分录如下。

借:银行存款
　　贷:应收账款

销售业务中,销售收款是必需的。

9. 结转销售成本

销售出库(开票)以后,要进行出库成本的确认。对于先进先出、后进先出、移动平均、个别计价这四种计价方式的存货,在存货核算系统中进行单据记账时,要进行出库成本核算;而全月平均、计划价、售价法计价的存货,在期末处理时,进行出库成本核算。生成的凭证会计分录如下。

借:主营业务成本等

　　贷:库存商品

任务三　普通销售业务操作

普通销售业务适合于大多数企业的日常销售业务,提供对销售报价、销售订货、销售发货、销售出库、销售开票、销售收款结算、结转销售成本全过程处理。

普通销售业务类型划分为先发货、后开票和开票直接发货两种业务模式。

微课:普通
销售业务

一、先发货、后开票业务

(一) 先发货、后开票业务的操作流程

先发货、后开票业务的操作流程如图10-3-1所示。

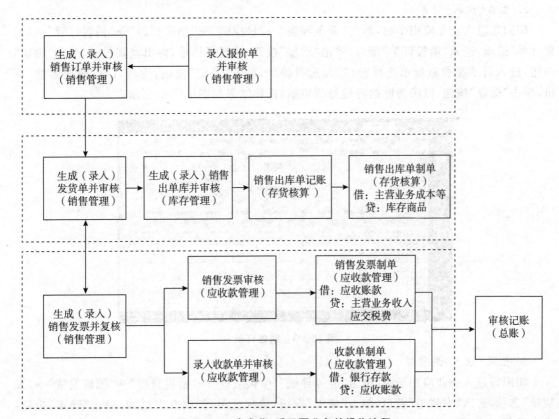

图10-3-1　先发货、后开票业务的操作流程

（二）业务举例

业务举例：详见本项目"工作情景描述"中案例企业销售业务资料。

操作步骤如下。

1. 录入报价单

以胡阳雪的身份登录企业应用平台，单击"业务导航"→"供应链"→"销售管理"→"销售报价"→"报价单"选项，进入"销售报价单"窗口，单击"增加"按钮，选择空白单据，录入销售报价单，单击"保存"按钮以提交审核，以廖海胜的身份进行审核，操作结果如图10-3-2所示。

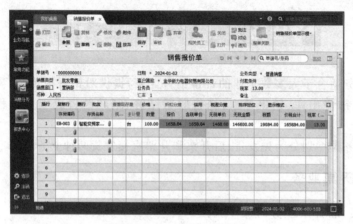

图 10-3-2　销售报价单

2. 生成（录入）订单

胡阳雪进入企业应用平台，单击"业务导航"→"供应链"→"销售管理"→"销售订货"→"销售订单"选项，进入"销售订单"窗口，单击"增加"按钮，选择报价单，弹出查询过滤，单击"确定"按钮，进入订单参照报价单选择窗口，勾选报价单，单击"确定"按钮，生成订单，修改数量、单价，单击"保存"按钮，以廖海胜的身份进行审核，操作结果如图10-3-3所示。

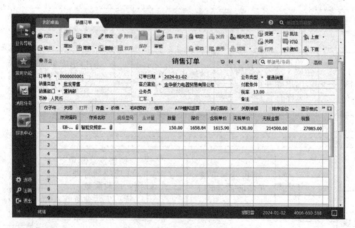

图 10-3-3　销售订单

3. 生成（录入）发货单

胡阳雪进入企业应用平台，单击"业务导航"→"供应链"→"销售管理"→"销售发货"→"发货单"选项，进入"发货单"窗口，单击"增加"按钮，选择订单，弹出查询过滤，单击"确定"按钮，进入发货单参照订单选择窗口，勾选订单，单击"确定"按钮，生成发货单，选择仓库，单击"保存"按钮,以廖海胜的身份进行审核,操作结果如图10-3-4所示。

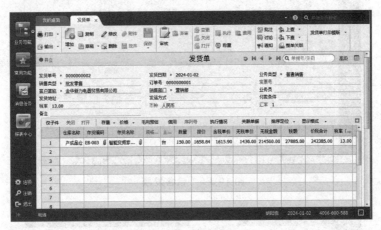

图 10-3-4 发货单

4. 自动生成销售出库单

陈福林进入企业应用平台,单击"业务导航"→"供应链"→"库存管理"→"销售出库"→"销售出库单"选项,进入"销售出库单"窗口,通过单击上下页键筛选出销售出库单,进行审核,操作结果如图10-3-5所示。

图 10-3-5 审核销售出库单

5. 录入销售发票与代垫费用单

(1) 胡阳雪进入企业应用平台,单击"业务导航"→"供应链"→"销售管理"→"销售发票"→"专用销售发票"选项,进入"销售专用发票"窗口,单击"增加"按钮,选择发货单,弹出查询过滤,单击"确定"按钮,进入发货单参照订单选择窗口,选择发货单,单击"确定"按钮,生成发票,单击"保存""复核"按钮以提交审核,操作结果如图10-3-6所示。

(2) 代垫费用单需手工录入,单击发票上的"代垫"选项,与发票建立关联,进入"代垫费用单"窗口,选择费用项目,输入金额,可分摊到具体的货物,单击"保存"按钮,以廖海胜的身份进行审核,操作结果如图10-3-7所示。

图 10-3-6 销售发票

图 10-3-7 代垫费用单

6. 确认应收款

(1) 马超进入企业应用平台,单击"业务导航"→"财务会计"→"应收款管理"→"销售发票"→"销售发票审核"选项,进入"销售发票审核"窗口,单击"查询"按钮,弹出查询过滤,单击"确定"按钮,进入"销售发票列表",勾选要审核的发票,单击"审核"按钮,操作结果如图 10-3-8 所示。

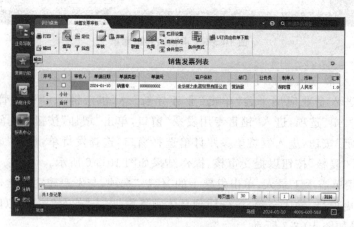

图 10-3-8 审核销售发票

同理马超对代垫运费单在应收单审核,操作过程略。

(2)对审核后的发票,单击"应收款管理"→"凭证处理"→"生成凭证"选项,打开"生成凭证"窗口,单击"制单"按钮,弹出"制单查询"窗口,勾选"发票"制单,操作结果如图 10-3-9 所示。单击"确定"按钮,进入生成凭证的"发票列表",操作结果如图 10-3-10 所示。选择发票,单击"合并""制单"按钮,生成凭证,操作结果如图 10-3-11 所示。

图 10-3-9　制单查询

图 10-3-10　生成凭证

7. 结转销售成本

(1)李明进入企业应用平台,单击"业务导航"→"供应链"→"存货核算"→"记账"→"正常单据记账"选项,进入"正常单据记账列表"窗口,单击"查询"按钮,过滤出未记账单据,选择要记账的单据,操作结果如图 10-3-12 所示。记账后,除全月平均法外,自动带出单价,操作结果如图 10-3-13 所示。

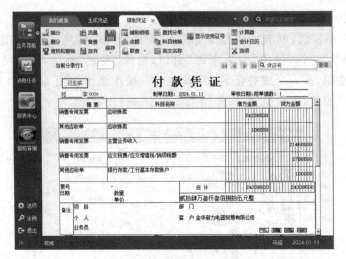

图 10-3-11 销售发票生成的凭证

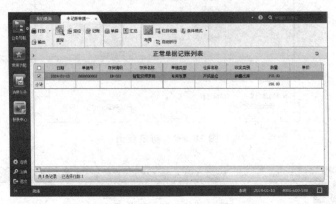

图 10-3-12 销售记账

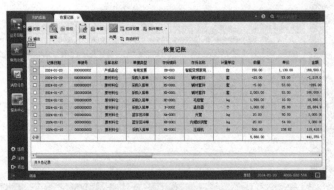

图 10-3-13 记账后的销售单价

(2) 完成记账操作后,单击"凭证处理"→"凭证"选项,过滤出已记账未生成凭证的单据,选择要制单的单据,单击"确定"按钮,弹出"生成凭证"窗口,设置科目,生成凭证,单击"保存"按钮,操作结果如图 10-3-14 所示。

8. 收款

(1) 马超进入企业应用平台,单击"业务导航"→"财务会计"→"应收款管理"→"收款处理"→"选择收款"选项,进入"选择收款-条件"窗口,选择客户,单击"确定"按钮,操作结果如图 10-3-15 所示。单击"确定"按钮,进入"选择收款列表"窗口,选择要收款的单据,操作结果如图 10-3-16 所示。单击"确定"按钮,弹出"选择收款—收款单"窗口,选择"结算方式""科目""业务员"等,操作结果如图 10-3-17 所示,单击"确定"按钮,完成收款。

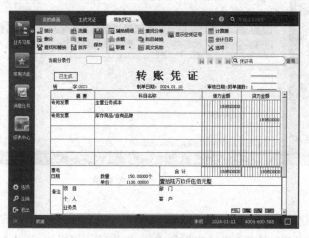

图 10-3-14　结账销售成本的凭证

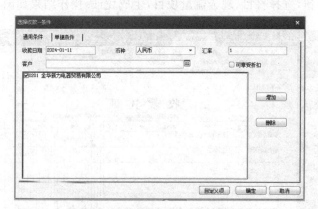

图 10-3-15　"选择收款—条件"窗口

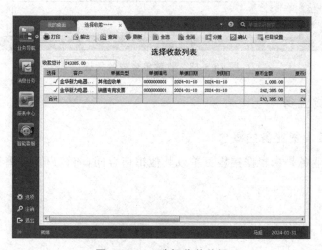

图 10-3-16　选择收款单据

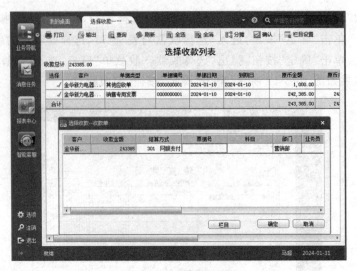

图 10-3-17 填制收款单

（2）单击"应收款管理"→"凭证处理"→"生成凭证"选项，打开"生成凭证"窗口，单击"制单"按钮，跳出制单查询框，选择"收付款单制单"，单击"确定"按钮，进入"生成凭证"窗口，选择单据，单击"制单"按钮，选择科目、现金流量项目，生成凭证，操作结果如图 10-3-18 所示。

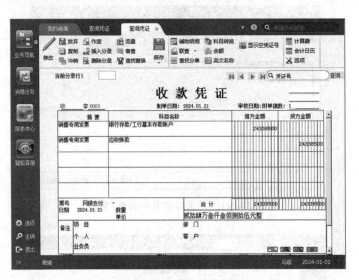

图 10-3-18 收款单生成的凭证

二、开票直接发货业务

（一）开票直接发货业务的概念

开票直接发货业务是指根据销售订单或其他销售合同，向客户开具销售发票，客户根据发票到指定仓库提货。

（二）业务举例

业务举例：详见本项目"工作情景描述"中案例企业销售业务资料。

操作步骤如下：

1. 录入订单

胡阳雪进入企业应用平台，单击"业务导航"→"供应链"→"销售管理"→"销售订货"→"销售订单"选项，进入"销售订单"窗口，录入销售订单，单击"保存"按钮，操作结果如图 10-3-19 所示，以廖海胜的身份进行审核。

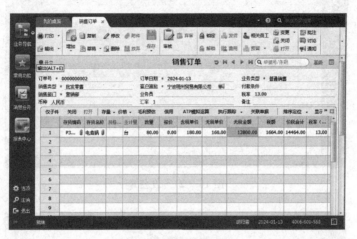

图 10-3-19　销售订单

2. 生成（录入）销售发票

胡阳雪进入企业应用平台，单击"业务导航"→"供应链"→"销售管理"→"销售发票"→"专用销售发票"选项，打开"销售专用发票"窗口，生成或录入专用采购发票，并选择发货仓库，单击"保存""复核"按钮，操作结果如图 10-3-20 所示。

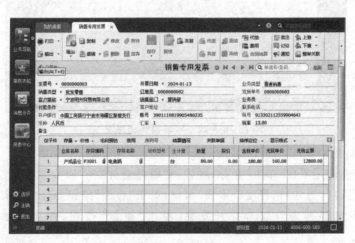

图 10-3-20　销售专用发票

3. 系统自动生成并审核发货单

胡阳雪进入企业应用平台，单击"业务导航"→"供应链"→"销售管理"→"销售发货"→"发货单"选项，打开"发货单"窗口，查询发货单，操作结果如图 10-3-21 所示。

4. 系统自动生成销售出库单，并进行审核

陈福林进入企业应用平台，单击"业务导航"→"供应链"→"库存管理"→"销售出库"→"销售出库单"选项，打开"销售出库单"窗口，"查询"过滤出已生成的销售出库单，进行审核，操作

结果如图10-3-22所示。

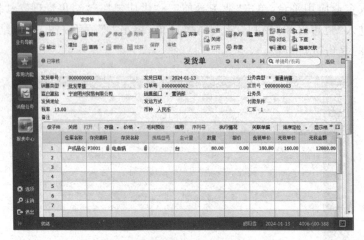

图 10-3-21　发货单

图 10-3-22　审核销售出库单

5. 确认应收款

马超进入企业应用平台,单击"业务导航"→"财务会计"→"应收款管理"→"销售发票"→"销售发票审核"选项,进入"销售发票审核"窗口,单击"查询"按钮,弹出查询过滤,单击"确定"按钮,进入"销售发票列表",双击打开发票,单击"审核"按钮,并立即制单,操作结果如图10-3-23所示。

6. 结转销售成本

(1) 李明进入企业应用平台,单击"业务导航"→"供应链"→"存货核算"→"记账"→"正常单据记账"选项,进入"正常单据记账列表",单击"查询"按钮,过滤出未记账单据,选择要记账的单据,进行记账,操作结果如图10-3-24所示。

(2) 完成记账操作后,单击"凭证处理"→"凭证"选项,过滤出已记账未生成凭证的单据,选择要制单的单据,单击"确定"按钮,弹出"生成凭证"窗口,设置科目,生成凭证,并单击"保存"按钮,操作结果如图10-3-25所示。

项目十 销售业财一体化应用

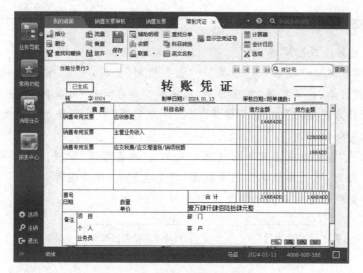

图 10-3-23　销售发票生成的凭证

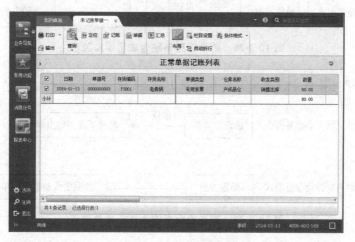

图 10-3-24　销售记账

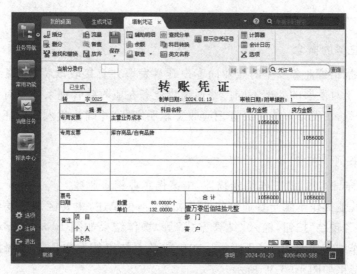

图 10-3-25　结转销售成本的凭证

知 识 点 拓 展

(1) 设置销售生成出库单

打开"销售管理"→"设置"→"选项"→"业务控制"页签,勾选"销售生成出库单","销售管理"中的发货单、销售发票、零售日报、销售调拨单在审核/复核时,系统自动生成销售出库单,并传到"库存管理"和"存货核算"中,"库存管理"中不可修改出库数量,即一次发货、一次全部出库。

如果不勾选"销售生成出库单",销售出库单由"库存管理"参照上述单据生成,不可手工填制。在参照时,可以修改本次出库数量,即一次发货、多次出库。

(2) 销售管理系统生成出库单流程如图10-3-26所示。

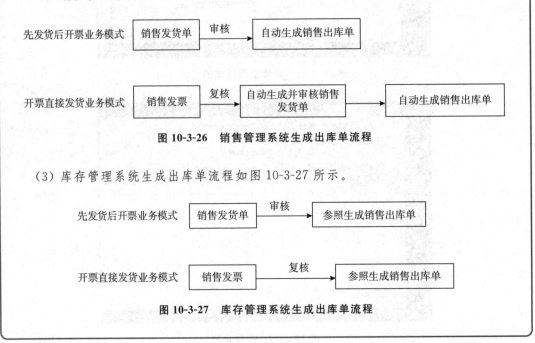

图 10-3-26　销售管理系统生成出库单流程

(3) 库存管理系统生成出库单流程如图10-3-27所示。

图 10-3-27　库存管理系统生成出库单流程

三、现结业务

(一) 现结业务的概念

现结业务是指销售业务发生时企业向客户开具发票并直接收取货款,现结业务与普通销售业务的区别在于对发票的处理不同。普通销售业务在应收款管理系统中对发票的默认处理方式是看作未收款,在发票审核后会登记应收账款明细账,并确认收入的凭证。而现结处理不通过应收账款。

(二) 业务举例

业务举例:详见本项目"工作情景描述"中案例企业销售业务。

操作步骤:其他操作步骤与普通销售业务相同,不再赘述,主要区别是发票的处理。录入发票,单击"保存""现结"按钮,输入"结算方式"等,操作结果如图10-3-28所示。单击"确定""复核"按钮,操作结果如图10-3-29所示。在应收款系统审核发票后,立即制单,不通过应收账款科目,操作结果如图10-3-30所示。

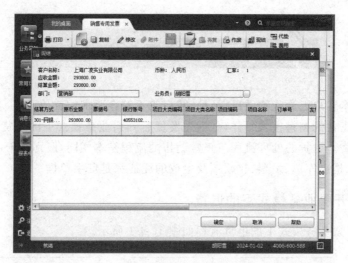

图 10-3-28　现结

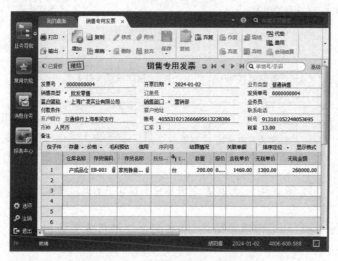

图 10-3-29　完成现结后的销售发票

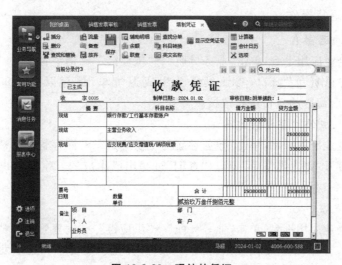

图 10-3-30　现结的凭证

任务四　销售退货业务操作

销售退货是指客户因为货物质量、品种、数量等不符合要求或其他原因,会发生销售退货。

销售退货与正常的销售模式一样,分为先发货后开票业务模式下的退货和开票直接发货业务模式下的退货。退货的处理流程与正常销售的流程基本相同,区别在于:一是用退货单代替销售发货单;二是出库单、发票、收款单及生成的凭证都是红字单据。

一、先发货、后开票业务模式下的退货

先发货、后开票业务模式下的退货流程如图 10-4-1 所示。

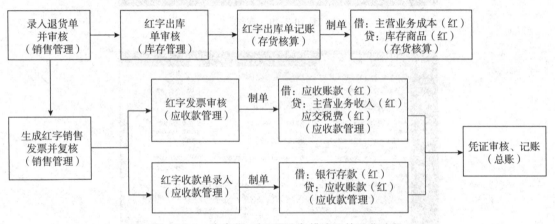

图 10-4-1　先发货、后开票业务模式下的退货流程

业务举例:详见本项目"工作情景描述"中案例企业销售业务资料。

操作步骤如下。

销售报价、销售订货、销售发货、销售出库前四个步骤的操作与普通销售业务相同,不再赘述。

（一）开票前退货操作

1. 生成(录入)退货单

胡阳雪进入企业应用平台,单击"业务导航"→"供应链"→"销售管理"→"销售发货"→"退货单"选项,打开"退货单"窗口,参照发货单生成退货单,保存以提交审核,操作结果如图 10-4-2 所示,以廖海胜的身份进行审核。

2. 审核自动生成的红字销售出库单

陈福林进入企业应用平台,单击"业务导航"→"供应链"→"库存管理"→"销售出库"→"销售出库单"选项,打开"销售出库单"窗口,"查询"过滤出已生成的红字销售出库单,进行审核,操作结果如图 10-4-3 所示。

3. 生成销售发票

胡阳雪进入企业应用平台,单击"业务导航"→"供应链"→"销售管理"→"销售发票"→"专用销售发票"选项,打开"销售专用发票"窗口,参照选择蓝字发货单和红字发货单生成专用销售发票,单击"保存""复核"按钮以提交审核,操作结果如图 10-4-4 所示。

后续的步骤销售确认及收款、结转销售成本与普通销售业务基本相同,区别在于出库单、发票、收款单及生成的凭证都是红字单据,不再赘述。

图 10-4-2　销售退货单

图 10-4-3　红字销售出库单

图 10-4-4　销售专用发票

(二)开票后退货操作

业务举例:详见本项目"工作情景描述"中案例企业销售业务资料。

操作步骤如下。

1. 生成(录入)退货单

操作步骤与开票前退货相同。

2. 生成红字销售出库单

操作步骤与开票前退货相同。

3. 生成红字销售发票

销售人员进入企业应用平台,单击"业务导航"→"供应链"→"销售管理"→"销售发票"→"红字专用销售发票"选项,打开"红字专用销售发票"窗口,参照红字发货单生成红字专用销售发票,单击"保存""复核"按钮以提交审核,操作结果如图10-4-5所示。

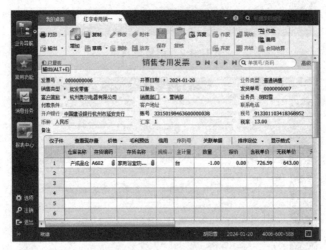

图10-4-5 红字专用销售发票

二、开票直接发货业务模式下的退货

开票直接发货业务模式下的退货操作流程如图10-4-6所示。

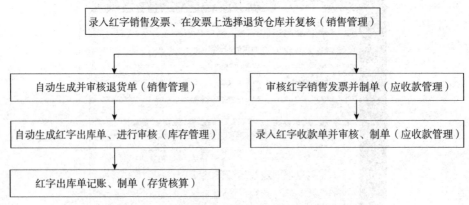

图10-4-6 开票直接发货业务模式下的退货操作流程

任务五　特殊销售业务操作

一、直运业务

直运业务是指产品无须入库即可完成购销业务。直运业务包括直运销售业务和直运采购业务，没有实物的出入库，货物流向是直接从供应商到客户，财务结算通过直运销售发票、直运采购发票解决。

从核算上来说，直运业务不通过库存商品科目，进货成本直接根据商品销售成本计价。从管理上来说，企业有必要了解某商品的利润及供应商、销售客户的收入、成本状况。从适用范围上，直运业务适用于大型设备、电器、汽车等。

（一）直运业务操作流程

直运业务操作流程如图10-5-1所示。

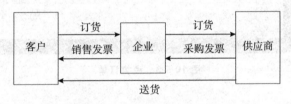

微课：直运业务

图 10-5-1　直运业务操作流程

（二）业务举例

业务举例：详见本项目"工作情景描述"中案例企业销售业务资料。

操作步骤如下。

1. 设置选项

直运业务包括直运采购和直运销售，因此两个系统均有直运业务相关选项，但采购管理的直运业务不可自行设置，而是由销售管理直运业务选项决定。林峰进入企业应用平台，单击"业务导航"→"供应链"→"销售管理"→"设置"→"选项"选项，打开"销售选项"窗口，在"业务控制"页签，启动直运业务，操作结果如图10-5-2所示。

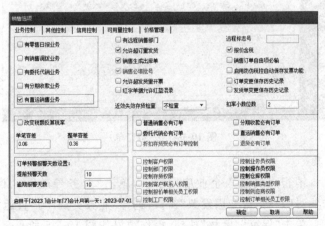

图 10-5-2　销售选项——启动直运业务

2. 录入销售订单

胡阳雪进入企业应用平台,单击"业务导航"→"供应链"→"销售管理"→"销售订货"→"销售订单"选项,录入销售订单,"业务类型"选择"直运销售",单击"保存"按钮以提交审核,操作结果如图 10-5-3 所示。

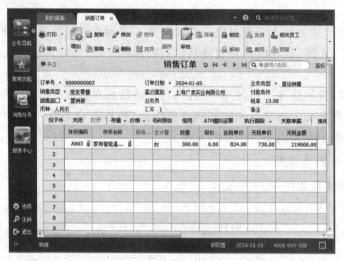

图 10-5-3 销售订单

3. 生成采购订单

楚琪峰进入企业应用平台,单击"业务导航"→"供应链"→"采购管理"→"采购订货"→"采购订单"选项,打开"采购订单"窗口,参照销售订单生成采购订单,"业务类型"选择"直运采购",单击"保存"按钮以提交审核,操作结果如图 10-5-4 所示。

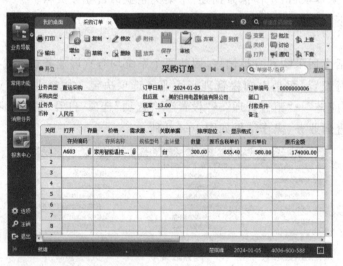

图 10-5-4 采购订单

4. 生成销售发票

客户收到货物后,销售人员进入企业应用平台,单击"业务导航"→"供应链"→"销售管理"→"销售开票"选项,打开"销售专用发票"窗口,选择"业务类型"为"直运销售",参照销售订单生成销售专用发票,单击"保存""复核"按钮,操作结果如图 10-5-5 所示。

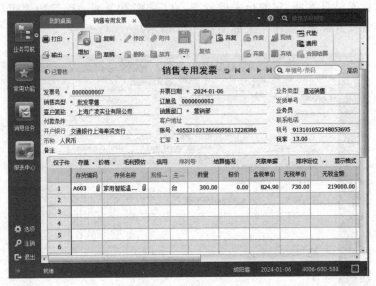

图 10-5-5　销售专用发票

5. 生成采购发票

楚琪峰收到供应商的发票,进入企业应用平台,单击"业务导航"→"供应链"→"采购管理"→"采购发票"选项,打开"专用发票"窗口,选择"业务类型"为"直运采购",参照采购订单生成采购专用发票,单击"保存""复核"按钮,操作结果如图 10-5-6 所示。

图 10-5-6　采购专用发票

6. 销售发票审核、制单

马超进入企业应用平台,单击"业务导航"→"财务会计"→"应收款管理"→"销售发票"选项,打开"销售发票"窗口,"查询"过滤出销售发票,在"销售发票列表",选中要审核的发票,双击打开发票,进行审核并制单,操作结果如图 10-5-7 所示。

7. 采购发票审核、制单

马超单击"业务导航"→"财务会计"→"应付款管理"→"采购发票"选项,打开"采购发票"

窗口,"查询"选择未结算发票,过滤出采购发票,在"采购发票列表",选中要审核的发票,双击打开发票,进行审核并制单,操作结果如图10-5-8所示。

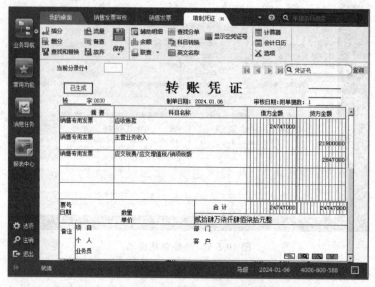

图 10-5-7 销售发票生成的凭证

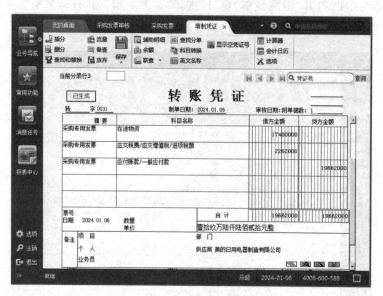

图 10-5-8 采购发票生成的凭证

8. 记账处理

李明进入企业应用平台,单击"业务导航"→"供应链"→"存货核算"→"记账"→"直运销售记账"选项,打开"直运采购发票核算查询条件"窗口,选择"单据类型"为"采购发票、销售发票",操作结果如图10-5-9所示。单击"确定"按钮,进入记账窗口,这里有采购发票和销售发票两条记录,选择记录进行记账,操作结果如图10-5-10所示。采购发票记账,不需要生成凭证,销售发票需要记账生成凭证,结转销售成本。

李明单击"业务导航"→"供应链"→"存货核算"→"凭证处理"→"生成凭证"选项,打开"生成凭证"窗口,选择销售发票制单,生成的凭证如图10-5-11所示。

项目十 销售业财一体化应用

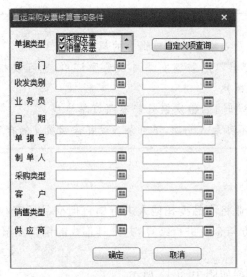

图 10-5-9　直运采购发票核算查询条件

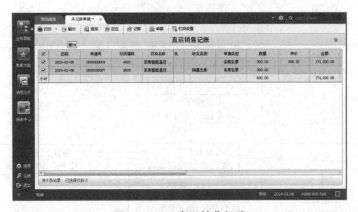

图 10-5-10　直运销售记账

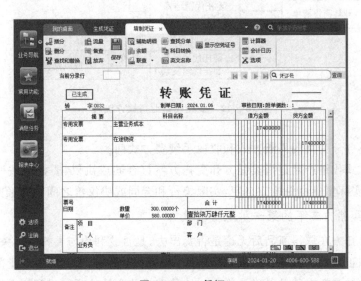

图 10-5-11　凭证

知识点拓展

（1）直运业务的存货必须有采购与销售的属性。

（2）选择"非必有订单"时，购销发票可以参照订单，也可以相互参照生成（非参照订单生成的发票才能被参照）。

（3）选择"必有订单"时，购销发票只能参照订单生成。

（4）直运销售发票不可录入仓库，不可录入受托代销属性的存货、"应税劳务"的存货。

二、委托代销业务

委托代销业务是指企业将商品委托他人进行销售但商品所有权仍归企业的销售方式，委托代销商品销售后，受托方与企业进行结算，并开具正式的销售发票，形成销售收入，商品所有权转移。

委托代销业务操作流程如图 10-5-12 所示。

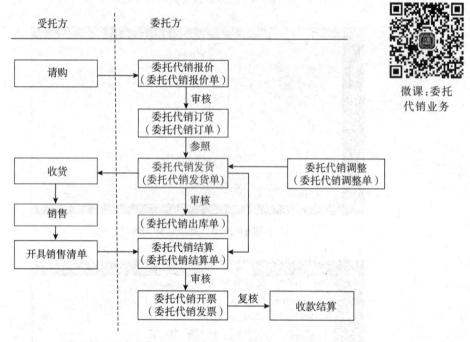

微课：委托代销业务

图 10-5-12　委托代销业务操作流程

委托代销业务分为视同买断方式和收取手续费方式两类。

视同买断方式代销产品是指委托方和受托方签订合同或协议，委托方按照合同或协议收取代销的货款，实际售价由受托方自定，实际售价和合同或协议价之间的差额归受托方所有。

（一）视同买断方式下的第一种业务模式

第一种是受托方在取得商品后无论是否卖出去、是否获利均与委托方无关，这种情况下的委托代销业务和正常的销售业务并没有实质区别，在发出商品、商品所有权上的主要风险和报酬已经转移的时候委托方就可以确认收入。这种方式的会计处理方式和正常销售处理方式一致，不再赘述。

（二）视同买断方式下的第二种业务模式

第二种是受托方没有将商品售出时可以将商品退回给委托方，或者受托方因代销商品出现亏损时可以要求委托方补偿，此时委托方在交付商品时不会确认收入，受托方也不做购进商品处理，受托方将商品销售后，根据实际售价确认销售收入，并向委托方开具代销清单，委托方收到代销清单时确认本企业的销售收入。

业务举例：详见本项目"工作情景描述"中案例企业销售业务资料。

操作步骤如下。

1. 设置选项

委托代销业务选项涉及销售管理系统、库存管理系统和存货核算系统。但库存管理的委托代销业务选项不可自行设置，而是由销售管理的委托代销业务选项决定。

林峰进入企业应用平台，单击"业务导航"→"供应链"→"销售管理"→"设置"→"选项"选项，打开"销售选项"窗口，在"业务控制"页签，启动"有委托代销业务"，操作结果如图10-5-13所示。

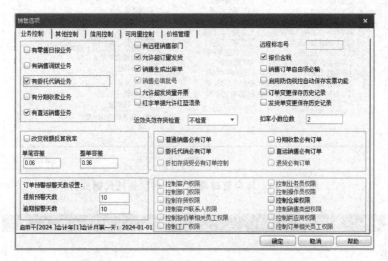

图10-5-13　销售选项——启动委托代销业务

单击"业务导航"→"供应链"→"库存管理"→"设置"→"选项"选项，在库存管理系统中，单击"通用设置"页签，启动"有委托代销业务"，操作结果如图10-5-14所示。

单击"业务导航"→"供应链"→"存货核算"→"设置"→"选项"选项，打开"选项录入"窗口，在"核算方式"页签，找到"委托代销成本核算方式"，选择"按发出商品核算"，操作结果如图10-5-15所示。

2. 录入委托代销订单

胡阳雪进入企业应用平台，单击"业务导航"→"供应链"→"销售管理"→"销售订货"→"销售订单"选项，打开"销售订单"窗口，录入销售订单，"业务类型"选择"委托代销"，单击"保存"按钮以提交审核，操作结果如图10-5-16所示，以廖海胜的身份进行审核。

3. 生成委托代销发货单

胡阳雪进入企业应用平台，单击"业务导航"→"供应链"→"销售管理"→"委托代销"→"委托代销发货单"选项，打开"委托代销发货单"窗口，参照销售订单生成委托代销发货单，"业务类型"选择"委托代销",选择发货仓库,单击"保存"按钮以提交审核,操作结果如图 10-5-17 所示,以廖海胜的身份进行审核。

图 10-5-14 库存管理选项——启动委托代销业务

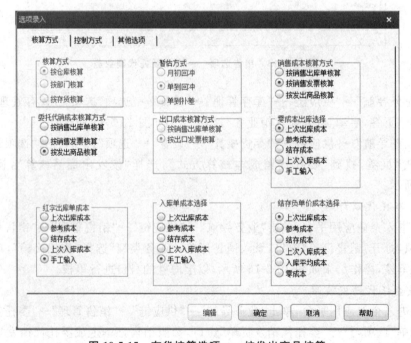

图 10-5-15 存货核算选项——按发出商品核算

图 10-5-16　销售订单

图 10-5-17　委托代销发货单

4. 自动生成委托代销出库单

陈福林进入企业应用平台,单击"业务导航"→"供应链"→"库存管理"→"销售出库"→"销售出库单"选项,打开"销售出库单"窗口,查询出销售出库单,进行审核,操作结果如图 10-5-18 所示。

图 10-5-18　销售出库单

5. 记账、生成凭证

李明进入企业应用平台,单击"业务导航"→"供应链"→"存货核算"→"记账"→"发出商品记账"选项,打开"未记账单据"窗口,"查询"过滤出单据,选择符合的记录,单击"记账"按钮,操作结果如图 10-5-19 所示。单击"业务导航"→"供应链"→"存货核算"→"凭证处理"→"生成凭证"选项,打开"生成凭证"窗口,选择记录制单,生成的凭证如图 10-5-20 所示。

图 10-5-19　发出商品记账

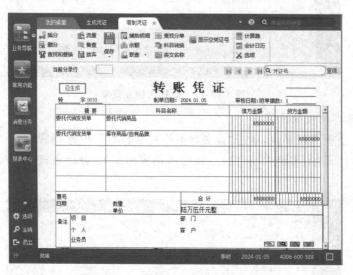

图 10-5-20　委托代销出库生成的凭证

6. 录入委托代销结算单

受托方销售完成后,发来结算清单,胡阳雪进入企业应用平台,单击"业务导航"→"供应链"→"销售管理"→"委托代销"→"委托代销结算单"选项,打开"委托代销结算单"窗口,必须参照委托代销发货单生成委托代销结算单,修改数量,单击"保存"按钮,操作结果如图 10-5-21 所示。以廖海胜的身份进行审核,经审核后自动生成销售发票,操作结果如图 10-5-22 所示。

胡阳雪单击"业务导航"→"供应链"→"销售管理"→"销售开票"→"销售专用发票"选项,打开"销售专用发票"窗口,单击上下翻页键,找到委托代销的销售发票进行复核,操作结果如图 10-5-23 所示。

图 10-5-21　委托代销结算单

图 10-5-22　自动生成销售发票

图 10-5-23　复核销售发票

7. 录入委托代销退货单

胡阳雪进入企业应用平台,单击"业务导航"→"供应链"→"销售管理"→"委托代销"→"委托代销退货单"选项,打开"委托代销退货单"窗口,参照委托代销发货单生成委托代销退货单,单击"保存"按钮,操作结果如图 10-5-24 所示。

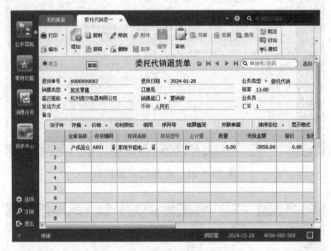

图 10-5-24　委托代销退货单

8. 自动生成红字销售出库单

陈福林进入企业应用平台,单击"业务导航"→"供应链"→"库存管理"→"销售出库"→"销售出库单"选项,打开"销售出库单"窗口,单击上下翻页键,"查询"出红字销售出库单,进行审核,操作结果如图 10-5-25 所示。

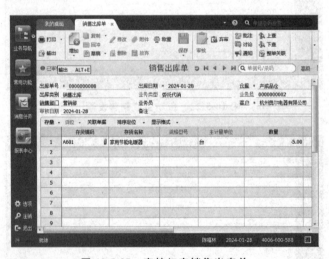

图 10-5-25　审核红字销售出库单

9. 确认收入、制单

马超进入企业应用平台,单击"业务导航"→"财务会计"→"应收款管理"→"销售发票"→"销售发票审核"选项,打开"销售发票审核"窗口,"查询"过滤发票,选中要审核的发票,双击打开发票,进行审核并制单,制单结果如图 10-5-26 所示。

10. 结转成本

李明进入企业应用平台,单击"业务导航"→"供应链"→"存货核算"→"记账"→"发出商品记账"选项,打开"未记账单据"窗口,选择符合的记录,单击"记账"按钮,操作结果如图10-5-27所示。单击"业务导航"→"供应链"→"存货核算"→"凭证处理"→"生成凭证"选项,打开"生成凭证"窗口,选择记录制单,生成的凭证如图10-5-28所示。

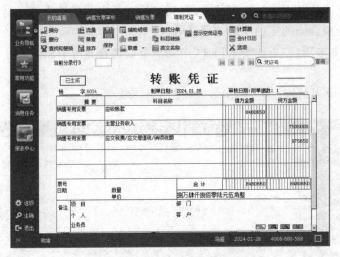

图10-5-26　委托代销发票生成的凭证

图10-5-27　发出商品记账

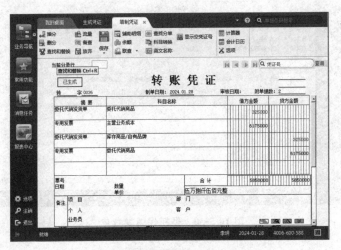

图10-5-28　结转委托代销成本的凭证

(三) 收取手续费方式

收取手续费方式是指实际售价由委托方决定,受托方没有定价权,委托方收到代销清单后根据合同约定方式和受托方结算手续费。

委托方在发出商品时不确认销售收入,收到受托方开出的代销清单时确认销售收入;受托方在销售商品后按照合同约定的手续费确认收入。

业务举例:详见本项目"工作情景描述"中案例企业销售业务资料。

操作步骤如下。

(1) 销售人员录入销售订单,操作结果如图 10-5-29 所示。

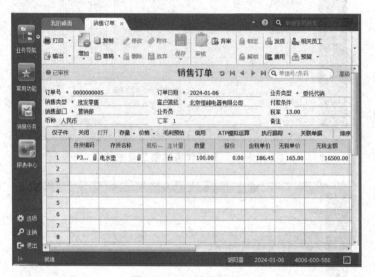

图 10-5-29 销售订单

(2) 销售人员生成委托代销发货单,操作结果如图 10-5-30 所示。

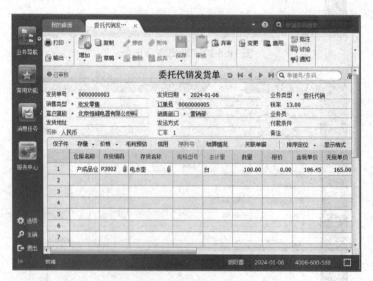

图 10-5-30 委托代销发货单

(3) 系统自动生成销售出库单,仓储人员进行审核,操作结果如图 10-5-31 所示。

图 10-5-31 销售出库单

（4）财务人员对销售出库单记账，并生成凭证，操作结果如图 10-5-32 所示。

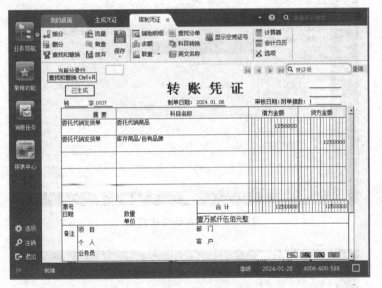

图 10-5-32 委托代销出库生成的凭证

（5）销售人员生成委托代销结算单，操作结果如图 10-5-33 所示。审核委托代销结算单，自动生成发票，操作结果如图 10-5-34 所示。

（6）填制销售费用支出单。销售人员单击"业务导航"→"供应链"→"销售管理"→"销售开票"→"销售专用发票"选项，进入"销售专用发票"窗口，单击上下翻页键，"查询"出发票，进行复核，然后单击"费用"按钮，进入"销售费用支出单"窗口，选择"费用项目""费用供应商"，录入"支出金额"，单据流向选其他应付款，保存并审核，操作结果如图 10-5-35 所示（注：销售费用支出单在"基础设置"→"单据设置"→"单据格式"中设置，表头要填写费用供应商名称、单据流向，在供应商分类中增加费用供应商，供应商档案中增加北京恒峰电器有限公司）。

图 10-5-33　委托代销结算单

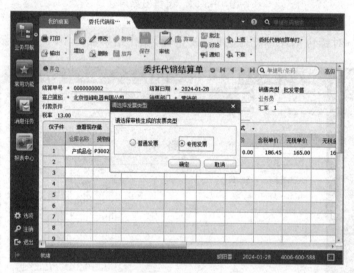

图 10-5-34　自动生成发票

图 10-5-35　销售费用支出单

（7）财务人员审核发票，确认收入，操作结果如图10-5-36所示。

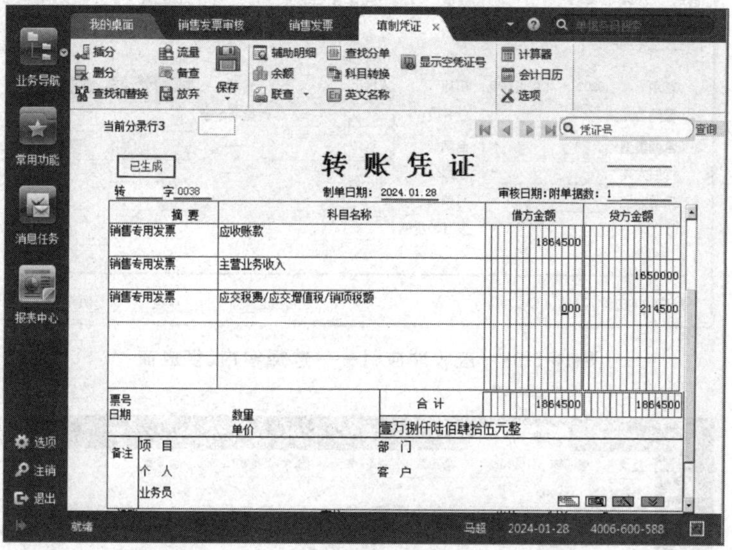

图 10-5-36　委托代销发票生成的凭证

（8）在应付系统中审核应付单，确认费用。财务人员单击"业务导航"→"财务会计"→"应付款管理"→"应付处理"→"应付单审核"选项，在"应付单列表"中选中要审核的应付单据，双击打开，进行审核并制单，操作结果如图10-5-37所示。

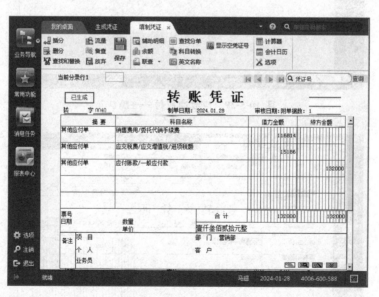

图 10-5-37　手续费凭证

（9）应收冲应付。财务人员单击"业务导航"→"财务会计"→"应收款管理"→"转账"→"应收冲应付"选项，进入"应收冲应付"窗口，输入转账总金额1 320，选择客户、供应商，操作结果如图10-5-38所示。单击"确定"按钮，跳出"应收冲应付"，输入转账金额，操作结果如图10-5-39所示。单击"确认"按钮，打开"填制凭证"窗口，立即制单，操作结果如图10-5-40所示。

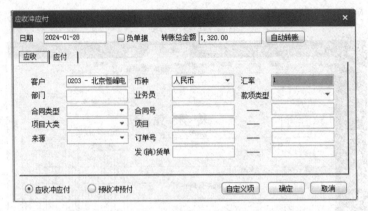

图 10-5-38　应收冲应付——选择客户、供应商

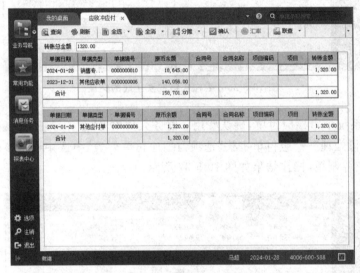

图 10-5-39　应收冲应付——确认

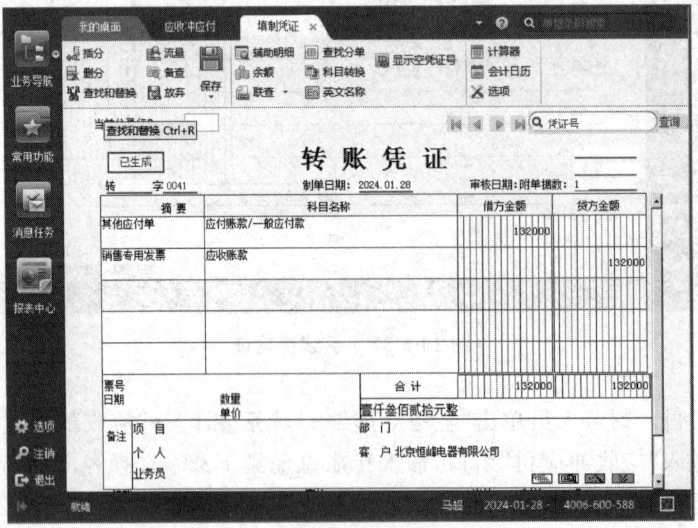

图 10-5-40　手续费冲应收款凭证

（10）财务人员到存货核算记账，结转成本，生成的凭证如图 10-5-41 所示。

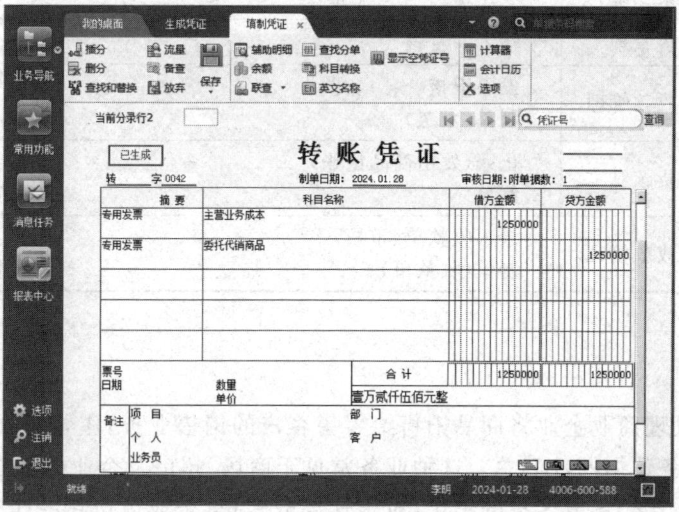

图 10-5-41　结转委托代销成本

三、分期收款业务

分期收款销售业务类似于委托代销业务，货物提前发给客户，分期收回货款，收入与成本按照收款情况分期确定。分期收款销售的特点：一次发货，当时不确定收入，分次确定收入，在确定收入的同时配比性地结转成本。

分期收款业务处理流程如图 10-5-42 所示。

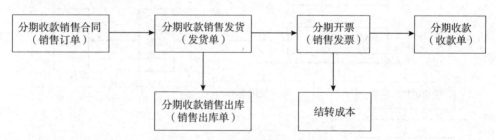

图 10-5-42　分期收款业务处理流程

分期收款业务的订货、发货、出库、开票等处理与普通销售业务相同，只是"业务类型"选择"分期收款"。分期收款时，开具销售发票，结转销售成本，操作步骤如表 10-5-1 所示。

表 10-5-1　分期收款业务操作步骤

单　据	系　统	操　作	生 成 凭 证
设置选项	销售管理	在"业务控制"页签启动分期收款业务	
销售订单	销售管理	录入审核，"业务类型"选择"分期收款"业务	
销售发货单	销售管理	录入审核	
销售出库单	库存管理 存货核算	审核 记账（发出商品记账）、制单	借：发出商品 贷：库存商品

续表

单 据	系 统	操 作	生成凭证
销售发票	销售管理	输入并复核	借：应收账款 贷：主营业务收入 　　应交税费
	应收款管理	发票审核 制单（发票）	
	存货核算	记账（发出商品记账） 制单	借：主营业务成本 贷：发出商品
收款单	应收款管理	录入收款单、审核 制单（收款单）	借：银行存款 贷：应收账款

四、零售业务

零售业务是处理商业企业将商品销售给零售客户的销售业务，零售日报不是原始的销售单据，而是零售业务数据的日汇总。这种业务常见于商场、超市及企业的各零售店。零售日报可以用来处理企业比较零散客户的销售，对于这部分客户，企业可以用一个公共客户代替，如零散客户，然后将零散客户的销售凭单先按日汇总，再录入零售日报进行管理。

与"零售管理"集成使用时，可以将直营门店的零售数据、收款数据上传到"销售管理"，生成零售日报，并自动现结、生成销售出库单。

（一）零售业务流程

零售业务流程如图10-5-43所示。

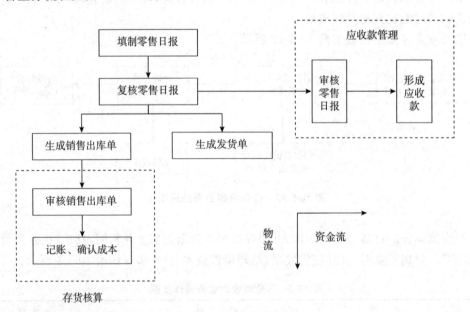

图 10-5-43　零售业务流程

（二）业务举例

业务举例：详见本项目"工作情景描述"中案例企业销售业务资料。

操作步骤如下。

(1)销售选项设置,操作结果如图10-5-44所示。

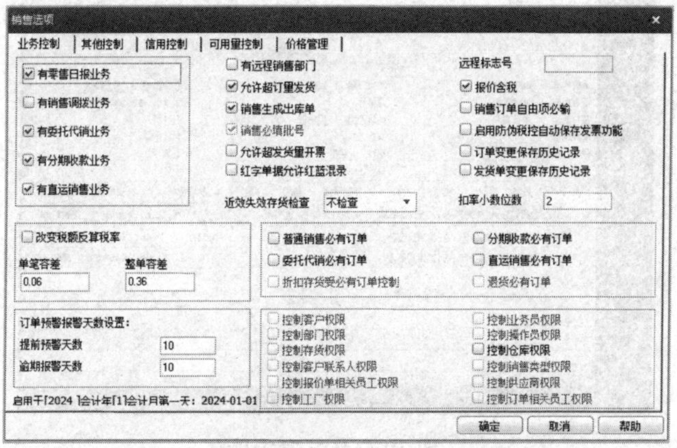

图10-5-44 销售选项——启动零售日报业务

(2)维护基础档案,包括设置部门、客户档案、操作员等。

(3)录入零售日报。销售人员进入企业应用平台,单击"业务导航"→"供应链"→"销售管理"→"零售"→"零售日报"选项,进入"零售日报"窗口,录入零售日报,客户选择"零散客户"等,单击"保存""现结""复核"按钮,操作结果如图10-5-45所示。

图10-5-45 零售日报

(4)系统自动生成发货单,只能查询,不能修改,操作结果如图10-5-46所示。

(5)自动生成出库单,审核。仓储人员进入企业应用平台,单击"业务导航"→"供应链"→"库存管理"→"销售出库"→"销售出库单"选项,打开"销售出库单"窗口,"查询"出销售出库单,进行审核,操作结果如图10-5-47所示。

(6)确认收入、制单。马超进入企业应用平台,单击"业务导航"→"财务会计"→"应收款管理"→"销售发票"→"销售发票审核"选项,打开"销售发票审核"窗口,"查询"过滤出发票,在"销售发票列表"中,选中要审核的发票,双击打开发票,进行审核并制单,生成的凭证如图10-5-48所示。

(7)结转成本。李明进入企业应用平台,单击"业务导航"→"供应链"→"存货核算"→"记账"→"正常单据记账"选项,打开"未记账单据"窗口,"查询"过滤出单据,选择符合的记录,单击"记账"按钮。

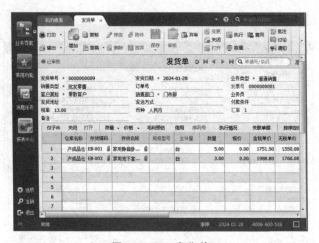

图 10-5-46　发货单

图 10-5-47　销售出库单

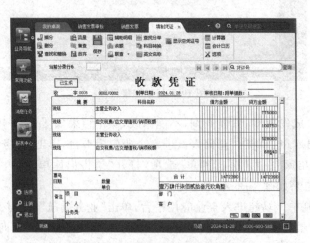

图 10-5-48　零售收入生成的凭证

单击"凭证处理"→"生成凭证"选项,打开"生成凭证"窗口,选择记录制单,生成的凭证如图 10-5-49 所示。

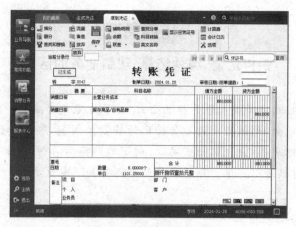

图 10-5-49　结转成本的凭证

思考题

1. 销售与应收子系统中，系统是如何自动生成记账凭证的？
2. 销售与应收子系统中，应收账款和发票管理的处理方法是什么？

数智价值导航

销售业务的风险控制

2010 年 4 月，财政部发布《企业内部控制应用指引第 9 号——销售业务》，对销售业务的主要流程进行了梳理，明确了销售业务的主要风险点，针对性地提出了相应的控制措施。6 月财政部会计司解读《企业内部控制应用指引第 9 号——销售业务》。在解读文件中指出：销售业务流程及风控主要包括销售计划管理、客户开发与信用管理、销售定价、订立销售合同、发货、收款、客户服务和会计系统控制等环节，其中销售计划、客户、收款是销售业务应当关注的风险。

管控措施包括以下内容。

（1）销售计划管理。企业根据发展战略制订销售计划，定期对销售情况进行分析，及时进行调整。

（2）客户开发与信用管理。确定定价机制和信用方式，建立和不断更新维护客户信用动态档案。

（3）销售定价。确定产品基准定价，销售折扣、销售折让等政策的制定应由具有相应权限人员审核批准。

（4）订立销售合同。建立健全销售合同订立及审批管理制度，专业人员参与销售业务谈判。

（5）发货。按合同发货，实现全过程的销售登记制度。

（6）收款。收款要防止舞弊行为，保证企业资金安全。

（7）客户服务。与客户之间建立信息沟通机制，对客户提出的问题，企业应予以及时解答或反馈、处理，不断改进商品质量和服务水平，以提升客户满意度和忠诚度。

（8）会计系统控制。包括销售收入的确认、应收款项的管理、坏账准备的计提和冲销、销售退回的处理等内容。

资料来源：http://kjs.mof.gov.cn/zhengcejiedu/201006/t20100611_322434.htm.

拓展阅读

销售定金、现款结算、现结业务的区别

1. 销售定金

针对某些在货款控制方面要求很严格的企业,为了避免或者减少一定的风险或损失,交一定数量的订单预执行定金,而该定金最后会转化为货款。例如,签订一份卖车合同,为了避免客户中途后悔或者其他原因,会先收一些定金,剩下的购车后再付,目的在于促使债务人履行债务,保障债权人的债权得以实现。销售定金业务流程如下图所示。

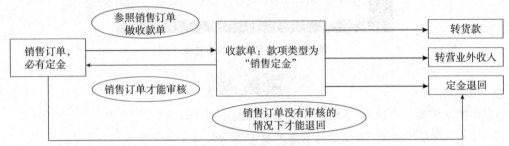

销售定金业务流程

2. 现款结算

现款结算是指现款现货,客户需先支付货款并且货款金额大于或等于发货单金额,企业收到货款后方可发货的一种销售模式。例如,和客户签订一个家电销售合同,需要客户先付全款,再发货开票。现款结算业务流程如下图所示。

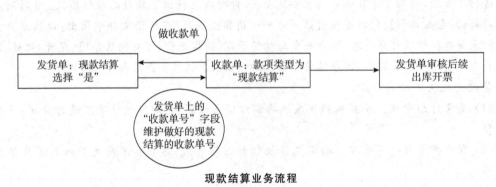

现款结算业务流程

3. 现结业务

现结业务是指销售业务发生时企业向客户开具发票并直接收取货款,按企业的话说是一手交钱,一手交货。现结业务流程如下图所示。

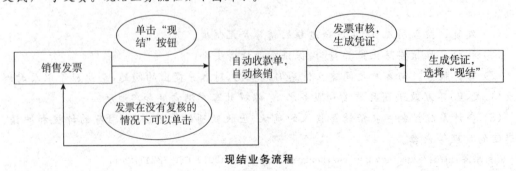

现结业务流程

应收应付管理系统应用

知识目标
1. 描述应收应付管理系统的主要功能和业务处理流程。
2. 知道应收应付系统日常业务处理操作方法。

能力目标
1. 能根据企业实际准确设置往来系统参数。
2. 能在信息化平台完成企业发生的赊销、赊购、收、付款核销、坏账及转账等常规经济业务。

素养目标
1. 具备良好的沟通能力。
2. 具备一定的数据分析能力。

本项目案例企业资料如下。

企业应收应付业务资料

一、应收账款期初余额

应收账款期初余额如表11-0-1所示。

表11-0-1 应收账款期初余额

客户名称	单据日期	单据	摘要	金额/元
宁波明州贸易有限公司	2023年12月31日	发票	货款	152 673
金华新力电器贸易有限公司	2023年12月31日	发票	货款	256 489
余姚昌茂贸易有限公司	2023年12月31日	发票	货款	198 563
杭州奥尔电器有限公司	2023年12月31日	发票	货款	145 623
北京恒峰电器有限公司	2023年12月31日	发票	货款	140 056
广西桂龙贸易有限公司	2023年12月31日	发票	货款	63 320

二、应付账款期初余额

应付账款期初余额如表11-0-2所示。

表 11-0-2　应付账款期初余额

供应商名称	单据日期	单据	摘要	金额/元
美的日用电器制造有限公司	2023年12月31日	发票	货款	355 300
宁波欣容电容器有限公司	2023年12月31日	发票	货款	41 560
宁波凌飞机电设备厂	2023年12月31日	发票	货款	259 870
宁波双发压缩机有限公司	2023年12月31日	发票	货款	256 890
宁波皓天电子有限公司	2023年12月31日	发票	货款	78 650

任务一　认识应收应付管理系统

应收应付管理是企业的财务管理的重要组成部分,其可以帮助企业保持良好的财务状况,为企业健康发展提供必要的财务支持,应收款管理模块主要用于核算和管理客户往来款项。应收管理模块以发票、其他应收单、收款单等原始单据为依据,记录销售业务及其他业务所形成的往来款项,处理应收款项的收回、坏账、转账等情况,同时提供票据处理功能。对企业的往来账款进行综合管理,及时、准确地提供客户的往来账款余额资料,提供各种分析报表,如账龄分析表、周转分析、欠款分析、坏账分析、回款分析情况分析等,通过各种分析报表,帮助企业合理地进行资金的调配,提高资金的利用效率。

微课:应收应付款管理系统概述

一、应收应付款管理系统的业务处理流程

应收管理系统的业务处理流程如图 11-1-1 所示。

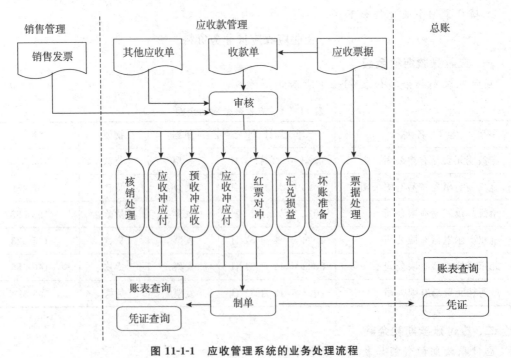

图 11-1-1　应收管理系统的业务处理流程

应款管理能够以销售发票以及其他应收单等原始单据为依据,记录销售业务和其他业务所形成的应收款项,处理应收款项的收回与坏账转账等业务,同时提供票据处理功能,实现对承兑汇票的管理。

应付管理模块主要用于核算和管理供应商往来款项,它以发票、费用单、其他应付单等原始单据为依据,记录采购业务以及其他业务所形成的往来款项,处理应付款项的支付、转账等业务。

二、应收应付子系统与其他子系统的关系

应收管理模块既可独立运行,又可与销售管理、库存管理、存货核算及总账等其他模块结合运用,能为企业提供完整的业务处理和财务管理信息。应收款管理系统可接收在销售系统中所填制的销售发票,进行审核,同时可生成相应凭证,并传递至总账系统。

应付管理模块既可独立运行,又可与采购管理、库存管理、存货核算及总账等其他模块结合运用,能为企业提供完整的业务处理和财务管理信息。

一、选项设置

1. 应收款核算类型

根据企业对客户往来款项核算和管理的程度不同,系统提供了应收账款核算模型"详细核算"和"简单核算"客户往来款项两种应用方案。

如果企业的销售业务以及应收款核算与管理业务比较复杂,或者需要追踪每一笔业务的应收款、收款等情况,那么可以选择"详细核算"方案。

如果企业的销售业务以及应收账款业务比较简单,或者现销业务很多,则可以选择"简单核算"方案。

2. 单据审核日期依据,即单据日期和业务日期

如果选择单据日期,则在单据处理功能中进行单据审核时,自动将单据的审核日期(即入账日期)记为该单据的单据日期。

如果选择业务日期,则在单据处理功能中进行单据审核时,自动将单据的审核日期(即入账日期)记为当前业务日期(即登录日期)。

3. 坏账处理方式

坏账处理的方式有两种,即备抵法和直接转销法。

备抵法有应收余额百分比法、销售收入百分比法、账龄分析法三种方法。这三种方法需要在初始设置中录入坏账准备期初和计提比例或输入账龄区间等,并在坏账处理中进行后续处理。

如采用直接转销法,当坏账发生时,直接在坏账发生处将应收账款转为费用即可。

4. 是否自动计算现金折扣

若选择自动计算,需要在发票或应收单中输入付款条件,则在核销处理窗口中系统依据付款条件自动计算该发票或应收单可享受折扣,可输入本次折扣进行结算,则原币余额=原币金

额－本次结算金额－本次折扣。

5. 应收款核销方式

系统有两种应收款的核销方式,即按单据核销和按产品核销。按单据核销是指系统将满足条件的未结算单据全部列出,由企业选择要结算的单据,根据所选择的单据进行核销。按产品核销是指系统将满足条件的未结算单据按存货列出,由企业选择要结算的存货,根据所选择的存货进行核销,操作结果如图 11-2-1 所示。

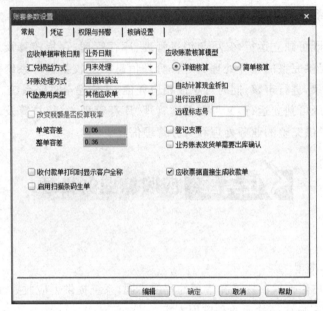

图 11-2-1 应收款管理选项

二、应收应付期初数据录入

1. 应收期初数据录入

应收期初数据包括未结算完的发票和应收单、预收款单据、未结算完的应收票据以及未结算完毕的合同金额。

业务举例:详见本项目"工作情景描述"中案例企业应收应付业务资料。

操作步骤:以账套主管林峰的身份登录企业应用平台,单击"业务导航"→"财务会计"→"应收款管理"选项。

在用友 ERP-U8 应收款管理系统中,单击"期初余额"→"期初余额"选项,进入"期初余额"查询窗口,选择"应收单",单击"确定"按钮,进入"期初余额明细表"窗口,单击"增加"按钮,打开"单据类别"窗口,选择单据名称、类型、方向,操作结果如图 11-2-2 所示。单击"确定"按钮,进入"期初单据录入"窗口,录入应收单,操作结果如图 11-2-3 所示。

录入完成后,单击"保存"按钮,操作结果如图 11-2-4 所示。然后引入总账系统,操作结果如图 11-2-5 所示。与总账对账结果如图 11-2-6 所示。

图 11-2-2 选择单据类别

图 11-2-3 应收单

图 11-2-4 应收期初余额明细表

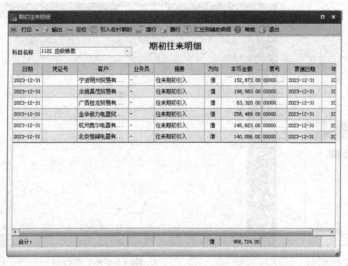

图 11-2-5 总账期初余额——引入收付期初

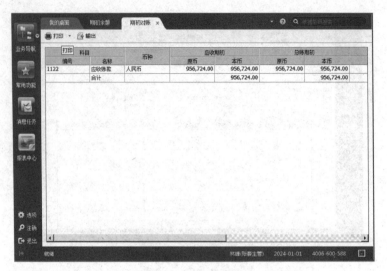

图 11-2-6　与总账对账

2. 应付期初数据录入

应付期初数据包括未结算完的发票和应付单、预付款单据、未结算完的应付票据以及未结算完毕的合同金额。

业务举例：详见本项目"工作情景描述"中案例企业应收应付业务资料。

操作步骤：以账套主管林峰的身份登录企业应用平台，单击"业务导航"→"财务会计"→"应付款管理"选项。

在用友 ERP-U8 应付款管理系统中，单击"期初余额"→"期初余额"选项，进入"期初余额"查询窗口，选择"应付单"，单击"确定"按钮，进入"期初余额明细表"窗口，单击"增加"按钮，打开"单据类别"窗口，选择单据名称、类型、方向，操作结果如图 11-2-7 所示。单击"确定"按钮，进入"期初单据录入"窗口，录入应付单，操作结果如图 11-2-8 所示。

录入完成后，单击"保存"按钮，操作结果如图 11-2-9 所示。然后引入总账系统，操作结果如图 11-2-10 所示。与总账对账结果如图 11-2-11 所示。

图 11-2-7　选择单据类别　　　　　　　　图 11-2-8　应付单

图 11-2-9　期初余额明细表

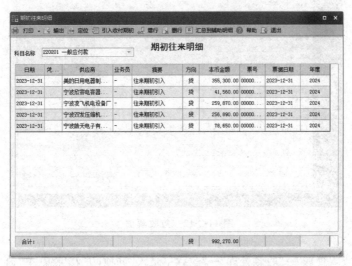

图 11-2-10　总账期初余额——引入收付期初

图 11-2-11　与总账对账

三、日常业务处理

(一) 应收票据

业务举例:2024年1月8日,企业收到上海广凌实业有限公司的银行承兑汇票20万元,票号1758458,出票日期6日,到期日2024年2月5日,抵1月5日的货款,余款未付。

操作步骤如下。

1. 录入应收票据,并生成收款单

马超进入企业应用平台,单击"业务导航"→"财务会计"→"应收款管理"→"票据管理"→"票据录入"选项,进入"商业汇票"窗口,按照各栏目的说明输入各栏目,输入完成后,单击"确认"按钮,操作结果如图11-2-12所示,则系统保存当前票据,同时生成一张收款单。

图 11-2-12　应收票据

马超单击"应收款管理"→"收款处理"→"收款单录入"选项,进入"收款单"窗口,单击上下翻页键,查询出收款单,操作结果如图11-2-13所示。进行审核、制单,生成的凭证如图11-2-14所示。

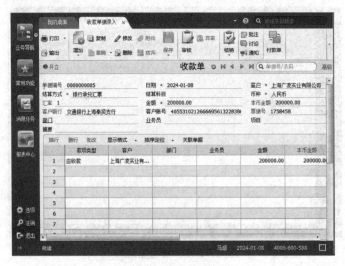

图 11-2-13　收款单

项目十一 应收应付管理系统应用

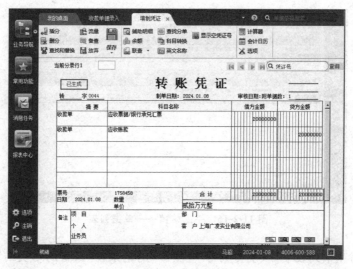

图 11-2-14 收款单生成凭证

2. 核销处理

马超单击"业务导航"→"财务会计"→"应收款管理"→"核销处理"→"手工核销"选项,进入"核销条件"窗口,选择需要进行核销处理的客户,输入收付款单、被核销单据过滤条件,操作结果如图 11-2-15 所示。单击"确定"按钮,进入单据核销窗口,上边列表显示该客户可以核销的收付款单记录,下边列表显示该客户符合核销条件的对应单据,操作结果如图 11-2-16 所示。收付款单列表显示收付款单表体明细记录,包括款项类型为应收款和预收款的记录,核销时可以选择其中一条表体记录进行。

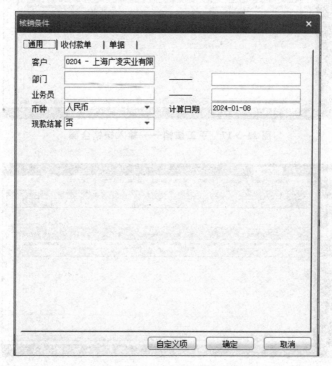

图 11-2-15 选择核销条件

· 279 ·

图 11-2-16　手工核销——单据列表

核销时,收付款单列表中,款项类型为"应收款"的记录,其缺省的本次结算金额＝该记录的原币余额;款项类型为"预收"的记录,其缺省的本次结算金额为空。

核销时可以修改本次结算金额,但是不能大于该记录的原币余额。

输入本次结算金额,上下列表中的结算金额合计必须保持一致,操作结果如图 11-2-17 所示。单击"确认"按钮,完成本次核销操作,操作结果如图 11-2-18 所示。

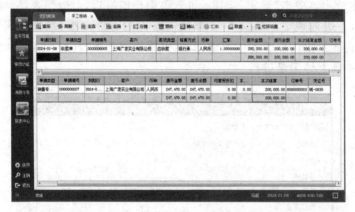

图 11-2-17　手工核销——输入核销金额

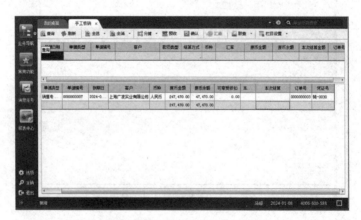

图 11-2-18　手工核销——核销

(二) 票据贴现

业务举例：接上述业务，2024年1月20日，企业把上述票据提前去银行贴现，利率6%。
操作步骤如下。

马超单击"业务导航"→"财务会计"→"应收款管理"→"票据管理"→"票据录入"选项，进入"应收票据录入"窗口，单击上下翻页键，"查询"出票据，单击"贴现"按钮，弹出"票据贴现"窗口，输入各种条件后，操作结果如图11-2-19所示。单击"确定"按钮，并立即制单，生成的凭证如图11-2-20所示。

图 11-2-19　票据贴现

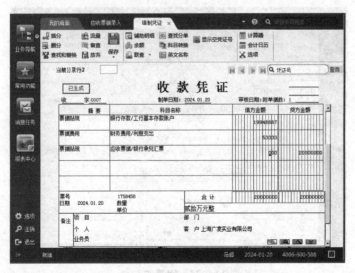

图 11-2-20　票据贴现生成的凭证

(三) 等额换票

业务举例：2024年1月20日，企业收到宁波明州贸易有限公司的100 000元银行承兑汇票，需要和余姚昌茂贸易有限公司兑换两张小面值的银行承兑汇票。
操作步骤如下。

录入一张商业汇票和两张需要等额换票的小额票据。马超进入企业应用平台，单击"业务导航"→"财务会计"→"应收款管理"→"票据管理"→"票据录入"选项，进入"应收票据录入"窗口，单击"增加"按钮，录入一张商业汇票，操作结果如图11-2-21所示。系统自动生成收款单，马超单击"应收款管理"→"收款处理"→"收款单据录入"选项，进入"收款单据录入"窗口，单击上下翻页键，"查询"出上述商业汇票的收款单，操作结果如图11-2-22所示。单击"审核"按钮，立即制单，生成的凭证如图11-2-23所示。

微课：应收票据管理之换票业务

图 11-2-21　商业汇票

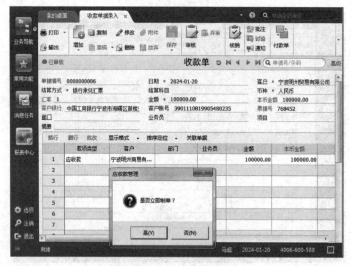

图 11-2-22　审核收款单

录入换入的两张小额票据。先维护单据格式，以林峰身份在"基础设置"→"单据设置"→"单据格式设置"→"财务会计"→"应收款管理"→"商业汇票"中，维护表头栏目、换票类型、换票人名称、换票人名编码。

以马超的身份录入两张小额票据，操作结果如图11-2-24、图11-2-25所示。

注意：录入换入的两张小额票据时，要选择换票类型、换票人名称。

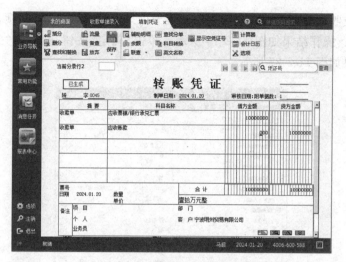

图 11-2-23　收款单生成的凭证

图 11-2-24　小额票据(1)

图 11-2-25　小额票据(2)

马超单击"应收款管理"→"票据管理"→"换票处理"→"等额换票"选项,弹出"查询条件"窗口,选择换票人,操作结果如图11-2-26所示。单击"确定"按钮,然后在"等额换票"窗口进行换票,操作结果如图11-2-27所示。

图 11-2-26 等额换票查询条件

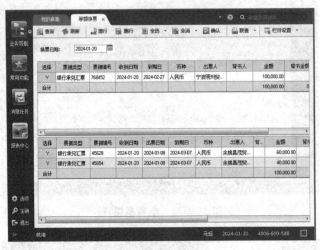

图 11-2-27 等额换票

进行等额换票时,票据对应的换出金额和换入金额一定要相等,否则系统会提示:"表头表体的换票金额为0或换票金额不等,请重新选择单据。"

注意:等额换票业务处理后,是不能取消操作的,也不需要生成凭证。与总账对账结果是平衡的状态。

换票完成后,换入的票据可以做后续处理。

(四)找零换票

业务举例:略。

操作步骤如下。

1. 录入一张商业汇票和一张找零单据

注意:录入换入的两张小额票据时要选择换票类型、换票人名称。在"找零换票"窗口进行找零换票处理。待找零金额要和找零金额一致。

2. 找零和待找零票据都要生成收款单、生成凭证

(1) 待找零票据对应的收款单生成的凭证。

借:应收票据(待找零客户)

　　贷:应收账款(待找零客户)

(2) 找零票据对应的收款单生成的凭证。

借:应收票据(找零客户)

　　贷:应收账款(找零客户)

(3) 票据找零生成的凭证。

借:应收票据(待找零客户)

　　贷:应收票据(找零客户)

> **知识点拓展**
>
> 等额换票和找零换票的相同点和不同点。
>
> 相同点:
>
> (1) 一次只针对一个换票人进行换票处理。
>
> (2) 支持对同一个换票人多对多换票找零处理。
>
> (3) 换出的票据和换入的票据(找零票据和待找零票据)必须是同币种全额兑换,且原币金额合计全相等。
>
> 不同点:
>
> (1) 等额换票:①换出的票据必须生成收款单,换入的票据不再生成收款单。②换票完成后,换入的票据可以做后续处理。③不需生成凭证。
>
> (2) 找零换票:①找零和待找零票据都要生成收款单。②找零换票完成后,还可以继续进行等额换票处理或者待找零换票业务。③找零换票要生成凭证。
>
> 换票业务是不可逆的,所以操作要谨慎。

(五) 坏账计提

业务举例:按企业应收余额百分比计提3%坏账准备。

操作步骤如下。

1. 设置选项和初始设置

马超进入企业应用平台,单击"业务导航"→"财务会计"→"应收款管理"→"设置"→"选项"选项,在"账套参数设置"窗口中设置"坏账处理方式"为"应收余额百分比法",操作结果如图11-2-28所示。马超单击"业务导航"→"财务会计"→"应收款管理"→"设置"→"初始设置"选项,打开"初始设置"窗口,操作结果如图11-2-29所示。

2. 计提坏账准备

马超单击"业务导航"→"财务会计"→"应收款管理"→"坏账处理"→"计提坏账准备"选项,打开"计提坏账准备"窗口,操作结果如图11-2-30所示。单击工具栏中的"确认"按钮,确认此次操作。确认后,本年度将不能再次计提坏账准备,并且不能修改坏账参数。立即制单生成凭证,操作结果如图11-2-31所示。

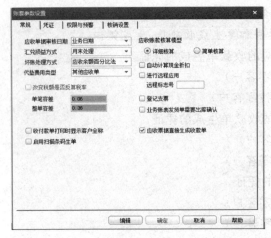

图 11-2-28 应收款管理选项——坏账处理方式

图 11-2-29 应收款管理初始设置

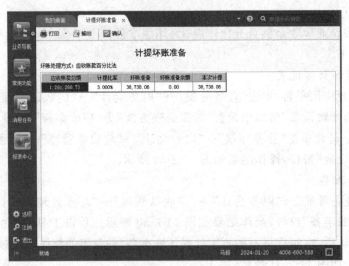

图 11-2-30 计提坏账准备

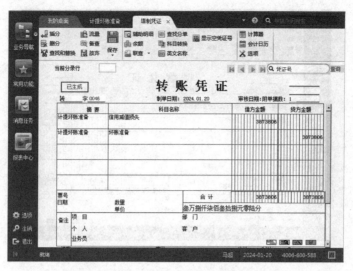

图 11-2-31 计提坏账准备生成的凭证

（六）现金折扣

业务举例：企业为鼓励客户及时收回货款，5 天内付款，优惠 2%，杭州奥尔电器有限公司 1 月 29 日付款 83 110.37 元[项目十业务：委托代销（视同买断）]。

操作步骤如下。

1. 录入收款单

马超进入企业应用平台，单击"业务导航"→"财务会计"→"应收款管理"→"收款处理"→"收款单据录入"选项，打开"收款单据录入"窗口，录入单据，操作结果如图 11-2-32 所示。单击"保存""审核"按钮并制单，生成的凭证如图 11-2-33 所示。

图 11-2-32 收款单

2. 核销处理

马超单击"业务导航"→"财务会计"→"应收款管理"→"核销处理"→"手工核销"选项，进入"手工核销"窗口，选择需要进行核销处理的客户，输入本次结算金额、本次折扣金额，单击"确认"按钮，操作结果如图 11-2-34 所示。

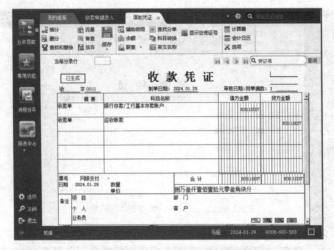

图 11-2-33 收款单生成的凭证

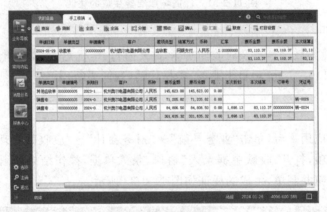

图 11-2-34 手工核销

3. 制单

马超单击"业务导航"→"财务会计"→"应收款管理"→"凭证处理"→"生成凭证"选项,打开"生成凭证"窗口,操作结果如图 11-2-35 所示。

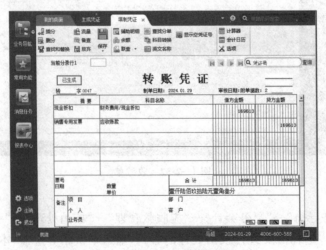

图 11-2-35 核销生成的凭证

(七)应收/应付转账处理(应收模块)

(1)应收冲应收是指将一家客户的应收款转到另一家客户中。通过将应收款业务在客户之间转入、转出,解决应收款业务在不同客户间入错户和合并户等问题。

(2)预收冲应收(应收模块)用于处理客户的预收款和该客户应收欠款的转账核销业务。

(3)应收冲应付是指用某客户的应收款冲抵某供应商的应付款项。通过应收冲应付,将应收款业务在客户和供应商之间进行转账,实现应收业务的调整,解决应收债权与应付债务的冲抵。

任务三 应付款业务处理

一、选项设置

应付款管理子系统与应收款管理系统的应用极为相似,此处不再赘述。

二、日常业务处理

(一)部分款项形成预付款

业务举例:企业于2024年1月20日向美的日用电器制造有限公司网银支付600 000元货款,用于偿还以前所欠货款,剩余作为预付款。

操作步骤如下。

(1)录入付款单。马超单击"业务导航"→"财务会计"→"应付款管理"→"付款处理"→"付款单据录入"选项,打开"付款单据录入"窗口,录入付款单,单击"保存"按钮,操作结果如图11-3-1所示。单击"核销"按钮,输入本次结算金额,操作结果如图11-3-2所示。单击"确认"按钮,操作结果如图11-3-3所示,单击"是"按钮确认。

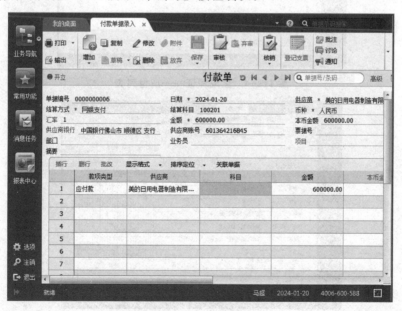

图11-3-1 付款单

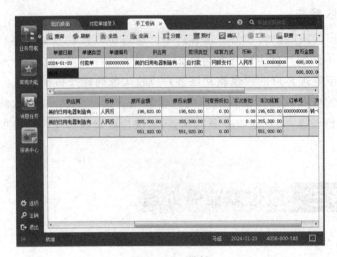

图 11-3-2　核销　　　　　　　　　图 11-3-3　部分款项形成预付款

（2）马超单击"业务导航"→"财务会计"→"应付款管理"→"凭证处理"→"生成凭证"选项，打开"生成凭证"窗口，查询条件选择收付款单和核销制单，进入应付列表，操作结果如图 11-3-4 所示。选择，合并制单，生成凭证，操作结果如图 11-3-5 所示。

图 11-3-4　生成凭证——应付列表

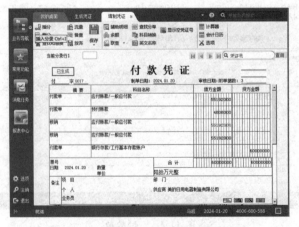

图 11-3-5　部分款项形成预付款的凭证

(二) 统计分析

付款账龄分析操作步骤如下。

1. 设置逾期账龄区间

马超单击"业务导航"→"财务会计"→"应付款管理"→"初始设置"选项,打开"初始设置"窗口,设置逾期账龄区间,操作结果如图 11-3-6 所示。

图 11-3-6 设置逾期账龄区间

2. 付款账龄分析

马超单击"业务导航"→"财务会计"→"应付款管理"→"付款处理"→"付款账龄分析",打开"付款账款分析"窗口,单击"确定"按钮,操作结果如图 11-3-7 所示。

图 11-3-7 付款账龄分析

3. 查询业务总账

马超单击"业务导航"→"财务会计"→"应付款管理"→"账表管理"→"业务账表"→"业务总账"选项,进入"应付总账表",单击"确定"按钮,操作结果如图 11-3-8 所示。

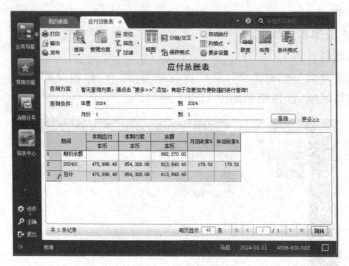

图 11-3-8 应付总账表

4. 查询明细科目

马超单击"业务导航"→"财务会计"→"应付款管理"→"账表管理"→"科目账查询"→"科目明细账"选项,打开"科目明细账"窗口,单击"确定"按钮,操作结果如图 11-3-9 所示。

图 11-3-9 应付款科目明细账

(三)应收/应付转账处理(应付模块)

1. 应付冲应付(应付模块)

应付冲应付是指将一家供应商的应付款转到另一家供应商中。通过将应付款业务在供应商之间转入、转出,解决应付款业务在不同供应商之间入错户和合并户等问题。

2. 预付冲应付(应付模块)

预付冲应付用于处理供应商的预付款和对该供应商应付欠款的转账核销业务。

3. 应付冲应收(应付模块)

应付冲应收是指用某供应商的应付款,冲抵某客户的应收款项。通过应付冲应收,将应付款业务在供应商和客户之间进行转账,实现应付业务的调整,解决应付债务与应收债权的冲抵。

知识点拓展

应收应付各类转账类型归纳见表11-3-1。

表11-3-1 应收应付各类转账类型

转账类型	单据特点	会计分录
应收冲应收	一张单转入转出	借:应收账款(红字)转出客户 借:应收账款　　转入客户
预收冲应收	同一客户的两张或两张以上单进行冲销	贷:预收账款(红字) 贷:应收账款
应收冲应付/应付冲应收	一客户一供应商两张或两张以上单进行冲销	应付冲应收后凭证: 借:应付账款 　贷:应收账款 预付冲预收后凭证: 借:预付账款 　贷:预收账款
应付冲应付	一张单转入转出	贷:应付账款(红字)转出供应商 贷:应付账款 转入供应商
预付冲应付	同一供应商的两张或两张以上单进行冲销	借:预付账款(红字) 借:应付账款

思考题

在应收应付系统操作过程中可能存在误操作或者需要重新操作的情况,例如,核销处理、转账操作、汇兑损益、票据处理等,如何取消操作?

数智价值导航

诚信是企业经营的立足之本

应收、应付账款是企业采用赊销方式销售(购买)商品或劳务而应向顾客(供应商)收取的款项,是以商业信用为基础的,讲信用及时还款,不仅是对企业自身负责,有助于企业树立品牌形象,更能实现企业可持续发展。

诚信是中华民族的传统美德,是中国道德文化的核心,更是企业经营的立足之本。应收、应付账款是企业诚信度的重要指标,关于欠款问题,这几年国家一直高度重视,出台了一系列政策。

国家对应收账款政策如下。

(1) 2017年,中国人民银行、工业和信息化部会同财政部、商务部、国资委、银监会、外汇局联合印发了《小微企业应收账款融资专项行动工作方案(2017—2019年)》。方案的主要目标在于:①小微企业应收账款融资渠道不断丰富。②小微企业应收账款融资规模稳步增长。③企业商业信用环境进一步优化,企业商业信用信息采集渠道不断拓宽,手段不断完善,初步形成应收账款债务人及时还款约束机制,恶意拖欠账款行为明显减少。

(2) 2023年9月20日,国务院常务会议审议通过《清理拖欠企业账款专项行动方案》。会议指出,解决好企业账款拖欠问题,事关企业生产经营和投资预期,事关经济持续回升向好,必须高度重视。

拓展阅读

应收款管理:账龄分析

一、账龄分析流程

(1)打开"初始设置"窗口,进行账期内账龄区间设置、逾期账龄区间设置(在应收款初始设置),操作结果如下图所示。

逾期账龄区间设置

(2)查询账龄。打开"应收账龄分析"窗口,查询账龄,操作结果如下图所示。

应收账龄分析

二、收付款协议对到期日、立账日的影响

(1)在基础档案中设置收付款协议档案、付款条件,操作结果如下两图所示。单击"基础设置"→"单据设置"→"单据格式设置"选项,在应收款表头栏目勾选相应栏目。

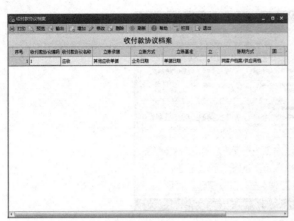
收付款协议档案

付款条件

（2）无付款条件。无收付款协议：立账日期＝审核日期，到期日期＝单据日期。应收单操作结果、应收单列表如下两图所示。

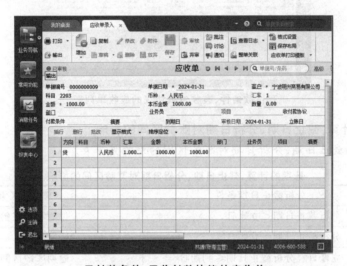
无付款条件、无收付款协议的应收单

无付款条件、无收付款协议的应收单列表

（3）有付款条件。有收付款协议：立账日期＝收付款协议设置日期，到期日＝立账日＋账期。应收单操作结果、应收单列表如下两图所示。

· 295 ·

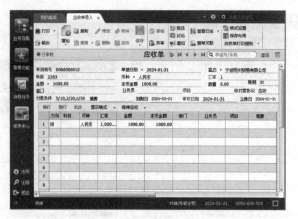

有付款条件、有收付款协议的应收单

有付款条件、有收付款协议的应收单列表

三、账期的计算，截止日期、分析日期对账龄区间的影响

账期的计算，截止日期、分析日期对账龄区间的影响见下表。

账期的计算，截止日期、分析日期对账龄区间的影响

分析日期	分析截止日期条件	账龄区间
立账日	分析截止日期＜立账日	过滤不到账龄数据
	分析截止日期＝立账日	账期内
	立账日＜分析截止日期≤到期日	逾期账龄区间
	到期日＜分析截止日期	逾期账龄区间
到期日	分析截止日期＜立账日	过滤不到账龄数据
	立账日≤分析截止日期≤到期日	账期内
	到期日＜分析截止日期	逾期账龄区间

四、关键查询条件的应用

1. 分析类型：应收款、预收款、余额

应收款：只分析该对象的所有应收款情况。

预收款：只分析该对象的所有预收款情况，即收款单。

余额：同时分析该对象的应收款预收款余额，即为应收款—预收款。

2. 分析方式：点余额与最终余额

点余额：根据分析的截止日期推算时点的余额（分析类型为余额时，分析类型不能为最终余额，只能选择点余额）。

最终余额：分析应收款或预收款目前的最终余额情况。

库存与存货管理系统的应用

项目十二

知识目标

1. 知道信息化平台对库存进行管理的原理与程序，描述库存设置与业务处理的规则与方法，知道库存业务的后续处理规范。
2. 描述存货核算的主要原理，知道信息化环境下核算存货的方法，知道存货业务记账凭证的生成方法。

能力目标

1. 能根据企业实际需求设置库存与存货系统的参数。
2. 能够对库存调拨、拆卸、盘点等业务进行处理。
3. 能按会计准则要求正确核算存货成本。

素养目标

1. 具备良好的沟通能力。
2. 树立信息处理的责任意识和风险管理意识。

工作情景描述

宁波海德日用电器有限公司启用库存管理、存货核算系统，对企业存货进行物流与资金管理，以实现对库存的实时监控和预警，帮助企业做出准确的库存规划和采购决策。

本项目案例企业资料详见本项目业务举例。

任务一　认识库存与存货管理系统

库存管理与存货核算分别是存货业务财务一体化方案中两个不同而又结合使用的子系统，为存货的管理与核算提供全面而完整的信息。库存管理是对企业的存货的流动、循环进行的动态控制和管理，是企业物流管理的核心；存货核算是企业财务部门对存货的价值流动管理与核算。库存管理与存货核算一般结合使用，充分体现了企业业务和财务的一体化，从而为存货的管理与核算提供全面而完整的信息。

一、库存管理的主要目标

在企业日常业务处理中,库存保管方对企业实务进行管理,每项存货的收发都需经过库存保管方的监督、管理和确认,是仓库成本核算的重要基础数据来源之一,并随时为企业提供存货结存数量,保证企业的正常运营。库存管理是对制造业或服务业生产、经营全过程的各种物品,产成品以及其他资源进行管理和控制,使其储备保持在经济合理的水平上。主要目标如下。

微课:库存管理与存货核算概述及参数设置

(1) 在保证企业生产、经营需求的前提下,使库存量经常保持在合理的水平上。

(2) 掌握库存量动态,适时、适量提出订货,避免超储或缺货。

(3) 减少库存空间占用,降低库存总费用。

(4) 控制库存资金占用,加速资金周转。

二、存货核算的主要目标

存货是企业的一项重要的流动资产,其价值在企业流动资产中占有很大的比重。存货核算系统的合理使用对管理软件的财务业务一体化成功实施有着重要的意义,因为财务只是业务活动的反映,ERP 软件首先要保证业务、生产流程能够合理有效地运行。存货系统能处理存货收发存业务,掌握存货耗用情况,及时准确地把各类存货成本归集到各成本项目和成本对象上,动态反映存货资金的增减变动,提供存货资金周转和占用的分析,以降低库存,减少资金积压。从企业的角度而言,存货核算是从资金的角度管理存货的出入库业务,核算企业入库成本、出库成本、结余成本,反映和监督存货的收发、领退和保管情况,反映和监督存货资金的占用情况。主要目标如下。

(1) 正确计算存货购入成本,促使企业努力降低存货成本。

(2) 反映和监督存货的收发、领退和保管情况。

(3) 反映和监督存货资金的占用情况,促进企业提高资金的使用效果。

三、库存管理子系统与其他子系统的关系

库存管理能够满足企业采购入库、销售出库、产成品入库、材料出库、其他出入库、盘点管理等业务需要,提供仓库货位管理、批次管理、保质期管理、出库跟踪入库管理、可用量管理、序列号管理等全面的业务应用,具备库存展望、库龄、呆滞积压等库存分析功能。库存管理可以单独使用,也可以与采购管理、销售管理、委外管理等集成使用,发挥更加强大的应用功能。

在库存管理子系统中,可以参照采购管理子系统的采购订单、采购到货单生成采购入库单,采购入库单与采购发票完成采购结算,结算后的采购入库单回填至库存管理和存货核算,进行采购成本的确认,库存管理子系统将入库情况反馈到采购管理子系统。与销售管理系统之间通过销售出库单建立关联,可以参照销售管理系统中的销售订单、销售发票、销售调拨单和零售日报,生成销售发货单,通过销售生单在库存管理系统中生成销售出库单,再传递到存货核算系统,进行销售成本的确认。

库存管理子系统与其他子系统的关系如图 12-1-1 所示。

四、存货核算子系统与其他子系统的关系

存货核算是从资金的角度管理存货的出入库业务,主要用于核算企业的入库成本、出库成本、结余成本。

如果没有启用库存管理,出入库单在采购管理和销售管理系统中录入,启用了库存管理系统,所有的出入库单据必须在库存管理系统中生成,出入库单据传递到存货核算子系统中进行记账,以确认存货的出入库成本,并生成记账凭证传递到总账系统,对采购结算单制单时,需要将凭证信息回填到所涉及的采购发票和付款单上,存货核算子系统还可以从销售管理子系统中取得分期收款发出商品期初数据、委托代销发出商品期初数据,可对销售管理系统生成的发票、发货单进行记账。存货核算子系统生成的各种单据及账簿,可用于成本管理系统进行存货成本核算;成本管理系统计算出的存货成本,可作为存货核算子系统的产成品入库单价。

存货核算子系统与其他子系统的关系如图 12-1-2 所示。

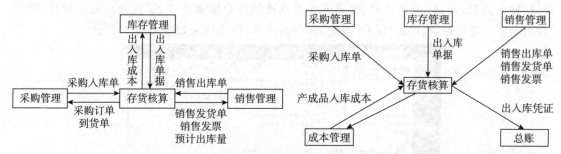

图 12-1-1　库存管理子系统与其他子系统的关系　　图 12-1-2　存货核算子系统与其他子系统的关系

一、调拨业务

调拨是指用于仓库之间存货的转库业务或部门之间的存货调拨业务。

(1) 调拨数据流程如图 12-2-1 所示。

(2) 操作步骤:仓储人员单击"业务导航"→"库存管理"→"调拨业务"→"调拨单"选项,输入数据,保存并审核。

(3) 调拨单审核后生成其他出库单、其他入库单,对其他出库单、其他入库单进行审核。

(4) 单击"业务导航"→"存货核算"→"记账"→"特殊单据记账"选项,对调拨单进行记账。

二、盘点业务

盘点是指进行仓库存货的实物数量和账面数量核对工作。

为了保证企业库存资产的安全和完整,做到账实相符,企业必须对存货进行定期或不定期的清查,查明存货盘盈、盘亏、损毁的数量以及造成的原因,并据以编制存货盘点报告表,按规定程序,报有关部门审批。经有关部门批准后,应进行相应的账务处理,调整存货账的实存数,使存货的账面记录与库存实物核对相符。

微课:盘点业务

1. 盘点数据流程

盘点数据流程如图 12-2-2 所示。

图 12-2-1　调拨数据流程　　　　图 12-2-2　盘点数据流程

2. 业务举例

月末,宁波海德日用电器有限公司对原材料仓库进行盘点,盘点发现光管少 1kg,内螺纹铜管多 1kg。

操作步骤如下。

(1) 陈国军单击"业务导航"→"库存管理"→"盘点业务"→"盘点单"选项,进入"盘点单"窗口,输入数据,选择"盘点类型(普通仓库盘点或倒冲仓库盘点)",录入盘点表头栏目,指定"盘点仓库",选择存货,单击"保存"按钮,保存盘点单,操作结果如图 12-2-3 所示。

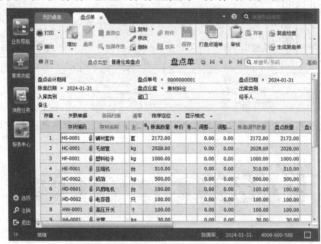

图 12-2-3　盘点单

(2) 将盘点表打印出来,陈福林到仓库中进行实物盘点。

(3) 实物盘点后,打开盘点单,单击"修改"按钮。

(4) 输入盘点数量/件数,保存此张盘点单,操作结果如图 12-2-4 所示。

(5) 后续要进行检查复核,步骤如下。

① 单击"复盘检查"按钮,检查账实差异。根据盘点盈亏差异比例自动维护单行复盘标志,复盘标志可手工修改。

② 确认需复盘的记录,单击"生成复盘单"按钮,生成复盘单。

③ 进行复盘:采用无线 PDA 对复盘单进行实盘写入实盘数,或人工复盘将复盘结果录入复盘单上。

④ 复盘结果确认无误,单击"审核""上传"按钮,将复盘单采集的实盘数写入原始的盘点单。

⑤ 再次检查账实差异,确定是否接受复盘结果,如果存疑,可重复执行上述步骤多次复盘,直到最终确认账实差异为止。

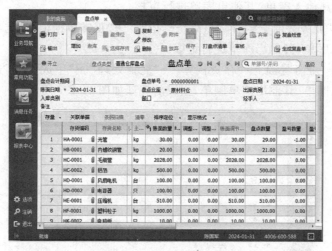

图 12-2-4 盘点后的盘点单

（6）确认最终的盘点结果，陈国军对盘点单进行审核。
（7）盘点单审核后自动生成其他入库单、其他出库单。操作结果如图 12-2-5、图 12-2-6 所示。

图 12-2-5 其他入库单

图 12-2-6 其他出库单

(8)陈国军对其他入库单、其他出库单进行审核。

(9)李明单击"业务导航"→"存货核算"→"记账"→"正常单据记账"选项,打开"未记账单据"窗口,对其他入库单、其他出库单进行记账。

(10)李明单击"业务导航"→"存货核算"→"凭证处理"→"生成凭证"选项,打开"生成凭证"窗口,对其他入库单、其他出库单制单,生成的凭证如图 12-2-7 所示。

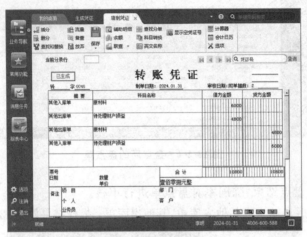

图 12-2-7　盘点生成的凭证

三、组装与拆卸业务

企业中的某些商品既可单独出售,也可与其他商品组装在一起销售。如计算机销售公司既可将显示器、主机、键盘等单独出售,也可按客户的要求将显示器、主机、键盘等组装成计算机销售,这时就需要对计算机进行组装。如果企业库存中只存有组装好的计算机,但客户只想要买显示器,此时又需将计算机进行拆卸,然后将显示器卖给客户。将上述这类业务称为组装拆卸业务。

微课:库存业务处理之组装拆卸、形态转换

组装是指将多个散件组装成一个配套件的过程,拆卸是指将一个配套件拆卸成多个散件的过程。配套件是由多个存货组成,但又可以拆开销售的存货。配套件和散件之间是一对多的关系,需要在物料清单中进行设置。因此,在处理组装、拆卸业务之前应先建好物料清单。

业务举例:略。

操作步骤如下。

(1)仓储人员单击"业务导航"→"库存管理"→"组装拆卸"→"组装单"或"拆卸单"选项,打开单据输入数据,保存并审核。

(2)单据审核后生成其他出库单、其他入库单。

(3)在存货核算系统进行单据记账,并生成凭证。

四、形态转换业务

形态转换是指某种存货在存储过程中,由于环境或本身原因,使其形态发生变化,由一种形态转化为另一形态,从而引起存货规格和成本的变化,在库存管理中需对此进行记录。例如,特种烟丝变为普通烟丝;煤块由于风吹、雨淋,天长日久变成了煤渣;活鱼由于缺氧变成了死鱼等。

业务举例：略。

操作步骤如下。

（1）仓储人员单击"业务导航"→"库存管理"→"形态转换"选项，打开形态转换输入数据，保存并审核。

（2）单据审核后生成其他出库单、其他入库单。

（3）在存货核算系统中进行单据记账，并生成凭证。

注意：存货在发生形态转换前与发生形态转换后是两种不同的存货，应在存货档案中分别设置。

任务三　存货核算业务处理

一、入库成本核算

入库成本核算主要是对入库单据进行核算，包括企业外部采购业务形成的采购入库单、生产车间加工产品形成的产成品入库单，以及盘点、调拨、调整、组装、拆卸等业务形成的其他入库单据等。

采购入库单一般由其他系统（如库存管理系统、采购管理系统）传递过来，但在存货核算系统中可以通过修改功能调整入库金额。

产成品入库单是指工业企业生产的产成品、半成品入库时所填制的入库单据。产成品入库单在填制时一般只填写数量，单价与金额既可以通过修改产成品入库单直接填入，也可以由成本分配功能自动计算填入。

二、出库成本核算

出库成本核算主要是对出库单据进行的核算，其中销售业务的成本核算，可以通过销售发票进行出库成本核算或销售出库单进行出库成本核算（可以在系统选项设置中选定），出库单据包括销售出库形成的销售出库单、车间领用材料形成的材料出库单，以及盘点调整、调拨、组装、拆卸等其他出库业务形成的其他出库单。

销售出库单来源于销售系统、出口管理，单价、金额可以在存货核算系统中修改，数量只能在填制单据的系统中修改。

三、记账

记账主要是对出入库成本的记账、结算成本处理、产成品成本的分配。

1. 正常单据记账

正常单据记账是对普通业务的出入库单及调整单进行记账，对于先进先出、后进先出、移动平均、个别计价四种计价方式的存货在单据记账时进行出库成本核算，全月平均、计划价/售价法计价的存货在期末处理处进行出库成本核算。

2. 特殊单据记账

特殊单据记账是对调拨单、组装单和形态转换单等特殊单据进行记账、成本核算，这些单据也可以通过正常单据记账。

3. 暂估成本录入

对于没有成本的采购入库单，月末在这里进行暂估成本成批录入。

操作步骤如下。

（1）单击"业务核算"菜单，并单击"暂估成本录入"选项进入此功能。

（2）录入查询条件后，单击确认进入采购入库单成本成批录入窗口，系统显示满足条件的采购入库单。

（3）单击右上角下拉框选择成本单价，系统提供计划成本、参考成本、上次入库成本、上次出库成本、结存成本供选择。

（4）单击"录入"按钮，系统自动按所选成本进行录入，可以修改单价和金额，单击"保存"按钮即可。

4. 直运销售记账

直运业务采购发票记账，增加直运商品；直运业务销售发票记账，则减少直运商品，并结转销售成本。

5. 发出商品记账

发出商品记账包括分期收款业务、委托代销业务，普通销售也可以按发出商品记账，在存货核算选项中若选择按发出商品核算，在此进行单据记账，进行成本核算。

四、凭证处理

凭证处理是指对已记账单据生成凭证（详见各种业务制单）。

五、对账

存货核算系统与总账系统核对存货科目和差异科目在各会计月份借方、贷方发生金额、数量以及期末结存的金额、数量信息。将存货核算系统的发出商品科目与总账的发出商品科目进行对账。

六、跌价准备

企业的存货应当在会计期末时，按照"账面成本与可变现净值孰低法"的原则进行计量。

1. 存货跌价准备设置

设置存货跌价准备科目及计提存货跌价准备对应的费用科目（资产减值损失）以及计提跌价准备的可变现价格的设置，操作结果如图12-3-1所示。

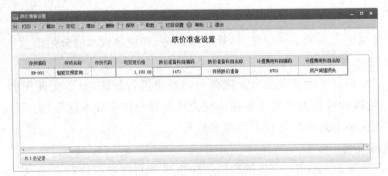

图12-3-1　跌价准备设置

2. 计提存货跌价准备

录入第一次在存货核算系统中计提存货跌价准备之前的跌价准备余额,操作结果如图 12-3-2 所示。

图 12-3-2　计提跌价处理单

企业应当定期或者至少于每年年度终了,对存货进行全面清查,如由于存货全部或部分陈旧过时或销售价格低于成本等原因,使存货成本不可收回的部分,应当提取存货跌价准备。

3. 跌价准备制单

计提跌价准备生成的凭证如图 12-3-3 所示。

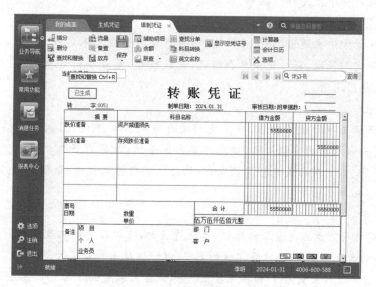

图 12-3-3　计提跌价准备生成的凭证

思考题

在存货管理子系统中,如何根据业务单据形成会计凭证?

数智价值导航

保障企业资产安全 全面提升资产效能

存货是企业的重要资产,鉴于资产管理的重要性,财政部制定了《企业内部控制应用指引第 8 号——资产管理》,着重对包括存货在内的资产提出了全面风险管控的要求,旨在促进企业在保障资产安全的前提下,提高资产效能。

财政部会计司在解读《企业内部控制应用指引第 8 号——资产管理》中指出:不同类型的企业有不同的存货业务特征和管理模式,企业必须结合本企业的生产经营特点,针对业务流程中的主要风险点和关键环节,制定有效的控制措施,同时,充分利用计算机信息管理系统,强化会计、出入库等相关记录,确保存货管理全过程的风险得到有效控制。

同时详细指出对以下环节可能存在的主要风险进行管控。

1. 取得存货

企业存货管理实务中,应当根据各种存货采购间隔期和当前库存,综合考虑企业生产经营计划、市场供求等因素,充分利用信息系统,合理确定存货采购日期和数量,确保存货处于最佳库存状态。考虑到存货取得的风险管控措施主要体现在预算编制和采购环节,将由相关的预算和采购内部控制应用指引加以规范。

2. 验收入库

企业应当重视存货验收工作,规范存货验收的程序和方法,经验收合格的存货进入入库或销售环节。仓储部门对于入库的存货,应根据入库单的内容对存货的数量、质量、品种等进行检查,符合要求的予以入库;不符合要求的,应当及时办理退换货等相关事宜。入库记录要真实、完整,定期与财会等相关部门核对,不得擅自修改。

3. 仓储保管

存货仓储保管方法要适当、监管要严密,存货流动要办理出入库手续,对库存物料和产品进行每日巡查和定期抽检,详细记录库存情况;发现毁损、存在跌价迹象的,应及时与生产、采购、财务等相关部门沟通。

4. 领用发出

企业应当根据自身的业务特点,确定适用的存货发出管理模式,制定严格的存货准出制度,明确存货发出和领用的审批权限,健全存货出库手续,加强存货领用记录。无论是何种企业,对于大批存货、贵重商品或危险品的发出,均应当实行特别授权;仓储部门应当根据经审批的销售(出库)通知单发出货物。

5. 盘点清查

企业应当建立存货盘点清查工作规程,盘点清查时,应拟订详细的盘点计划,合理安排相关人员,使用科学的盘点方法,保持盘点记录的完整,以保证盘点的真实性、有效性。多部门人员共同盘点,应当充分体现相互制衡,严格按照盘点计划,认真记录盘点情况。此外,企业至少应当于每年年度终了开展全面的存货盘点清查,及时发现存货减值迹象,将盘点清查结果形成书面报告。

6. 存货处置

企业应定期对存货进行检查,及时、充分了解存货的存储状态,对于存货变质、毁损、报废或流失的处理要分清责任、分析原因、及时合理。

资料来源:http://kjs.mof.gov.cn/zhengcejiedu/201006/t20100610_322244.htm。

拓展阅读

持续有效管理库存：货位管理与批次管理

一、货位管理

什么是货位？可以把货位理解为仓库中的货架。通过货位管理加强企业对出入库和仓储的管理，根据货品的流动性合理分配货位，可以明显提高作业效率。

操作步骤如下。

（1）单击"基础设置"→"基础档案"→"业务"→"仓库档案"选项，双击需要设置的仓库，勾选"货位管理"复选框。

（2）单击"基础设置"→"基础档案"→"业务"→"货位档案"选项录入。

（3）单击"基础设置"→"基础档案"→"存货档案"→"货位号"选项进行选择，这样做的好处在于以后做出入库操作时能自动带出来货位号。

（4）单击"基础设置"→"基础档案"→"对照表"→"存货货位对照表"选项录入。存货货位对照表用于查询每个存货的具体货位。

（5）货位调整：重新建立一个仓库，设置货位，把旧仓库的数量通过其他出库单移出去（无货位），然后通过其他入库单移进来（有货位的仓库），或者调拨过去。或者是通过盘点来做。

（6）以后正常出入库时，选择货物号（可以在表单上选择），如果上游单据的货位号选择错误，可以在出入库时修改货位号（单击菜单栏中的货位，然后在指定货位处修改，可手工添加，也可自动添加，然后单击"保存"按钮，再单击菜单栏中的货位，然后保存）。

（7）如果以后使用过程中发现货位有误，可以通过货位调整来操作（单击"供应链"→"库存管理"→"货位调整"选项设置）。

（8）设置所有单据的格式，增加货物号，但不能设置为必填项，因为有些仓库没有启用货物号管理。如果是表头设置了货位，一般表体会自动带出来。

（9）查询：单击"供应链"→"库存管理"→"报表"→"货位账"选项进行查询。

二、批次管理

批次管理能够实时跟踪、分析不同物料批次的库存情况，满足企业对库存的实时监控需求，帮助企业优化库存管理。

操作流程如下。

（1）选项设置。在"库存管理"→"设置"→"选项"→"通用设置"中勾选"有无批次管理"复选框。

（2）档案设置。在存货档案中勾选"控制"页签下的"批次管理"选项。

注意：已发生业务的存货，不能中途启用"批次管理"；可以中途取消，取消后需要在"库存管理"→"其他业务处理"中做整理现存量。

（3）单据录入。批次管理的存货入库时，可以手工录入批号，也可以按照批号规则的设置自动生成批号；出库时可以手工录入/参照选择批号，也可以根据库存选项自动指定批号规则来指定。

（4）报表查询。批次存货汇总表用于查询批次存货的收入、发出及结存的情况。

项目十三 特殊经济业务信息化应用

📖 知 识 目 标

描述业财一体化处理原则指导下的特殊业务处理流程。

✒ 能 力 目 标

1. 能利用信息化平台处理特殊经济业务,通过不同的模块来管理企业资产和负债、债权和债务、资本和债务。
2. 能根据会计准则设计业务处理流程。

🎬 素 养 目 标

1. 具有不断获取知识、开发自身潜能、适应会计信息化岗位变化的能力。
2. 具备企业内部控制的意识。

🕐 工 作 情 景 描 述

宁波海德日用电器有限公司为了规范日常业务操作流程,提升企业管理水平,保障 ERP 系统正常运行,对一些特殊经济业务进行了业务流程设计,并开始运行。

🎵 任务一 债务重组业务应用

一、内容及流程

债务重组是指在不改变交易对手方的情况下,经债权人和债务人协定或法院裁定,就清偿债务的时间、金额或方式等重新达成协议的交易。也就是说,只要修改了原定债务偿还条件的,即债务重组时确定的债务偿还条件不同于原协议的,均作为债务重组,业务流程如图 13-1-1 所示。

二、业务举例

2024 年 1 月 23 日,公司与广西桂龙贸易有限公司进行债务重组,该应收账款已计提 3% 的减值准备,双方签订债务重组合同,广西桂龙贸易有限公司支付 60 000 元,剩余本金免除,收到支票一张。

微课:债务重组

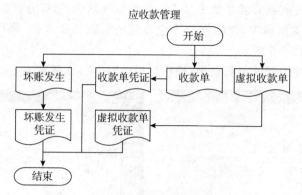

图 13-1-1 债务重组流程

1. 基础档案维护

增加相应的科目(投资收益——债务重组损失)、结算方式(其他)等。

2. 操作步骤

(1) 财务人员在应收款管理系统中录入收款单,录入实际收到的金额,操作结果如图 13-1-2 所示。然后进行审核并制单,操作结果如图 13-1-3 所示。

图 13-1-2 收款单

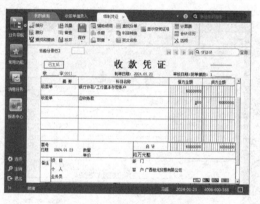

图 13-1-3 收款单生成的凭证

(2) 财务人员在应收款管理系统中进行坏账处理,将已计提的坏账准备冲回,在坏账处理-坏账发生窗口选择客户,操作结果如图 13-1-4 所示。然后录入坏账发生单据,操作结果如图 13-1-5 所示。确认后坏账准备冲回,制单生成的凭证如图 13-1-6 所示。

图 13-1-4 坏账发生

图 13-1-5 录入坏账明细

(3) 财务人员在应收款管理系统中录入一张虚拟收款单,结算方式选择"其他",结算科目为投资收益——债务重组损失,收款金额为应收款余额减坏账准备,操作结果如图 13-1-7 所示,生成的凭证如图 13-1-8 所示。

(4) 财务人员对应收账款进行核销,操作结果如图 13-1-9 所示。

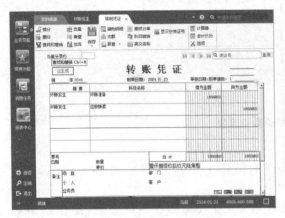

图 13-1-6　坏账准备冲回的凭证

图 13-1-7　虚拟收款单

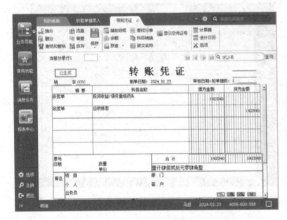

图 13-1-8　债务重组损失的凭证

图 13-1-9　核销

任务二　非货币性资产交换业务(存货换存货)应用

一、内容及流程

非货币性资产交换是指交易双方主要以固定资产、无形资产和长期股权投资等非货币性资产进行的交换,该交换一般不涉及货币性资产,或只涉及少量货币性资产(即补价),业务流程如图 13-2-1 所示。

二、业务举例

2024 年 1 月 20 日,公司与美的日用电器制造有限公司发生非货币性资产交换业务,公司用库存商品智能变频家用除湿机 500 台,1 200 元/台(不含税),

微课:非货币性资产交换

交换美的日用电器制造有限公司家用变频落地电风扇 800 台,385 元/台(不含税),家用智能电风扇 1 000 台,292 元/台(不含税),双方均将收到的存货作为库存商品核算,公司当天发货并开专用发票,22 日收到交换的货物,同时收到专用发票。

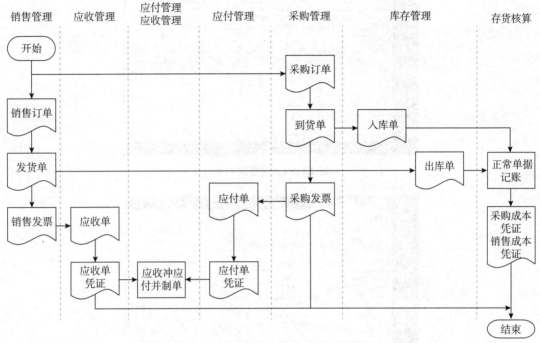

图 13-2-1　非货币性资产交换业务流程

1. 基础档案维护

在基础档案中,增加客户档案、采购类型、销售类型等。

2. 操作步骤

(1) 销售人员在销售管理系统中录入销售订单并进行审核,操作结果如图 13-2-2 所示。

图 13-2-2　销售订单

(2) 销售人员在销售管理系统中参照订单生成发货单并审核,系统自动生成销售出库单,操作结果如图 13-2-3 所示。

(3) 仓储人员在库存管理中,"查询"出销售出库单并进行审核,操作结果如图 13-2-4 所示。

图 13-2-3　销售发货单

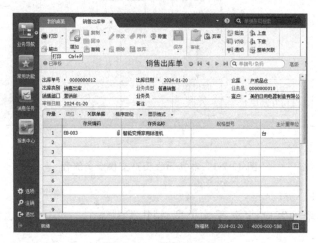

图 13-2-4　销售出库单

（4）销售人员在销售管理系统中参照销售出库单生成发票并进行复核，操作结果如图 13-2-5 所示。

图 13-2-5　销售专用发票

(5)财务人员在应收款管理系统中对销售发票进行审核,并制单,生成的凭证如图 13-2-6 所示。

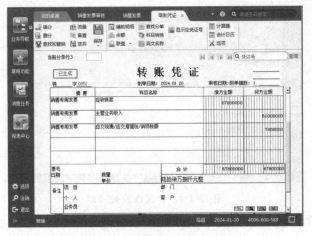

图 13-2-6　销售发票生成的凭证

(6)财务人员在存货核算系统中对销售出库单进行记账,结账成本,操作结果如图 13-2-7 所示。

图 13-2-7　正常单据记账

(7)财务人员在存货核算系统中把销售出库单生成凭证,生成的凭证如图 13-2-8 所示。

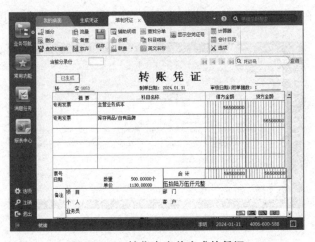

图 13-2-8　销售出库单生成的凭证

（8）财务人员在存货核算系统中，冲回已计提跌价准备，打开"计提跌价处理"窗口，存货选择智能变频家用除湿机，冲回已计提的跌价准备，保存并审核，操作结果如图13-2-9所示。

图13-2-9 计提跌价处理单

（9）财务人员在存货核算系统中，打开"跌价准备制单"窗口，生成凭证，操作结果如图13-2-10所示。

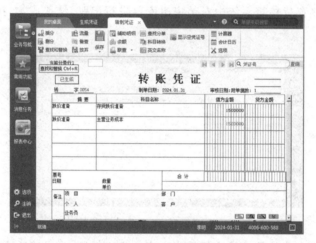

图13-2-10 冲回跌价准备的凭证

（10）采购人员在采购管理系统中填制采购订单并审核，操作结果如图13-2-11所示。

图13-2-11 采购订单

（11）采购人员在采购管理系统中参照订单生成到货单并进行审核，操作结果如图13-2-12所示。

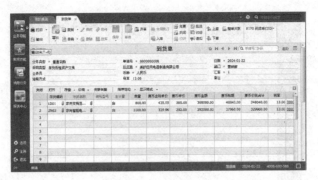

图 13-2-12 到货单

(12) 采购人员在采购管理系统中参照订单生成采购发票并进行复核,操作结果如图 13-2-13 所示。

图 13-2-13 采购发票

(13) 仓储人员在库存管理系统中参照到货单生成采购入库单并审核,操作结果如图 13-2-14 所示。

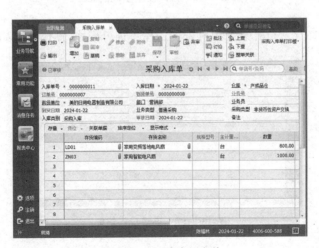

图 13-2-14 采购入库单

(14) 采购人员在采购管理系统中进行采购结算,操作结果如图 13-2-15 所示。

(15) 财务人员在应付款管理系统中对采购发票进行审核,并制单,生成的凭证如图 13-2-16 所示。

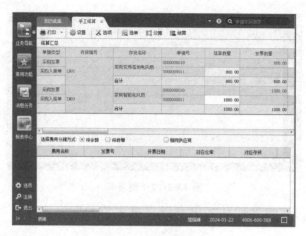

图 13-2-15 采购结算

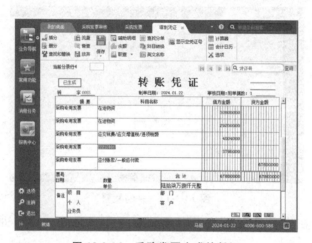

图 13-2-16 采购发票生成的凭证

（16）财务人员在存货核算系统中对采购入库单进行记账，操作结果如图 13-2-17 所示。

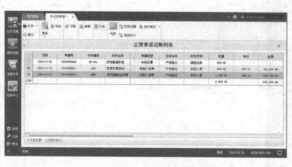

图 13-2-17 正常单据记账

（17）财务人员在存货核算系统中进行凭证处理，生成的凭证如图 13-2-18 所示。

（18）财务人员在应收款管理系统中，打开转账-应收冲应付窗口，选择客户和供应商，注意客户和供应商是同一家公司，操作结果如图 13-2-19 所示。进行应收应付对冲，操作结果如图 13-2-20 所示。最后进行制单，操作结果如图 13-2-21 所示。

项目十三 特殊经济业务信息化应用

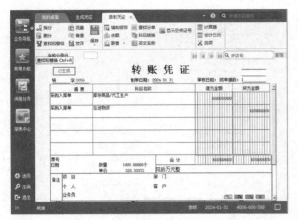

图 13-2-18 采购入库单生成的凭证

图 13-2-19 应收冲应付——选择客户和供应商

图 13-2-20 应收冲应付

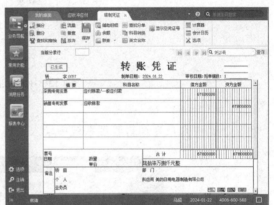

图 13-2-21 应收冲应付生成的凭证

任务三 以旧换新业务应用

一、内容及流程

以旧换新是指消费者在购买新商品时,如果能把同类旧商品交给商店,就能折扣一定的价款,旧商品起着折价券的作用。如果消费者不能提交旧商品,新商品就只能以原价售出,业务流程如图 13-3-1 所示。

二、业务举例

公司销售家用静音卧室除湿机,售价 1 500 元/台(不含税),若交还同品牌旧除湿机作价 200 元,交差价 1 300 元就可换回全新除湿机。当月宁波明州贸易有限公司采用此种方式销售除湿机 100 台,1 月 3 日发货,1 月 28 日开票结算。

1. 以旧换新计算

在以旧换新业务中,增值税销项税额按货物的全价进行计算,对金银首饰以旧换新业务,按销售方实际收取的不含增值税的全部价款计缴增值税。

微课:以旧换新

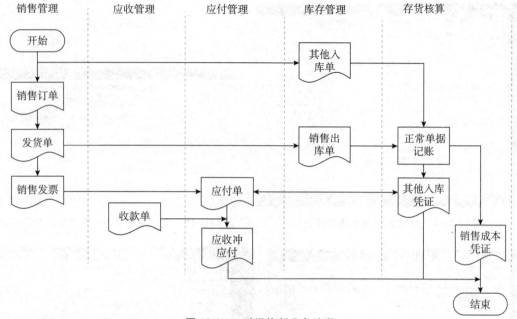

图 13-3-1 以旧换新业务流程

2. 操作步骤

(1) 销售人员在销售管理系统中录入销售订单并进行审核,操作结果如图 13-3-2 所示。

图 13-3-2 销售订单

(2) 销售人员在销售管理系统中参照订单生成发货单并审核,操作结果如图 13-3-3 所示,系统自动生成销售出库单。

(3) 仓储人员在库存管理系统中对销售出库单进行审核,操作结果如图 13-3-4 所示。

(4) 销售人员在销售管理系统中参照销售出库单生成发票,操作结果如图 13-3-5 所示。然后对发票进行现结,操作结果如图 13-3-6 所示。最后进行复核,操作结果如图 13-3-7 所示。

(5) 仓储人员在库存管理系统中录入其他入库单,录入收回的旧货并审核,操作结果如图 13-3-8 所示。

图 13-3-3　发货单

图 13-3-4　销售出库单

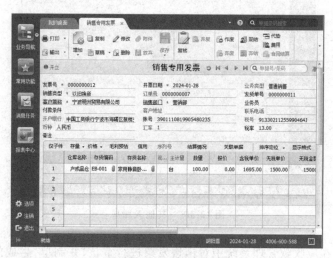

图 13-3-5　销售专用发票

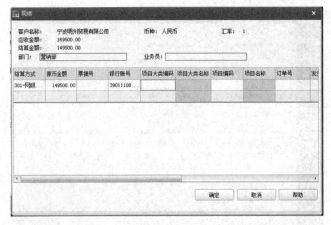

图 13-3-6 现结

图 13-3-7 复核发票

图 13-3-8 其他入库单

（6）财务人员在应收款管理系统中对销售发票进行审核，并制单，生成的凭证如图 13-3-9 所示。

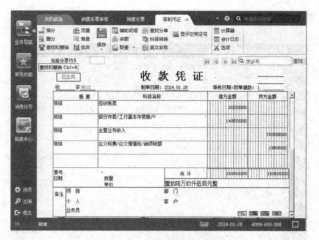

图 13-3-9　销售生成的凭证

（7）财务人员在存货核算系统中对旧货回收成本进行记账，操作结果如图 13-3-10 所示。

图 13-3-10　正常单据记账

（8）财务人员在存货核算系统中对回收旧货成本进行制单，生成的凭证如图 13-3-11 所示。

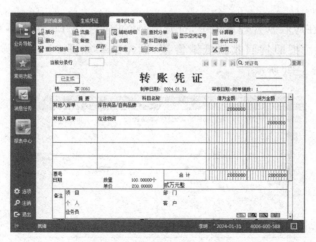

图 13-3-11　回收旧货成本的凭证

（9）财务人员在应付款管理系统中录入回收旧货的应付单，操作结果如图 13-3-12 所示。

并审核制单,操作结果如图 13-3-13 所示。

图 13-3-12　应付单

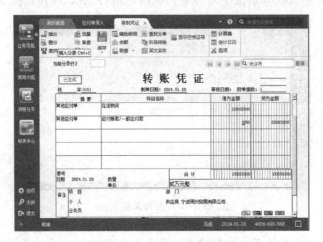

图 13-3-13　应付单生成的凭证

(10) 财务人员在应收款管理系统中,打开"应收冲应付"窗口,录入客户和供应商,操作结果如图 13-3-14 所示。把旧货回收款抵销售款,操作结果如图 13-3-15 所示。制单并生成凭证,操作结果如图 13-3-16 所示。

图 13-3-14　应收冲应付——选择客户和供应商

图 13-3-15 应收冲应付

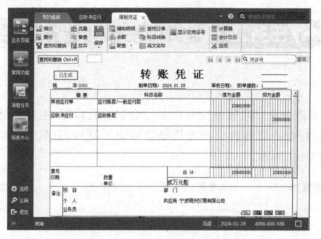

图 13-3-16 应收冲应付生成的凭证

(11)财务人员在存货核算系统中对销售出库单进行记账,结转销售成本,操作结果如图 13-3-17 所示。

图 13-3-17 正常单据记账

(12)财务人员在存货核算系统中进行凭证处理,生成的凭证如图 13-3-18 所示。

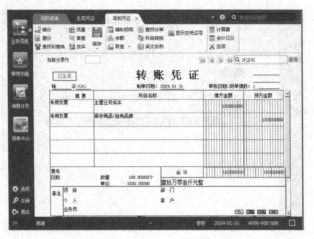

图 13-3-18 销售出库单生成的凭证

任务四 非货币性福利业务应用

一、内容及流程

非货币性福利是指企业以非货币性资产支付给职工的薪酬,主要包括企业以自产产品发放给职工作为福利、将企业拥有的资产无偿提供给职工使用、为职工无偿提供医疗保健服务等,业务流程如图 13-4-1 所示。

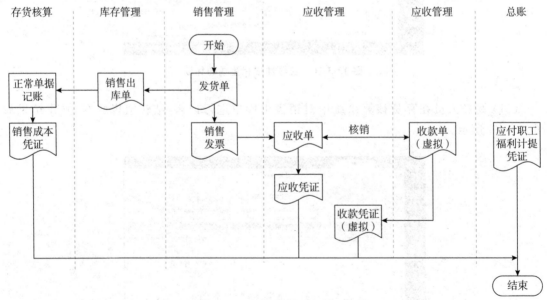

图 13-4-1 非货币性福利业务流程

二、业务举例

2024 年 1 月 25 日,经过董事会决议,公司把库存商品家用智能温控电暖器作为福利发放给职工,共 800 台。其中生产工人 650 人(生产车间 350 人、组装车间 300 人),车间管理人员 20 人，销售人员 30 人，仓管人员 20 人，厂部管理人员 80 人，计税价格 750 元。

微课：非货币性福利

1. 法律依据

《中华人民共和国增值税暂行条例实施细则》第四条第五款规定："将自产、委托加工的货物用于集体福利或者个人消费视同销售。"

2. 操作步骤

（1）销售人员在销售管理系统中开具发票并发货，操作结果如图 13-4-2 所示。

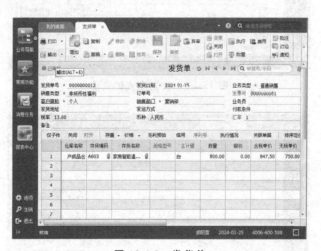

图 13-4-2 销售普通发票

（2）系统自动生成发货单，操作结果如图 13-4-3 所示。

图 13-4-3 发货单

（3）仓储人员在库存管理系统中对自动生成的销售出库单进行审核，操作结果如图 13-4-4 所示。

（4）财务人员在应收款管理系统中审核销售发票，并制单，生成的凭证如图 13-4-5 所示。

（5）财务人员在应收款管理系统，录入一张虚拟收款单（客户为"个人"、结算方式为"其他"、结算科目为"应付职工薪酬——非货币性福利"），操作结果如图 13-4-6 所示。审核后制

图 13-4-4　销售出库单

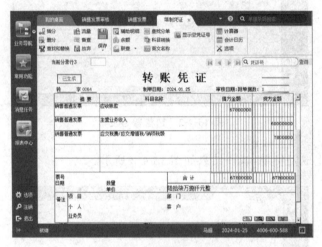

图 13-4-5　发票生成的凭证

图 13-4-6　虚拟收款单

单,生成的凭证如图 13-4-7 所示。

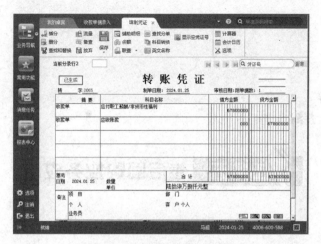

图 13-4-7　收款单生成的凭证

（6）财务人员在存货核算系统中对销售出库单进行记账,结转成本,操作结果如图 13-4-8 所示。

图 13-4-8　正常单据记账

（7）财务人员在存货核算系统中进行凭证处理,生成结转销售成本的凭证,操作结果如图 13-4-9 所示。

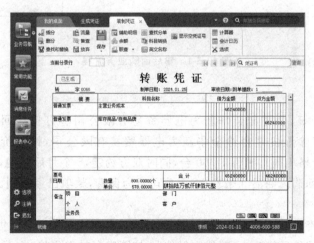

图 13-4-9　结转销售成本的凭证

(8) 月末，财务人员将发放的福利费用按部门进行分摊，在总账系统输入凭证。（计算略）

借：生产成本
　　制造费用
　　管理费用
　　销售费用等
贷：应付职工薪酬

任务五　售后回购业务应用

一、内容及流程

售后回购是指销售商品的同时，销售方同意日后重新买回所销商品的销售。在售后回购业务中，在通常情况下，所售商品所有权上的主要风险和报酬没有从销售方转移到购货方，因而不能确认相关的销售商品收入。会计按照"实质重于形式"的要求，视同融资进行账务处理，业务流程如图13-5-1所示。

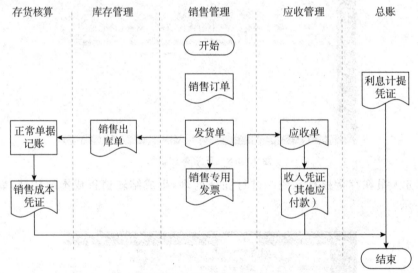

图 13-5-1　售后回购业务流程

二、业务举例

2024年1月26日，公司与金华新力电器贸易有限公司签订售后回购合同，将家用静音卧室除湿机销售给金华新力电器贸易有限公司，销售价格为1 400元/台（计税价格相同），销售1 000台，同时双方约定，5个月后回购，按照1 500元/台的价格回购。商品并未发出，由公司暂为保管，款项已经收到。

微课：售后回购

1. 回购注意事项

回购时的处理流程可按照普通采购业务的流程，需要注意的是，销售发票生成的凭证需要将"主营业务收入"科目修改为"其他应付款"，核算库存时需要将"主营业务成本"科目修改为"发出商品"。

2. 操作步骤

(1) 销售人员在销售管理系统中录入销售订单并审核,操作结果如图13-5-2所示。

图13-5-2　销售订单

(2) 销售人员在销售管理系统中参照订单生成发货单,操作结果如图13-5-3所示,发货单审核后,系统自动生成出库单。

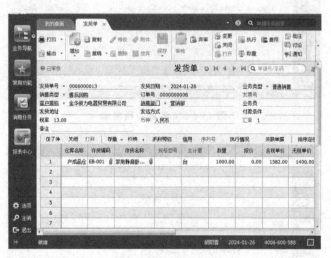

图13-5-3　发货单

(3) 销售人员在销售管理系统中参照发货单生成销售发票,同时进行现结,操作结果如图13-5-4所示。然后进行复核,操作结果如图13-5-5所示。

(4) 仓储人员在库存管理系统中审核自动生成的销售出库单(商品并未发出,但所有权已转移,需要账面上出库),操作结果如图13-5-6所示。

(5) 财务人员在应收款管理系统中审核销售发票并制单,生成的凭证如图13-5-7所示。

(6) 财务人员在存货核算系统中对销售出库单进行正常单据记账,操作结果如图13-5-8所示。

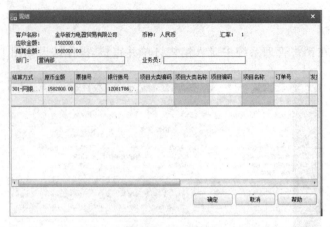

图 13-5-4　现结

图 13-5-5　销售专用发票

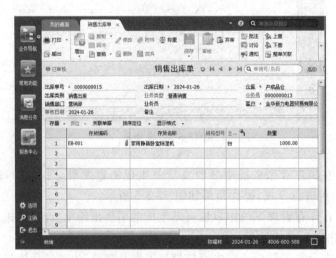

图 13-5-6　销售出库单

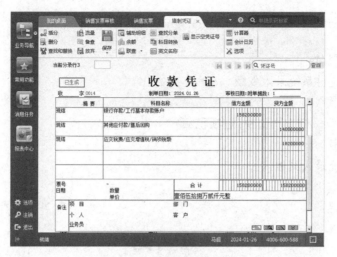

图 13-5-7　发票生成的凭证

图 13-5-8　正常单据记账

（7）财务人员在存货核算系统中进行凭证处理，生成凭证如图 13-5-9 所示。

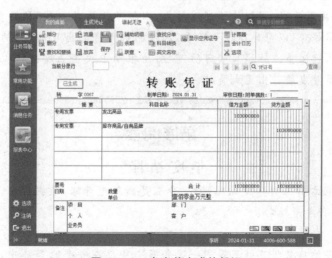

图 13-5-9　出库单生成的凭证

（8）回购价格大于原售价的差额，应在回购期间按实际利率分摊计提利息费用，计入当期财务费用。

总账填制凭证:利息分摊略。

借:财务费用　　　　　　　　　　　　　　　　　　　　　　　　　　100 000
　　贷:其他应付款　　　　　　　　　　　　　　　　　　　　　　　　100 000

(9) 回购时,应付系统录入发票。

借:其他应付款　　　　　　　　　　　　　　　　　　　　　　　　1 500 000
　　应交税费——应交增值税(进项税额)　　　　　　　　　　　　　　195 000
　　贷:银行存款　　　　　　　　　　　　　　　　　　　　　　　　1 695 000

(10) 库存系统录入其他入库单。

借:库存商品　　　　　　　　　　　　　　　　　　　　　　　　　1 030 000
　　贷:发出商品　　　　　　　　　　　　　　　　　　　　　　　　1 030 000

思考题

销售赠品的业务如何在 U8 中处理?

数智价值导航

加快推进企业财务数智化转型

2022 年国务院国资委印发的《关于推动中央企业加快司库体系建设进一步加强资金管理的意见》中明确提出,中央企业要在 2023 年年底前基本建成"智能友好、穿透可视、功能强大、安全可靠"的司库系统,实现所有子企业银行账户全部可视、资金流动全部可溯、归集资金全部可控的目标。随后,国务院国资委先后发布《关于中央企业加快建设世界一流财务管理体系的指导意见》《关于开展对标世界一流企业价值创造行动的通知》等文件,大力推进中央企业司库制度建设。

国务院国资委于 2023 年 12 月 28 日召开中央企业财务工作会议。会议指出:司库体系基本建成,有力支撑和促进了中央企业可持续健康发展。会议要求,2024 年各中央企业财务系统要以全面预算为引领,有力推动发展战略落地见效;严守账数真实铁律,以决算管理为镜鉴,全面夯实经营管理决策基础;深挖价值创造潜力,以提质增效为主线,聚力实现经营效益稳步增长;顺应智能变革趋势,以司库建设为抓手,加快推进财务数智化转型;树牢风险底线思维,以控增化存为路径,确保重点领域风险可防可控,为推动中央企业增强核心功能、提高核心竞争力,加快实现高质量发展作出更大贡献。

资料来源:http://www.sasac.gov.cn/n2588020/n2588072/n2590944/n2590946/c29720404/content.html。

拓展阅读

年度结账

U8 V15.0 的版本有三种年度结账模式,分别是新年度开账、数据卸出、新建账套库,一般采用新年度开账进行年度结转。

1. 三种年结方式的区别

新年度开账:年结后数据库效果是同一账套多个年度在一个账套库中,支持跨年查询,此为最简单的年结流程,但多年的数据在同一账套库,数据量大时,影响时效。

数据卸出:按照这个方法年结后,卸载数据库,可以把同一账套库连续年度的数据按年分割。卸载后数据库效果:同一账套多个年度,多个账套库,不支持跨年度查询,此方法慎重使用。

新建账套库:做账套库初始化。年结后数据库效果:同一账套多个年度,多个账套库,不支持跨年查询,结账方式相对复杂,类似以前U8 V8.90版本的年结。

2. 年结规则

年结的顺序:业务模块先结账,然后财务模块结账。

一般规则是"谁接收数据,谁最后结账"。

3. 结账前准备工作

为有效且顺利地完成年度结转,应从档案调整、数据处理、结账准备三个方面进行考虑准备工作。

首先是基础档案调整,基础档案作为通用档案在连续年度的库中同步使用,不区分年度,除个别档案外,因此需要根据所选的年结方式准备所需档案,调整内容。新年度开账模式下,连续年度档案共用,会计科目按年保存,要录入新年度数据,需先新建会计期间。新建账套库模式下,不同账套库档案分开保存,互不影响录入,新年度数据需先新建账套库。数据卸出模式下,不同账套库档案分开保存,互不影响。

其次是数据处理,业务数据要及时。例如,应收应付已完结单据要及时核销,未制单要及时完成等。财务也要核对一致。例如,各财务模块与总账核对对账一致等。新旧业务衔接时需新建会计期间,登录新年度录入单据,部分模块需结账后才能录入,各项数据核对完结后,按照模块结账先后顺序有序结账,遵循供应链先结账、后财务模块结账且总账最后结账顺序,部分模块必须结账后才能处理下月业务,且不同年结方式中,部分模块年结不支持反结账。

最后是结账准备,12月结账前必须审核库存期初数,调整单必须记账,暂估报销的单据要做结算成本处理,单据需要整单所有行记账或均不记账,12月单据也可以不生成凭证,但跨年后无法在新年度制单。

供应链模块的结账顺序:采购管理、销售管理、委外管理先结账,然后是库存管理结账,最后在存货核算模块结账即可,无须结账的模块有合同管理、质量管理、生产制造,业务模块结账后,财务模块开始结账,包括固定资产模块、薪资管理模块、应收应付模块等,最后结账的是总账模块。

4. 不同模式下的年结

不管什么模式结账,首先要备份账套。

新年度开账模式:所有模块旧年度正常结账,新年度登录后开账结转总账系统数据和出纳管理系统数据。

新建账套库模式:数据卸出后的账套库不能进行初始化;如果登录账套库的上一个账套库不存在,也不能进行初始化;结转前采购管理、销售管理、委外管理、库存管理和存货核算模块必须结账,如果新年度账套库系统1月已经期初记账或结账,也不允许结转。

数据卸出模式:数据卸出的必要条件是卸载截止年必须在12月已经全部月结;单据或凭证卸载规则是已关闭、已执行完毕、已记账的业务将被卸出,同时卸载指定年度的所有已完成已关闭业务数据;数据卸出后,历史数据无法跨年度查询。

资料来源:https://fwq.yonyou.com/community/askDetail?aId＝c606bd3ed85019171d6d064a0a6a5ec99a4063990455931c&cid＝594806863904a9d8&themeType＝2。

参 考 文 献

[1] 汪刚.会计信息系统.[M].北京:高等教育出版社,2020.
[2] 李爱红.会计信息系统应用.[M].北京:高等教育出版社,2023.
[3] 毛华扬.会计信息系统原理与应用——基于用友新道 U8+V15.0 版.[M].北京:中国人民大学出版社,2021.